Kim Chernin

Als Tochter geboren

Kim Chernin

Als Tochter geboren

Die Aussöhnung
mit der eigenen Mutter

Aus dem Amerikanischen
von Barbara Keller

Wolfgang Krüger Verlag

Die amerikanische Originalausgabe erschien 1998
unter dem Titel ›The Woman Who Gave Birth to Her Mother‹
im Verlag Viking / Penguin, New York

Deutsche Ausgabe:

Gesamtherstellung: Clausen & Bosse, Leck
Printed in Germany 2000
ISBN 3-8105-0364-9

Für Larissa

Man könnte deshalb sagen, daß jede Mutter ihre Tochter, und jede Tochter ihre Mutter in sich enthalte; jede Frau aber nach rückwärts in die Mutter und nach vorwärts in die Tochter sich erweitere.

C. G. Jung

Inhalt

Einführung

Bei den Hauptdarstellerinnen der folgenden Geschichten handelte es sich anfangs um authentische Personen, deren Identitäten aber sogleich verschleiert wurden. Zuerst gab ich ihnen andere Namen, dann veränderte ich ihr Aussehen, ihren Geburtsort, ihr Alter, manchmal ihre soziale Schicht und sogar ihre ethnischen Hintergründe. Während ich arbeitete, kodierte und verhüllte, erkannte ich allmählich, daß ein fesselnder Prozeß begonnen hatte. Ich schützte eine private Person vor Aufdringlichkeiten. Dieser mütterliche Akt hatte eine archetypische Version der ursprünglichen Person hervorgebracht. Sie könnte immer noch (wenn sie das wollte) vom Text aufblicken und ihre Geschichte identifizieren, aber vor allen anderen hatte ich ihre Identität mittlerweile verborgen.

Ich hoffte, daß im Verlaufe dieses Prozesses authentische Geschichten erstehen würden, die wirklich durchlebt worden sind. Wahre Geschichten, jedoch getragen von Charakteren, die so sehr verschleiert waren, daß ich erkennen mußte, daß sie in einem bestimmten Ausmaß erfunden waren. Ganz klar, mit dieser Spannung sollten die Geschichten ihren Weg in das Buch finden. Ihre Hauptdarstellerinnen sollten so authentisch sein, wie ich sie gestalten konnte. Es sollte jedoch nicht möglich sein, die Menschen aufzuspüren, die diese Erzählungen einst erlebt hatten. Ich mußte den strukturellen Kern der emotionalen Situation bewahren und gleichzeitig die Identität der Menschen, die sie durchlebt hatten, gründlich abschirmen.

Während ich schrieb, begann ich mir die Menschen in diesen Geschichten als Heldinnen des Übergangs vorzustellen. Diese verrichten ihre Angelegenheiten in einem Haus, das auf halbem Wege zwischen dem Wirklichen und dem Ausgedachten, zwischen dem Erinnerten und dem Rekonstruierten liegt. Manchmal wurden ihre Stimmen mit genauester Sorgfalt aufgezeichnet, dann der Tarnung wegen verzerrt. Manchmal sprachen Stimmen, die ich viele Jahre nicht gehört hatte, plötzlich wieder laut und drängend in meiner Erinnerung.

Der grundlegende Archetyp, dem wir in diesem Buch begegnen, läßt sich in einem Bild beschreiben als »Die Frau, die ihre Mutter zur Welt brachte«. Dieses Bild umfaßt die Gemeinsamkeiten der Anliegen all der Frauen, die mir ihre Geschichten erzählten oder die zu mir kamen, um sie mit mir aufzuarbeiten. Es bezeichnet auch die jeweilige Hauptperson, mit der die Leserin sich auf die eine oder andere Weise identifizieren kann. Sie ist dazu eingeladen. Ich stelle mir »Die Frau, die ihre Mutter zur Welt brachte« vor wie jede Frau, die die jeweilige bestimmte Stufe der weiblichen Entwicklung erreicht, die in diesen Geschichten zusammengetragen und erkundet wird.

Die vertraute Mutter-Tochter-Geschichte in unserer Kultur entfaltet sich oft zwischen den stets wechselnden emotionalen Positionen von Schuld und Vergebung. Gewütet wird gegen die schlechte, ungenügende, fehlerbehaftete, schwache, vernachlässigende Mutter der Kindheit. Diese wird für alles angeklagt, was im Leben der Tochter irgendwann schiefgegangen ist und noch schiefgeht. Es gibt natürlich auch Töchter, die nie wütend auf ihre Mütter waren. Die meisten Frauen wissen jedoch, was es heißt, Wut zu spüren, gefolgt von einem Gefühl der Versöhnung und der Vergebung. Die Kindheit tritt erneut vor Augen. Einsicht oder Verständnis für das Leben der Mutter als Frau wird erlangt. Die Tochter spürt, daß sie an einem Punkt angekommen ist, an dem sich ihre kämpferische Verstrickung mit ihrer Mutter löst, nur um nach einiger Zeit festzustellen, daß ihre Wut zurückkehrt, daß sie die Mutter erneut beschuldigt. Es stellt sich heraus, daß die beiden scheinbar einander entgegengesetzten emotionalen Positionen, Anklagen und Vergeben, die beiden Pole der Mutter-Tochter-Geschichte sind. Die meisten von uns leben irgendwo dazwischen.

»Die Frau, die ihre Mutter zur Welt brachte«, tritt eine Reise an, zu deren Beginn dieses Muster aufgegeben wird. Die Reise führt weiter in ein unerforschtes emotionales Gebiet, das durch die Fähigkeit der Tochter geschaffen wird, zu bearbeiten oder sogar außer Kraft zu setzen, was zwischen Mutter und Tochter eingefahren und einengend ist. In dem Moment, indem das geschieht, erhält die Tochter die Chance, die Mutter zu erschaffen, die sie nach ihrem eigenen Empfinden immer gebraucht und verdient hat. Sie wieder-erschafft ihre wirkliche Mutter, oder sie schafft sich eine symbolische Mutter, die ihrer psychischen und emotionalen Entwicklung Halt und Nahrung gibt. Das ist mit dem Ausdruck »ihre Mutter zur Welt bringen« gemeint.

Die erste Frau, die diesen Ausdruck auf diese neue und faszinierende Weise benutzte, hatte kurz zuvor nach vielen Jahren des Schweigens Kontakt zu ihrer Mutter aufgenommen. Sie hatte sie bei sich aufgenommen. Mühsam hatte sie sie gelehrt, eine Mutter zu werden. Dieser Prozeß spiegelte unsere vorausgegangene therapeutische Arbeit. Als diese Frau zu mir sagte: »Ich habe gerade meine Mutter zur Welt gebracht«, war es das erste Mal nach vier Jahren therapeutischer Arbeit, daß ich hörte, wie sie lachte oder eine bildhafte Sprache verwendete. Sie lehrte ihre Mutter, die nicht imstande gewesen war, ihre Tochter zu bemuttern, als sie klein war, die nun Erwachsene wahrzunehmen, ihr Aufmerksamkeit zu schenken, sie zu loben, zu umarmen und zu beraten. Bis zu diesem Tag bestreitet sie, daß sie diesen Ausdruck eingeführt hat, und besteht darauf, ich hätte ihn erfunden, um den Prozeß zu beschreiben.

Die Mutter lehren, eine Mutter zu werden – das ist eine Bedeutung des Bildes von der Tochter, die ihre Mutter zur Welt bringt. Es ist eine Handlung, die auf der Seite der Tochter ein hohes Maß an Reife verlangt. Sie darf sich nicht länger durch die Konflikte und Enttäuschungen der Vergangenheit fesseln lassen. Sie muß fähig sein anzuerkennen, daß Veränderung zwischen Mutter und Tochter immer noch möglich ist, wenngleich sowohl das Kind als auch die Mutter der Vergangenheit schon lange verschwunden sind.

Nicht jede Mutter läßt sich lehren, eine Mutter zu werden. Zu gewissen Zeiten muß eine Frau ihre Mutter zur Welt bringen, indem sie selbst ihre eigene Mutter wird, sich selbst bemuttert. Eine Studentin sagte mir einmal, sie hätte sich keine vernünftige Mahlzeit zubereitet, seit sie ihr Elternhaus verlassen habe, um zur Universität zu gehen. Sie aß gelegentlich in Restaurants oder das, was ihre Mitbewohnerinnen gekocht hatten. Meist aber lebte sie nur von Süßigkeiten. Sie wartete, bis sie Hunger spürte, dann kaufte sie sich Schokoladenkekse oder Sahnejoghurts. Für sie bestand die symbolische Handlung, ihre Mutter zur Welt zu bringen, darin, sich selbst gesunde Mahlzeiten zu bereiten. Das setzte Planung voraus, etwas Beschäftigung mit ihrer Ernährung und aktives und anhaltendes Interesse an ihrer Gesundheit und ihrem Wohlbefinden. Das war ein notwendiger Schritt, der jeder weiteren Entwicklung vorausgehen mußte. Ich erinnere mich noch deutlich an den Abend, als ich hinausging, um sie hereinzubitten. (Sie saß lieber im Garten als im Wartezimmer.) Ich sah, daß sie ein nahrhaftes Vollkornbrötchen aß, das sie sich besorgt hatte, um für unseren späten Termin gestärkt zu sein. Gewöhnlich war sie nach der Sitzung zum nächsten Schnellimbiß gerannnt. Sie blickte mit einem amüsierten Ausdruck zu mir auf, erfreut, dachte ich, daß ich sie mitten in ihrer ersten vollwertigen und von ihr selbst mit Überlegung besorgten Mahlzeit fand, weil ich ein paar Minuten zu früh herausgekommen war.

Eine andere Frau brachte ihre Mutter zur Welt, indem sie sich entschloß, die ziemlich aussichtslose Suche nach ihrer biologischen Mutter aufzunehmen. Ich war erstaunt darüber, denn es bedeutete, daß sie ihre letzten Ersparnisse dafür aufwendete, sich (wie ich dachte) von den wichtigen Aufgaben abhielt, beruflich Fuß zu fassen und eine Beziehung in der Gegenwart aufzubauen. Meine Klientin war eine einsame, distanzierte Frau. Sie hatte zwar ein Zertifikat als Masseurin erlangt, war jedoch nie in der Lage gewesen, in ihrem Beruf zu arbeiten. Sie konnte es nicht ertragen, ihren Patienten Rechnungen für ihre Leistungen zu stellen. Sie war nun Ende Dreißig, hatte keine Stelle lange behalten, hatte nie eine Beziehung gehabt und war selbstmordgefährdet und depressiv. In meiner Vorstellung zeigte das Bedürfnis, all ihre Ressourcen an eine aussichtslose Suche zu verwenden, eine Fixierung an die Vergangenheit, die sie in der Gegenwart eine Menge kostete. Sie war anderer Ansicht. Sie hatte sich in ihrer Adoptivfamilie, in der sie als Kind hart geschlagen und bestraft worden war, immer unglücklich gefühlt. Sie war davon überzeugt, daß sie irgendwo auf der Welt eine Mutter hatte, die sie lieben und verstehen würde. Ich hielt das für eine Phantasie und ermutigte sie, sie aufzugeben. Sie hörte nicht auf mich. Sie hatte das Gefühl, ihre Mutter dringend finden zu müssen. Sie fürchtete, diese könnte sterben, bevor sie die Chance gehabt hätte, sie kennenzulernen. Sie machte sich auf die Suche, entwickelte kluge und raffinierte Methoden zur Verfolgung erfolgversprechender Spuren und stellte nach mehrjähriger Suche den Kontakt zu ihrer richtigen Mutter her. Diese hieß sie in einer Familie willkommen, in der immer bedauert worden war, daß man sie verloren hatte. Weniger als ein Jahr später starb die Mutter und hinterließ meiner Klientin eine große und lebhafte Familie, Halbschwestern und -brüder, Onkel und Tanten und Großeltern. Die Mutter vermachte ihr außerdem einen beträchtlichen Geldbetrag. Damit konnte sie ein Haus kaufen und sich der Einrichtung eines Frauenhauses in ihrer Gemeinde widmen.

Rückblickend meine ich, daß es nicht allein darum ging, daß meine Klientin ihre richtige Mutter fand. Auch die Art und Weise, wie sie die Suche betrieb, stellte einen wichtigen Schritt dazu dar, ihre Mutter zur Welt zu bringen. Sie suchte mit einem wachsenden Gefühl für eine Vision und ihren Wert, mit ihrem eigenen Erfindungsreichtum und im klaren Widerspruch zu meinem Urteil. Sie konnte ihrem eigenen Gefühl, ihrer eigenen Autorität für ihr Leben folgen, obwohl sie wußte, daß ich starke Zweifel hatte. In diesem Sinne brachte sie ihre Mutter zur Welt: Sie fand in sich selbst die Ressourcen, sich mir und meinen konventionelleren Vorstellungen für ihr Leben zu widersetzen.

Für die Frauen, mit denen ich im Lauf der Jahre gesprochen habe, hatte die Vorstellung, die eigene Mutter zur Welt zu bringen, viele Bedeutungen, und sie wurde ganz unterschiedlich umgesetzt. Zum Teil haben diese Geschichten mich fasziniert, weil ich gespannt darauf war, welche neuen Aspekte dieses Bild zeigen könnte. Wie viele Bedeutungen und Wendungen können dieser Metapher verliehen werden, und auf wie viele verschiedene Weisen findet es Verwendung, während jede Frau durch diese Vorstellung zu einem neuen Verständnis ihres Lebens findet?

Der Prozeß, die eigene Mutter zur Welt zu bringen, ist immer eine symbolische Handlung, auch wenn er mit einer veränderten Beziehung zur wirklichen Mutter zusammenhängt. Es ist deswegen eine Handlung, die stattfinden kann, ob die leibliche Mutter noch lebt oder nicht, oder auch, wenn sie gar nicht bekannt ist. Die symbolische Geburt beginnt, wie sich das für alle Geburten gehört, mit einer Empfängnis: mit der bewußten Aufmerksamkeit der Tochter für Gewohnheiten und Muster, vertraute Gedanken, stereotype und vorhersagbare Reaktionen auf ihre Mutter. Die Tochter hat sich das offen angeschaut. Sie beginnt, das Muster bedauerlich zu finden, und hofft auf Veränderung. Vielleicht ist die Mutter gestorben, oder sie kann nicht direkt angesprochen oder eingeladen werden, diese Arbeit der Veränderung aufzunehmen. Dennoch bleibt sie für die Tochter gegenwärtig durch das eingefrorene Muster von Erinnerungen und Gefühlen, das mittlerweile für sie steht. Wenn sie in den Augen ihrer Tochter eine Mutter war, die es versäumt hat, die Bedürfnisse ihrer Tochter anzuerkennen, wird diese Tochter wahrscheinlich weiterhin mütterliche Menschen wahrnehmen, als wären sie ebenso.

Eine junge Frau, die mich aufsuchte, um mit mir zu sprechen, verbrachte die ersten sechs Monate mit Beschwerden darüber, daß ich nicht für einen Raum sorgen konnte, der behaglich, ruhig, ganz privat und frei von Störungen war. Entweder war das Zimmer zu warm oder zu kalt, auf der Straße wurde gearbeitet, oder die Nachbarn betrieben eine Kettensäge, oder jemand klopfte zufällig an die vordere Eingangstür, die neben meinem Behandlungszimmer liegt. Oder ein Telefon klingelte in einem entfernten Teil des Gebäudes und unterbrach die vollkommene Abgeschiedenheit, in der sie unsere Arbeit stattfinden lassen wollte. Ihre Mutter war gestorben, als sie vier Jahre alt gewesen war. Sie hatte jedoch sehr genaue frühe Erinnerungen an eine unruhige und verwirrte Frau, die sie beim Windelnwechseln mit Sicherheitsnadeln piekste, die sie an kalten Tagen ohne Decke liegen ließ, die ihr T-Shirts über den Kopf zerrte, sie praktisch »erstickte«. Sie glaubte, ihre Mutter habe jede Gelegenheit genutzt, ihrem Kind eine feindselige und unsensible Pflege angedeihen zu lassen. Diese Feindseligkeit erlebte sie von mir in der Art, wie es mir nicht gelang, mein Zimmer schalldicht zu machen oder mich davon abzuhalten, die ablenkenden Ereignisse zu bemerken, die ihr meine Aufmerksamkeit entzogen – manchmal für den Bruchteil eines Augenblicks. Ich verfügte schon über das Konzept der »Frau, die ihre Mutter zur Welt brachte«, als wir unsere Arbeit aufnahmen. Ich dachte oft darüber nach, was es für diese Frau wohl bedeuten könnte, ob es für sie überhaupt anwendbar wäre und wie sie diese symbolische Schöpfung ins Werk setzen würde. Unsere Gespräche waren geprägt durch Ärger auf ihrer Seite und Verteidigungsbereitschaft auf meiner, durch ihre ständigen Anklagen und Vorwürfe. Diskussionen zwischen uns waren schwierig. Eines Tages kam sie zu spät, direkt von der Arbeit, zitternd vor Kälte, weil sie nichts gegessen hatte und weil sie keine Jacke mitgenommen hatte, obwohl sie im Freien arbeitete. Sie fing mit den typischen Vorwürfen über meine Unfähigkeit an, für einen behaglichen Raum zu sorgen. Dieses Mal jedoch setzte sie sich, nachdem sie sich einige Minuten lang über mich beschwert hatte, gerade in ihrem Sessel auf und fragte: »Haben Sie eine Decke?« Ich ging hinauf, um ihr eine daunengefütterte Steppdecke zu holen. Sie nahm sie etwas mürrisch an, hüllte sie dann sorgfältig ganz um sich, so daß nur ihr Gesicht zu sehen war. Ich bemerkte, daß ein Zipfel der Decke nah an ihrem Auge ihre Wange streifte, und schob ihn beiseite. Zustimmend senkte sie den Kopf und setzte sich in ihrem Sessel zurecht. »Wie wäre es mit einer Banane?« fragte sie. Ich holte ihr die Banane. Ich stand da und bot sie ihr an. Sie bewegte sich nicht. Wenn sie danach greifen und sie annehmen wollte, mußte sie sich aus der Daunendecke herauswickeln. Blieb sie in die Decke gehüllt, würde sie nicht essen können. Ich bemerkte, daß sie versuchte, ein Lächeln zu verbergen, indem sie ihr Gesicht in der Decke versteckte. Es war deutlich, daß sie das Dilemma, in das sie sich gebracht hatte, nur zu klar erkannte.

Ich schälte die Banane und bot sie ihr an. Ich entdeckte, daß ich mich unter dem Einfluß der Situation, die sie geschaffen hatte, so verhielt, wie ich es einem Kind gegenüber getan hätte, das zu klein ist, um für seine Nahrung zu sorgen. »Hmmmm«, sagte sie, gierig kauend und mit offensichtlichem Genuß. Während unserer verbliebenen Zeit sagte sie nichts mehr. Sie saß einfach ruhig hin und her schaukelnd im Sessel und sah zufrieden und stolz vor sich hin. Kein Wunder, gerade hatte sie mich als geeignete und fürsorgliche Mutter zur Welt gebracht. Von da an bat sie mich jedesmal, es in Ordnung zu bringen, wenn etwas mit der Atmosphäre in meinem Behandlungsraum nicht stimmte. Sie brachte mir bei, für eine Atmosphäre zu sorgen, in der sie ihre Arbeit tun konnte, frei von eindringenden Störungen und geschützt vor der Gefahr meines in Wirklichkeit oder in ihrer Vorstellung feindseligen Behandlungsstils. Der Therapieraum selbst wurde zu einer sicheren und tröstlichen mütterlichen Umgebung, ein weiteres Symbol der Mutter, die sie schuf. Die Steppdecke war immer in Reichweite, auch sorgte ich für eine Schale mit Obst, eine Flasche Wasser, manchmal auch für eine Kanne mit Kräutertee. Sie selbst brachte ein Gerät mit, das ein leises Rauschen von sich gab. Sie ließ es bei mir, so daß wir es immer dann einsetzen konnten, wenn die äußere Welt sich aufdrängte. Anfangs beobachtete sie den Einsatz dieses Gerätes mit Eifersucht und wollte sicher sein, daß ich es für niemand anderes verwendete. Nach einer Weile schlug sie vor, ich könne es auch für andere Leute benutzen. Bevor wir unsere

Arbeit beendeten, begann sie, für das Obst zu sorgen, und brachte uns manchmal auch etwas zu trinken mit, Kaffee oder Fruchtsäfte, die wir miteinander tranken, während wir sprachen. Mit diesen Handlungen ernannte sie sich selbst zur mütterlichen Gestalt. Die Steppdecke gab sie nie auf und bot auch nie an, sie jemand anderem zur Verfügung zu stellen. Wenn ich Ferien machte oder aus beruflichen Gründen wegfuhr, bot ich ihr an, sie dürfe sie mit sich nach Hause nehmen, aber das lehnte sie ab. Anscheinend wurde ihre mütterliche Funktion nur für diesen Raum gebraucht und für unsere Arbeit. Die Decke war wie eine Stütze, die ich ihr gegeben hatte, die sie jedoch kontrollierte, die sie manchmal auch während des Sommers benutzte, wenn ich vor Hitze schier umkam und wir beide übereingekommen waren, den Ventilator anzustellen.

Unabhängig davon, in welcher Form es geschieht: die eigene Mutter zur Welt zu bringen gehört zu einer Phase, in welcher eine Frau Verantwortung für ihre Beziehungen übernimmt und Bedingungen schafft, die für ihre Entwicklung förderlich sind. An diesem Punkt hat die Vergangenheit begonnen, sie freizugeben. Was sie wird, ist wichtiger, als was sie gewesen ist. Wenn die Bedingungen ihre Entwicklung nicht fördern, wird sie für günstigere sorgen. Wenn ihre Beziehungen unbefriedigend sind, wird sie eine gute und zuverlässige Beziehung finden oder schaffen, die ihr durchzuhalten hilft. Was auch immer der Grund zur Veränderung war, die Entwicklung geht weiter. Wenn durch den Aufbau einer neuen Beziehung zu einer symbolischen Mutter ein starres Muster gelockert, die eigene Autorität angenommen, ein willentlicher Akt der Selbsterschaffung in Gang gesetzt wird, ist das ein Durchbruch.

Auch ein Buch kann eine mütterliche Gegenwart sein, ein Ort, an welchem eine Frau Zuflucht sucht, an den sie zurückkehrt, um über sich und ihr Leben nachzudenken und um im Nachdenken Trost zu finden. Die Gestalten, die wir auf diesen Seiten finden, sind wahr, wenngleich erfunden. Sie können der Leserin, die sich mit ihnen identifiziert, so nah sein wie den ursprünglichen Personen, denen die Geschichten zu verdanken sind. Diese fremdartigen Kreuzungen, diese ausgedachten Charaktere, die einmal wirkliche Personen waren, schaffen einen imaginären Raum. In diesen können sich die Leserinnen frei hineinwagen, um ihre eigene Version der Geschichte von Müttern und Töchtern zu schaffen. Ich stelle mir vor, wie Leserinnen die Ränder oder Lücken zwischen den Zeilen füllen, wie sie Ähnlichkeiten und Unterschiede ihrer eigenen Geschichte mit denen auf diesen Seiten zusammenstellen und bearbeiten. Dabei erkennen sie sich selbst, ihre Mütter oder Töchter, sie halten wichtige Einzelheiten fest und überlegen, ob die Konflikte, Konfrontationen, Bekenntnisse und Entschlüsse, die auf diesen Seiten entworfen werden, etwas mit ihnen selbst zu tun haben. Ein wunderschönes Spiel für Autorin und Leserin, bei dem die Leserin, einfach dadurch, daß sie diese Geschichten liest, zu der Frau werden kann, die ihre Mutter zur Welt brachte.

Erster Teil

Die Mutter-Geschichte

Kapitel 1

Ich höre Frauen jeden Alters zu, manchmal fünf oder sechs Stunden am Tag, und die meiste Zeit sprechen sie über ihre Mütter. Das überrascht weder mich noch die Frauen. Sie sind mit der Hoffnung auf Heilung zu mir gekommen. Wie könnte Heilung möglich sein, wenn sie nicht mit Gesprächen über unsere Mütter anfinge und endete? Manchmal spreche ich auch mit Fremden, mit Frauen, die ich zufällig treffe, wenn ich, was selten vorkommt, mit dem Bus fahre, mit Frauen, die ich treffe, weil sie mit mir in der Schlange stehen, in der Bank oder im Supermarkt oder im Reformhaus. Auch wir haben uns häufig etwas über unsere Mütter zu sagen. Mit meinen Freundinnen spreche ich beim Mittagessen, bei einem Kaffee oder auf langen Streifzügen durch die Stadt über meine Mutter. Das ist manchmal das wichtigste Gesprächsthema zwischen uns. Allerdings hat meine Freundin Cathy kürzlich darauf hingewiesen, daß wir in den letzten Jahren damit angefangen haben, uns auf eine andere Art zusammenzutun und genauso beständig über unsere Töchter zu sprechen. Ich spreche mit meiner Tochter über meine Mutter. Wir sprechen über mich, die Tochter meiner Mutter, die sie in vieler Hinsicht anders sieht, als ich mich selbst sehe. Manchmal, wenn wir miteinander wandern oder wenn wir in ihrer Nachbarschaft unterwegs sind, spüre ich, daß es mich zweimal gibt. Da bin einmal ich, und dicht daneben, unter der gleichen Haut, steckt die Mutter meiner Tochter. Eines Tages werde ich sie fragen müssen, ob sie sich auf die gleiche Weise verdoppelt fühlt, so daß sie, wenn sie meinen Arm nimmt, gleichzeitig ganz für sich selbst, doch zugleich die Tochter ihrer Mutter ist.

Meine Freundin Lillian und ich haben mehr als fünfundzwanzig Jahre über unsere Mütter gesprochen. Wir haben versucht herauszufinden, worin wir ihnen gleichen, und hart daran gearbeitet, anders zu sein. Weil Lillian geboren wurde, als ihre Mutter noch jung war, und ich geboren wurde, als meine Mutter schon älter war, waren unsere Mütter im gleichen Alter, obwohl der Altersunterschied zwischen Lillian und mir so groß ist, daß wir uns hin und wieder vorstellen konnten, Mutter und Tochter zu sein. Vor einem Jahr starben unsere beiden Mütter, beide über neunzig Jahre alt, innerhalb von drei Monaten – nach all den Gesprächen darüber, wie unsere Mütter alt wurden und aufhörten, Mütter zu sein, und mehr wie Kinder wurden, für die wir Verantwortung übernommen hatten.

Meine Tochter reagierte auf den Tod ihrer Großmutter, indem sie sagte: »Jetzt gibt es nur noch uns, Mama.« Und wir beide rückten um eine Position auf. Ich wurde die Familienmatriarchin, sie übernahm meine Rolle als Tochter der Familie. Wenn wir uns jetzt Geschichten über meine Mutter erzählen, sprechen wir über eine Person, die in der Vergangenheit lebte, und es scheint mittlerweile, als sei das sehr lange her.

Es kam mir immer seltsam vor, daß meine Tochter über mich spricht, wenn sie Geschichten über ihre Mutter erzählt. Meine Verschrobenheiten und Fehlschläge gehören zu einer Mutter, die ihre Sachen irgendwie nicht ganz auf die Reihe bekommt, die die Mutterrolle nie voll und ganz angenommen und bestimmt nicht auf die übliche Weise gelebt hat. In den Geschichten meiner Tochter ist die problembeladene junge Frau, die ihre Familie verließ, um monatelang woanders zu leben, eine Mutter. Manche Leute würden sagen, eine Mutter, die ihr Kind im Stich gelassen hat, und meine Tochter würde zustimmen. Aber als ich meine Tochter bei ihrem Vater zurückließ, war ich in meiner Vorstellung eine Frau, die von zu Hause wegmußte.

Ich habe mehrere Geschichten über Mütter gehört, die ihre Kinder verlassen haben, und dabei nie an mich selbst gedacht als »Die Mutter, die ihr Kind verlassen hat«. Wenn aber meine Tochter ihre Geschichte über ihre Mutter erzählt, ist das die Figur, zu der ich werde, wenigstens für eine Zeitlang, bis ich nach Hause zurückkomme und wieder versuche, ihr eine Mutter zu sein. An diesem Punkt in der Geschichte werde ich »Die junge Mutter, die sich sehr bemüht, es jedoch nie so ganz geschafft hat«, ein Charakter, mit dem ich mich leichter identifizieren kann. Nicht etwa, daß mein Seelenfrieden oder mein Unbehagen beeinflussen sollten, wie meine Tochter ihre Geschichten gestaltet. Im Laufe der Zeit sind sie manchmal unterhaltsam, manchmal verschroben, manchmal problembeladen, aber sie sind nie belanglos. Die Geschichten, die über Mütter erzählt werden, sind nie belanglose Geschichten.

Mutter-Geschichten müssen wieder und wieder erzählt werden. Wiederholung ist Teil ihrer Natur. Sie sind entstanden, weil sie Geheimfächer enthalten wie chinesische Kästchen oder weil, wie in russischen Püppchen kleinere Püppchen stecken, Geschichten in weiteren Geschichten stecken. Die müssen eine nach der anderen erkundet werden, bis die kleinste Puppe, die Schublade ganz tief drinnen, der Kern der Bedeutung gefunden ist. Das erfordert Zeit, Geduld von der Erzählerin und der Zuhörerin. Es erfordert, verstanden zu haben, welchen Sinn Geschichten haben.

Jede Geschichte wird, wenn sie wiederholt erzählt wird, kleine Veränderungen erfahren. Einzelheiten tauchen aus dem Nichts auf, Begebenheiten, die vergessen waren oder übersehen worden sind. Jemand erzählt, jemand hört zu.

Vielleicht sind es Freunde oder Freundinnen auf einem Spaziergang, vielleicht Liebende, die danach zusammen kuscheln, vielleicht Fremde, die im Waschsalon darauf warten, daß die Kirschflecken auf ihren weißen Hosen ausbleichen. Vielleicht sind es Menschen, die aus beruflichen Gründen zuhören, die von denen, die erzählen, dafür bezahlt werden, daß sie zuhören. Alle werden, wenn sie genau zuhören, unter den aufwühlenden Bann der sich wiederholenden Geschichte geraten. Sie werden ständig zum Kern ihrer wahren Bedeutung hingezogen, der sich immer wieder entzieht.

Mutter-Geschichten werden erzählt, um eine dunkle Vergangenheit neu zu leben, um sie der Entfernung zu entreißen und in die Gegenwart zu zwingen, wo sie mit den Augen und dem Verständnis einer Erwachsenen geprüft werden kann. »Ich habe nie geglaubt, daß ich mich an irgendwas erinnern würde. Ich dachte, Kinder hätten kein Gedächtnis. Meine Vergangenheit war völlig weg. Aber sowie ich anfing, über meine Mutter zu sprechen, sickerte nach und nach immer mehr durch. Ich merkte, daß ich mich immer erinnert habe, es schien einfach nicht wichtig, oder ich wußte nicht, was ich damit anfangen sollte. So blieb alles irgendwo, wie in einer Schublade ganz hinten. Man weiß irgendwie, da ist es, und vergißt es dann aber irgendwie, und so geht es mit der Kindheit, sie ist irgendwo verstaut, bis man glaubt, man hat sie gar nicht mehr.«

Manche Geschichten werden wieder und wieder erzählt, um damit die Vergangenheit auszulöschen. Die Tochter erzählt immer wieder dieselbe alte Geschichte, um die Vergangenheit unter Kontrolle zu halten. Ihr Sprechen ist zu einem Exorzismus geworden, der alles austreiben soll, was sie verstören könnte. Die Geschichte transportiert einen deutlichen Ton des Beharrens, als wäre da jemand, der widersprechen, der angreifen und ihre Version in Frage stellen will. Das ist eine Art, die Zuhörende erkennen läßt, daß die Geschichte Lücken hat und mühsam zusammengehalten wird.

»Ich erinnere mich gut an meine Kindheit. Ich erinnere mich an alles. Ich weiß, daß Sie glauben, ich sollte annehmen, daß ich alles Wichtige vergessen habe. Ich habe aber nichts vergessen. Ich weiß noch, wie meine Mutter gerochen hat, wenn sie aus der Dusche kam, in ein Badetuch gehüllt, und wie sie mich weckte, damit ich zur Schule ging. Sie sagen nie etwas direkt darüber, aber ich weiß, was Sie denken. Sie denken, daß keine Mutter so vollkommen gewesen sein kann. Sie denken, irgendwo in einer Ecke muß Dreck gewesen sein. Irgendwo hat was nicht gestimmt. Tut mir leid, daß ich Sie enttäuschen muß. Meine Mutter und ich hatten immer eine sehr enge Beziehung, schon seit meiner Geburt. Sagt sie selbst. Sagen alle. Fragen Sie, wen Sie wollen, bei uns ist es wirklich so. Wir sind wie Schwestern, seelenverwandt. Meine Mutter sagt, sie würde für mich sterben, und das glaube ich ihr. Weil ich das immer so gefühlt habe bei ihr, genauso.«

Manche Mutter-Geschichten sind Rachegeschichten, in denen die Tochter, die Erzählerin, endlich Macht über die Vergangenheit erlangt hat. Sie kann ihre Geheimnisse ans Licht zwingen, sie in ihren eigenen Worten verkünden und das Schweigen brechen, zu dem sie verpflichtet gewesen ist. Diese neu erlangte berauschende Macht wirkt auf die Geschichte ein und verursacht ihre Wiederholungen: »Sie brachte Essen auf den Tisch, sie bügelte unsere Kleider, sie beaufsichtigte das Personal. Wir mußten glauben, daß das bedeutete, daß sie eine gute Mutter war. Meine Schwestern glauben das immer noch. Wenn man versucht, es irgendwie anders darzustellen, ist man draußen. Das kann man vergessen. Keiner will mit einem zu tun haben. Die Familie schließt einen aus. Genau das ist mir passiert. Gut, ich kann damit leben. Gucken Sie sich die anderen an. Mumien. Im Familiensarg verpackt. Ich habe den Mund aufgemacht, ich habe meine Stimme gefunden. Es ist mir egal, was es kostet. Ich stehe hier und sage die Wahrheit.«

Mutter-Geschichten legen los gegen Veränderung und Tod, sie beschwören, sie geben Form, sie bewahren und sie heilen. In diesen Geschichten leben die dahingegangenen Mütter wieder. Sie werden umgewandelt zu Müttern, die für die Töchter erträglich sind. »Es klingt nicht einmal, als ob ich über dieselbe Frau spreche. Ist das meine Mutter? Ist sie wirklich so gewesen? Ich habe immer geglaubt, sie sei verbraucht gewesen, ausgelöscht, eine Schlampe. Jetzt stelle ich mir vor, daß sie einen Weg gefunden hat, ihr eigenes geheimes Leben zu führen, indem sie im Bett blieb und meine älteste Schwester für uns sorgen ließ. Das ist das Leben, das sie mir mitgegeben hat, dieses geheimnisvolle Innenleben. So sehe ich es jetzt. Aber ist das wahr? Ist es das, was wirklich passiert ist? Oder erzähle ich mir das nur selbst immer wieder, weil diese Vorstellung mir eine tröstlichere Beschreibung ihrer Abwesenheit erlaubt?«

Einige Geschichtenerzählerinnen ringen mit ihren Geschichten, versuchen, sich von ihnen zu befreien, ihnen die Macht über die Vergangenheit zu entreißen. Die Wiederholungen in diesen Geschichten haben einen verzweifelten Unterton, als hätten die Geschichten die Erzählerin gefangengenommen. »Ich habe mir geschworen, heute würde ich hier reinkommen und etwas Neues sagen. Das muß Sie verrückt machen. Ich sage immer wieder dasselbe, immer wieder. Was fehlt mir? Warum kann ich mich nicht dazu bringen, aufzuhören? Ich fürchte, Sie werden vor Langeweile sterben, wenn ich so weitermache. Ich weiß, daß es mir so gehen würde. Ich würde das nicht aushalten. Aber das nützt nichts. Sowie ich hier zur Tür reinkomme, fällt mir ein, wie sie mich am ersten Schultag absetzte, sich umdrehte und wegging. Sie stieg ins

Auto und winkte nicht einmal. Sie ließ mich dort. Ich wußte nicht, wann sie wiederkommen würde. Ich wußte nicht, ob ich sie jemals wiedersehen würde. Ich wußte nicht einmal, was Schule war. Ich glaubte, das sei ... vielleicht ... eine Art Gefängnis ... falls ich damals überhaupt gewußt habe, was ein Gefängnis ist. So was, wo sie kleine Mädchen hinschicken, die nicht brav gewesen sind. Ich wußte, daß ich jetzt nicht weinen und kein Theater machen durfte. Bei allen anderen war alles in Ordnung. Ich dachte, wenn ich jetzt anfange, verrückt zu spielen, denken sie, sie hätten recht gehabt ... sie würden denken, ich wäre genau so ein Balg, das zeitlebens an so einen Platz gehört. Es war eigentlich gar nichts so Fürchterliches dort. Es war eine ganz normale staatliche Grundschule. Aber ich konnte gleich sehen, daß dort keine Mütter waren. Da waren ältere Frauen, aber das waren Lehrerinnen. Eine Lehrerin ist etwas ganz anderes, das wußten wir alle. Und aus diesem Grund hat sich niemand beschwert. So dachte ich mir das damals. Wir sind brav gewesen, denn sonst hätten wir unsere Mütter vielleicht nie wiedersehen dürfen.«

Ich hörte diese Geschichte in praktisch gleichlautenden Worten drei Monate lang zu Beginn jedes Gespräches. Diese Worte wurden mit einer überaus betonten Ruhe ausgesprochen, langsam und überlegt, als würden sie gerade erfunden und seien nie zuvor gesprochen worden, als bedürfe es besonderer Achtsamkeit, sicherzustellen, daß sie richtig herauskamen. Die Erzählerin der Geschichte schien überaus bemüht um die Genauigkeit ihrer Darstellung, als wolle sie sicherstellen, daß sie nichts falsch verstanden hatte, daß sie nichts verzerrt darstellte. Wenn ich jedoch abends meine Notizen durchging, konnte ich die Wörter hören, wie sie mich aus den Seiten meines Notizbuches anschrien. Sie waren zu gequälten und verdrehten Wörtern geworden, bemüht, die Qual der Trennung einzufangen, von der sie sprachen, aber unfähig, sie einzuholen. »Ich dachte, ich würde meine Mutter nie wiedersehen. Ich dachte, das sei etwas, wo sie Kinder hinschicken, die nicht brav waren.« Eines Tages aber kam die Erzählerin zu spät, eilte ins Zimmer, warf sich in ihren Sessel und fing an zu schluchzen. »Der Verkehr, der Verkehr«, wiederholte sie wieder und wieder. Und schließlich: »Ich hab geglaubt, ich würde es nie schaffen bis hierher, ich würde meinen Termin verpassen. Ich hatte furchtbare Angst, ich würde Sie nie wiedersehen.«

An diesem Tag fanden die Wiederholungen ihr Ende. Weil sie aufhörten, konnten andere Geschichten an ihre Stelle treten. Ein Reichtum und eine Vielfalt, die zuvor von der immer wiederkehrenden Sage gefangengehalten worden waren, erwuchsen nun in unseren Gesprächen.

»Genau so habe ich mich an diesem Tag in der Schule gefühlt«, erkennt die Erzählerin. Sie kümmert sich nicht um ihre nassen Augen. »Genau so. Ganz genau so. Genau so, wie ich mich eben auf der Autobahn gefühlt habe, mitten im Verkehr. Mein Gott! Arme Kinder! Ist das möglich? Kann ein kleines Kind sich so verzweifelt fühlen, so hoffnungslos?«

Das Gefühl aus der Kindheit, das durch die Geschichte selbst in Schach gehalten worden war, brach nun immer wieder durch in unsere Gespräche. Die Erzählerin begann zu fühlen, daß sie »sich selbst zurückgegeben« wurde oder, manchmal, daß sie »wieder zurückkam ins Leben«. Oft erzählte sie mir, wie die Welt, die sie als grau, unbeweglich und düster erfahren hatte, nach und nach Farbe annahm. Eines Tages ging sie hinüber zum Fenster, zog den Vorhang zurück und zeigte mir den Ausblick in den Garten. »Ist das hier immer so gewesen? Das ist unglaublich. Ich muß halbtot gewesen sein, ein Gespenst oder so. Ich meine, waren diese Bäume wirklich da? Habe ich je gesehen, wie grün das ist?«

Kapitel
2

Vor einigen Jahren hörte ich eine Mutter-Geschichte beim Einkaufen im Bioladen. Damals schien es so, als fände ich auf Schritt und Tritt Mutter-Geschichten, so daß ich es schließlich als »meine Pflicht und Freude« empfand, wie Oliver Sacks sagt, »zu überliefern und Zeugnis zu geben«. Während ich in diesem Bioladen stand, damit beschäftigt, Obst auszuwählen, unsicher, welche Melonen reif sein könnten, bemerkte ich eine Frau, die ihre Sachen flink und geschickt zusammenstellte, und ich bewunderte sie. Als sie sah, daß ich sie beobachtete, kam sie gleich herüber, um mich zu beraten, und wählte ein paar Melonen aus, die sich später als köstlich erwiesen. Es beeindruckte mich, wie sie sagte: »Sie hätten meine Mutter sehen sollen. Wenn meine Mutter in einen Laden kam, konnte sie eine reife Melone sofort am Geruch erkennen. Sie mußte sie nicht anfassen, sie mußte sie nicht schütteln, sie hätte sie mit geschlossenen Augen gefunden. Einfach vom Geruch her und aus hundert Metern Entfernung, das sage ich Ihnen.«

Ich mag Geschichten, die mit einem dramatischen Auftakt einsetzen und das Unwahrscheinliche heraufbeschwören. »Wahrscheinlich war sie eine großartige Köchin«, sagte ich. »Meine Mutter? Klar, sie konnte kochen. Ich meine, eine großartige Köchin war sie wohl nicht gerade. Aber wenn ihr danach war, konnte sie ein Essen auf den Tisch bringen.«

Das hörte sich nach weniger Begeisterung über die Tugenden der Mutter an und machte mich neugierig. »Sind Sie auch eine gute Köchin?« fragte ich. »Na, wissen Sie«, sagte sie, ihre Stimme senkend, »meine Mutter hat eigentlich nicht gern gekocht. Ich koche gerne. Das ist etwas ganz anderes.«

Mir macht es manchmal Spaß, zu kochen, und manchmal kann ich es nicht ausstehen. Als meine Tochter klein war, hatte ich eine Phase, in der ich nicht gerne kochte. Einmal machte ich ein paar Würstchen heiß und tischte sie auf mit ein paar Gürkchen aus dem Glas und Brötchen dazu. Meine Tochter war davon natürlich begeistert. Der Blick aber, mit dem sie mich ansah, voller Komplizenschaft und Vorwurf, voller geheimer Freude und Angst, zeigte mir, daß sie verstand, daß ich gemogelt hatte und daß ich die Zeit aufwenden und nahrhaftes Essen auf den Tisch hätte bringen sollen.

Als ich an der Kasse in der Schlange stand, holte die Frau mit den Melonen mich ein. Sie sagte: »Die Wahrheit ist, daß ich jetzt gerne koche. Aber ich habe nicht gern gekocht, als ich kleine Kinder hatte. Es kam erst, als meine Tochter zehn oder elf Jahre alt war und in der Schule einen Kochkurs besuchte. Ihr machte das Spaß, so daß ich mich von ihr anstekken ließ.«

Ich erzählte ihr von den heißen Würstchen und den Brötchen. »Hm, hm«, sagte sie, kopfschüttelnd, »Sie sagen es.«

Ich packte die Lebensmittel in mein Auto und stellte fest, daß ich Hunger hatte. Folglich ging ich zurück in den Bioladen und kaufte mir einen Tofu-Burger. Ich saß vor dem Laden, als die Frau, deren Tochter gerne kochte, wieder zu mir trat. Ich bot ihr Platz neben mir auf der kleinen Bank an, aber sie blieb stehen, auf ihren Einkaufswagen gestützt. »Die Wahrheit ist«, sagte sie, »meine Mutter wollte nie Kinder haben, und deswegen hatten wir Kinder sie nicht gerade lange. Als ich sieben, acht Jahre alt war, war sie weg und keiner, nicht einer von uns, hat sie je wiedergesehen.« Sie schwieg eine

Weile. »Aber ich werde nie vergessen, wie diese Frau eine reife Melone erkennen konnte.«

Dann schien es, als gäbe es nichts mehr zu sagen. Sie rollte ihre Einkäufe die Straße hinunter, und ich habe sie in diesem Laden nicht wieder getroffen.

Mutter-Geschichten setzen mit einem idyllischen Klang ein. Vielleicht hat sich die Frau, die in einem Bioladen in ihrer Nachbarschaft Obst einkauft, plötzlich einsam gefühlt mitten am Nachmittag, umgeben von Fremden, ihre Kinder in der Schule und sie (gut angezogen, im Kostüm) vermutlich auf dem Heimweg von der Arbeit. Dann verspricht die Erinnerung an die reife Melone Linderung und Beruhigung. Deswegen wird die Geschichte wieder erzählt werden und vielleicht wieder und wieder, um beunruhigende Erinnerungen an die Mutter, die nie wiedergesehen wurde, abzuwehren.

Geschichten gelingen und mißlingen gleichermaßen. Sie halten etwas fern, während sie gleichzeitig zu etwas anderem führen, dem die erzählende Person lieber ausweichen würde. Das geschah in der Geschichte im Bioladen, vielleicht weil ich, die zufällige Zuhörerin, zugab, daß ich manchmal eine nachlässige Mutter gewesen bin. Vielleicht war die Geschichte von der Melone schon zu oft erzählt worden und hatte die Kraft, Distanz und Abwehr zu schaffen, verloren. Oder vielleicht war sie nie zuvor erzählt worden, so daß niemand wissen konnte, welche Fallen und welche erzählerischen Seitenwege sie plötzlich aufweisen würde.

Die Sauna ist ein anderer Platz, an dem Frauen Geschichten über ihre Mütter erzählen, und manchmal erzählen sie diese Geschichten ganz Fremden. Ich habe eine Menge Mutter-Geschichten in der Sauna aufgelesen. Dort, in diesem verschwitzten und verträumten Zustand, zwischen kalten Duschen und Aufgüssen, habe ich viele Gründe dafür gesammelt, warum Frauen über ihre Mütter sprechen. Manchmal sind die Mütter krank oder liegen im Sterben, dann gehen die Geschichten an gegen Veränderung und Tod. Sie beschwören, kristallisieren, bewahren und heilen. In ihnen leben die dahingegangenen Mütter wieder.

Eine Frau, die ich nie gesehen habe, weil ich mit geschlossenen Augen dalag, als sie mit einer Freundin in die Sauna kam, sprach im Flüsterton über ihre sterbende Mutter, die schon nicht mehr sprechen konnte. Weil sie sich ihrer Tochter unbedingt mitteilen wollte, summte sie wieder und wieder ein paar Töne einer Melodie, die sie immer gesungen hatte, als ihre Tochter ein kleines Mädchen war. »Das waren ihre letzten Worte«, sagte die Tochter. Später hörte ich, wie sie diese Melodie summte, während sie duschte. Am gleichen Abend hörte ich mich die Melodie wiederholen, während ich meinen Schreibtisch aufräumte, als wäre sie auch an mich gerichtet gewesen, diese Botschaft einer sterbenden Mutter, die ihre Tochter wissen lassen wollte, daß sie noch an sie dachte.

Die Sauna stellt einen vertraulichen Raum dar; die dunklen, halb verhüllten Körper von Fremden werden zu stummen Zeugen der intimen und eigenartig unpersönlichen Chronik der Beziehung einer Mutter zu ihrer Tochter. Einige Geschichten, die ich dort gehört habe, sind im Geist der Rache erzählt worden. Die Geschichtenerzählerin ergriff mit ihrer Erzählung die Macht, vergangenes Leid und vergangenes Unrecht zu beheben. »Ich meine, ich weiß, wie sich das anfühlt. Ich wollte sie hochheben und quer durch das Zimmer schleudern. Das habe ich natürlich nicht getan. Ich habe es nicht getan. Und genau darum geht es. Ich erinnere mich daran, was meine Mutter mir angetan hat, und ich weiß, das würde ich nie, niemals mit meinem Kind wiederholen.«

Jemand anderes in der Sauna – ich glaube, es könnte die Frau gewesen sein, die sich auf der unteren Bank ausgestreckt hatte – erwähnte das Bedürfnis, unseren Müttern zu vergeben, eine Gefühlsregung, die in Berkeley seinerzeit sehr beliebt war.

»Ihr vergeben?« echote die Erzählerin. Ich machte die Augen auf. Sie stand nackt bei den Kohlen und begoß sie mit kaltem Wasser. Schweiß floß ihr übers Gesicht, das vom Licht der orangefarbenen Birne erhellt wurde, als sie den hölzernen Löffel in den Eimer zurückstieß. »Ihr vergeben? Niemals. Wenn ich mich zusammennehmen, wenn ich mich zurückhalten kann, dann hätte sie das auch gekonnt. Nein, ich vergebe ihr nicht. Sie hatte die Verantwortung.« Sie ging rasch aus der Sauna und zog die Tür hinter sich zu. Einen Moment später schaute sie wieder herein. »Und ich werde nie, nie, nie so eine Frau wie meine Mutter sein«, fügte sie hinzu, während sie ihr Handtuch von der Bank nahm.

»Du liebe Güte, die hat noch Arbeit vor sich«, sagte die Frau, die an Vergebung glaubte. Ich ging raus, um kalt zu duschen. Ein paar Minuten später, als ich beim Haarewaschen war, warf mir eine andere Frau, die auch in der Sauna gewesen war, einen Blick zu. »Es fragt sich, welche von den beiden die Arbeit noch vor sich hat«, kommentierte sie die beiden Frauen, die keine von uns kannte.

Wir beide landeten oft zur gleichen Zeit am gleichen Tag in der Sauna, früh am Morgen, nachdem wir unsere Runden geschwommen hatten. Ich weiß nicht, ob sie an dem Tag da war, als ich eine Frau ihre Mutter-Geschichte zweimal erzählen hörte, fast im gleichen Wortlaut, einmal bevor ich schwimmen ging und einmal danach. Sie erzählte sie mir, aber ich glaube nicht, daß sie merkte, daß ich dieselbe Frau war, der sie die Geschichte bereits erzählt hatte. Als sie ein kleines Mädchen war, hatte ihre Mutter sie zum Schwimmen mitgenommen. Sie waren in einem Schwimmbad in ihrer Nachbarschaft, im flachen Wasser. Aber die Tochter war zu Tode verängstigt und klammerte sich an den Schultern der Mutter fest.

Sie machte eine Szene mit Gewimmer und Getue, und ihre Mutter wurde ärgerlich. Die anderen Kinder in ihrem Alter fühlten sich wohl, spritzten, traten mit den Füßen und tauchten ihre Köpfe unter. Schließlich überredete die Mutter sie dazu, alleine im flachen Wasser zu stehen. Die Mutter trat einen Schritt zurück. »Komm einfach und schwimme zu mir«, sagte sie und streckte die Arme so weit aus, daß sie die Finger ihrer Tochter berühren konnte. »Ich bin genau hier. Ich geh nicht weg. Ich fang dich auf.«

Die Tochter schwamm. Sie tauchte den Kopf ins Wasser, wie es ihr beigebracht worden war, sie trat mit den Füßen, sie bewegte sich vorwärts durch das Wasser, das sie von ihrer Mutter trennte. Sie hob den Kopf. Die Mutter war immer noch ein Stückchen weg. »Ich bin genau hier«, sagte sie wieder. »Ich geh nicht weg. Ich fang dich auf.« Die Tochter versuchte es wieder. Sie strampelte mit den Beinen und bewegte sich nach vorn, und die Mutter war immer noch ein Stückchen weit weg. Die Tochter, die drei, vielleicht vier Jahre alt war, fing an zu weinen. Sie schluckte, bekam den Mund voll Wasser, und jetzt begann sie, nach Luft zu ringen. Die Mutter sah sie mit einem stürmischen Ausdruck an, die Arme vor ihrer Brust verschränkt. »Ich bin genau hier«, sagte sie wieder. »Ich habe dir gesagt, ich fange dich auf.« Das kleine Mädchen hörte auf zu husten, tauchte den Kopf ins Wasser und trat mit den Füßen.

»So habe ich schwimmen gelernt«, sagte sie mir, mit verblüfftem Gesicht. »Ich war eine Schwimmerin während der Mittelstufe, und später hat der Trainer mir geraten, mich auf die Auswahlwettkämpfe für die Olympiade vorzubereiten. Vielleicht war das, was sie gemacht hat, also was Gutes, aber ich habe sie immer dafür gehaßt und ihr nicht mehr vertraut. Es ist sehr lange her«, sagte sie, »aber ich vertraue ihr immer noch nicht.«

Als ich die Geschichte eine halbe Stunde später zum zweitenmal hörte, hatte ich den Eindruck, daß die Erzählerin versuchte, die Macht dieser Erinnerung abzuschütteln, ihren Griff zu lockern. Ich fragte mich, ob sie die Geschichte noch einmal an diesem Tag erzählen würde, ob sie sie oft erzählte, wie unter Zwang, wieder und wieder im Lauf der Jahre, wie ein alter Seemann, der immer wieder das gleiche Garn spinnt. Die Erzählerin hatte nicht nur die Worte wiederholt, sondern sie hatte sie auch mit fast der gleichen Gestik und Mimik begleitet, als entfalte sie ihre eigene Magie oder Anrufung. Es war eine Mutter-Tochter-Geschichte, die die Hoffnung trug, die Tochter aus einer alten Tyrannei und einem Kindheitsschrecken zu befreien – und der das anscheinend nicht gelang.

Kapitel 3

Ich hörte eine andere Mutter-Geschichte an dem Tag, als ich mit einer älteren Frau im Fahrstuhl war und der Fahrstuhl zwischen zwei Stockwerken steckenblieb. »Ich bin froh, daß Sie das sind«, vertraute die Frau mir an, »und nicht irgendein Fremder.« Ich hatte nicht den Eindruck, daß wir einander bereits kannten, und fragte sie, ob ich mich irrte? »Kennen, nicht kennen«, sagte sie und winkte ungeduldig mit ihrer Hand. »Sie wissen, was ich meine. Sie sind kein Mann, oder?«

Ich wußte genau, was sie meinte, und das sagte ich ihr. Auch ich fühle mich oft anderen Frauen, die ich nie zuvor getroffen habe, schwesterlich verbunden. Sie drückte energisch auf den Knopf. »Wissen Sie, was mir seinerzeit passiert ist? Ich blieb im Aufzug stecken. Deshalb weiß ich, wovon ich rede.«

Sie drückte wieder auf den Knopf. Eine Stimme kam durch das Lautsprechersystem und fragte, ob alles mit uns in Ordnung sei. »Holen Sie uns raus hier!« forderte sie.

»So, ich erzähle Ihnen, was passiert ist«, sagte sie und wendete sich zu mir. »Ich weiß nicht, wie es passiert ist. Aber irgendwie kam ich in diesen Aufzug, bevor meine Mutter drin war. Vielleicht bin ich reingerannt und habe geglaubt, sie käme gleich hinterher. Aber hinter mir gingen die Türen zu. *Wock.* Das werde ich nie vergessen. So ein Geräusch. Ich hörte, wie meine Mutter gegen die Türen hämmerte, aber es war zu spät, zu spät. O Gott, jetzt ist alles aus, dachte ich. Ich werde meine Mutter nie wiedersehen. Da bin ich, voller Angst. Da ist dieser Mann. Er schaut mich an, ich schaue ihn an. ›Mach dir keine Sorgen, kleines Mädelchen‹, sagt er, ›wir steigen im nächsten Stock aus, und deine Mutter wird dich holen.‹ Gut, er hat recht, ich bin eine vernünftige Person, ich weiß das selbst. Aber der Aufzug bewegt sich nicht. Jetzt höre ich die Stimme meiner Mutter, sie ruft vom oberen Stockwerk herunter zu mir. ›Du mußt nicht weinen‹, schreit sie mir zu, ›hab keine Angst. Wir kommen und holen dich.‹ Aber natürlich klingt meine Mutter verängstigt, völlig verängstigt. Sie wissen, wie das mit Müttern ist? Nun, ich war ihre erste Tochter, damals war ich ihr einziges Kind, also, Sie können sich das vorstellen. Gut, um es kurz zu machen: Es stellte sich heraus, daß der Mann ein netter Mann war, das gibt es auch. Er wollte mir nichts antun, er wollte helfen. Er drückte den Alarmknopf, er erzählte mir immer wieder, ich müßte mir keine Sorgen machen, meine Mutter würde kommen und mich holen. Aber währenddessen höre ich die Stimme meiner Mutter, und ich weiß, da muß irgendwo eine Gefahr sein in dieser Situation, vielleicht etwas, was dieser Mann nicht sieht. Es fällt mir überhaupt nicht ein, daß die Gefahr vielleicht dieser Mann ist. Okay, wir müssen keine große Sache daraus machen. Schließlich kommen wir raus, meine Mutter kommt die Treppe heruntergerannt, ich schaue sie an und sehe mit einem Blick, ich sage Ihnen, ich sage Ihnen, war das meine Mutter? Sie ist in dieser halben Stunde vielleicht zehn Jahre gealtert. Meine Mutter ist so außer sich, daß wir ein Taxi nehmen müssen. Ein Taxi. Und wer hatte in diesen Zeiten schon Geld für ein Taxi? Wir nehmen ein Taxi, wir fahren nach Hause, und die ganze Zeit habe ich meine Arme um meine Mutter gelegt, und meine Mutter zittert nur noch. Sie sehen, was ich meine? Was in dem Aufzug passiert ist, ist nicht mir passiert. Es geschah meiner Mutter ...«

Nachdem ich diese Geschichte gehört hatte, war ich froh,

kein Mann zu sein, und froh darüber, daß keine Mutter im Stockwerk über uns auf uns wartete und dabei an die Türen trommelte und schrie. Wir zwei Frauen schienen ganz gut allein in einem Aufzug zurechtzukommen. Ich erzählte ihr eine Geschichte über die Zeit, als ich mit meinem ersten Mann in London war und die Treppe hinunterrannte und in den wartenden Zug sprang. Die Türen gingen hinter mir zu, und der Zug fuhr ab. Ich hatte kein Geld dabei, ich wußte nicht, wo ich hinfuhr, und da stand er im Bahnhof und winkte mir ruhig zu, mit einem ironischen Lächeln.

»Ein Ehemann ist keine Mutter«, sagte meine Mitgefangene und nickte wissend. »Wenn ein Mann eine Frau verliert, okay. Er kann immer eine andere kriegen. Aber eine Mutter kann ein Kind nicht ersetzen, nicht einmal durch ein anderes Kind. Das ist es, was eine Mutter weiß, wenn sie sieht, wie ihr kleines Mädchen allein in einem Aufzug verschwindet ...«

Von all den Geschichten, die ich im Lauf der Jahre gesammelt hatte, war es die Fahrstuhl-Geschichte, die mir beharrlich immer wieder einfiel. Ich war beeindruckt von der Geschichte über das traumatische Ereignis, das die Mutter mehr in Mitleidenschaft gezogen hatte als das Kind. Ich dachte über das kleine Mädchen im Taxi nach, das die Arme um seine Mutter geschlungen hatte. Es war eine wundervolle Geschichte, hatte ich gedacht, über die Sorge einer Mutter um die Sicherheit ihres Kindes. Sie enthielt alles an Angst und Schrecken angesichts kleiner Ereignisse, die das tägliche Drama des Lebens einer Mutter ausmachen. Es war aber auch eine zweideutige Geschichte aufgrund der Art, wie das kleine Mädchen während der Taxifahrt zur Trösterin seiner Mutter geworden war. Schließlich war es doch das Kind, das seine erste Trennung von der Mutter, und auf diese erschreckende Weise, ausgehalten hatte. Dennoch war die Mutter die Trostbedürftige gewesen.

Vielleicht hatte die Mutter, die ihre Kinder verließ, nachdem sie die besonders reifen Melonen herausgesucht hatte, erwartet, daß eines ihrer Kinder sie trösten und umsorgen würde. Als sie dann herausfand, daß das wahrscheinlich nicht so sein würde, ging sie. Ich habe keine Ahnung, was für eine Geschichte sie über ihr Leben erzählen würde. Ich kann die Tochter nicht mehr fragen, was sie von diesem Gedanken hält. Ich weiß, daß es nur eine von mehreren möglichen Erklärungen ist. Mütter verschwinden aus unserem Leben, sie tun das ständig, nicht nur, indem sie uns verlassen oder sterben. Mütter werden von ihren eigenen Interessen in Anspruch genommen und verschwinden dahinter. Manchmal lassen wir sie verschwinden: Wir hören auf, über sie nachzudenken, wir hören auf, sie ernst zu nehmen, wir entwachsen ihnen.

Die Mutter, die ihre Tochter gegen die Wand schleuderte, war möglicherweise wütend auf das kleine Mädchen, weil sie, die Mutter, für das Kind sorgen mußte. Sie mag gedacht haben, das Kind schulde ihr Fürsorge, weil sie es zur Welt gebracht habe. Natürlich ist es möglich, daß ich diese Version der Mutter-Geschichte höre, wohin ich auch sehe. Die Geschichte der sterbenden Mutter, die ein Kinderlied für ihre Tochter summt, gibt für diesen Gedankengang nicht viel her. Jeder, der im Sterben liegt, wird wieder zum Kind. Die Mutter im Schwimmbecken, die ihre Tochter mit List zu Autonomie und Unabhängigkeit führte, hat vielleicht gehofft, das Kind dazu zu bringen, sich zu beeilen, groß zu werden und für sie zu sorgen, vielleicht auch nicht.

Die Aufzug-Geschichte erzählte davon, wie ein verängstigtes kleines Mädchen zu einer kleinen Mutter geworden war. War das ein außergewöhnliches Ereignis, oder war das typisch? Geriet die Mutter jedesmal so außer sich, wenn das Kind außer Fassung war, daß die Tochter sich dann um sie kümmern mußte? War das eine verschlüsselte Geschichte über einen unglücklichen Rollentausch zwischen zwei Generationen, in welchem von der Tochter (unbewußt) erwartet wird, daß sie ihre eigene Mutter bemuttert, ihre eigenen Bedürfnisse opfert und vielleicht auch ihre eigene Fähigkeit zur Unabhängigkeit?

Ist das die Geschichte, die viele Frauen mir zu erzählen versucht hatten? Daß ihre Mütter sie in der Hoffnung geboren hatten, eine Mutter für sich selbst zu finden?

In diesen Jahren kam es mir so vor, als hätte ich ein Zeichen auf der Stirn, das mich als Zuhörerin kennzeichnete. Manchmal war die Begegnung so flüchtig, daß ich mich darüber wunderte, mit welcher Leichtigkeit Frauen anfingen, über ihre Mütter zu sprechen. Einmal war ich gerade dabei, in der Nähe des Opernhauses Münzen in einen Automaten für Parkscheine zu werfen, als eine Frau kam, um ebenfalls zu bezahlen. Wir hatten wahrhaftig mehr als ein paar Sekunden, aber nicht mehr als ein paar Minuten, während wir zu unseren Autos zurückgingen. Sie erzählte mir, daß ihre Mutter erst dann fahren gelernt hatte, als sie, die Tochter, sich geweigert hatte, ihren Tagesablauf zu unterbrechen, um sie abzuholen und sie zu ihren Terminen zu fahren. Ich sah die Mutter am Lenkrad sitzen. Sie kurbelte das Fenster herunter, um herauszuschauen, und sagte: »Ich kriege meine Fahrstunden«, mit einem anbetungswürdigen mädchenhaften Stolz, der mich würdigen ließ, welch eine Anstrengung es für die Tochter gewesen sein mußte, dieses Projekt in Gang zu bringen. Ich kann sie heute noch sehen, die Tochter vorzeitig ergraut und gebeugt, die Mutter, eine Frau in ihren späten Sechzigern, wie sie bescheiden ihre Wange mit der Hand stützte, mit ihren blonden Locken spielte und zu mir hinauflächelte.

Wenn ich alleine war, herumging, in meine eigenen Gedanken vertieft, tauchten die Geschichten, die ich gesammelt hatte, spontan auf und schlugen in mir etwas an, einen kollektiven Choral, eine Ode, gesungen von Töchtern zu Ehren ihrer Mütter. Manchmal, wenn ich mich einsam oder traurig fühlte, erhoben sich die Klänge in einer innigeren Weise, Balladen einer ursprünglichen töchterlichen Liebe, die nie enden würde. Und was, fragte ich mich, versuchten wir durch diese Geschichten zu erreichen? Sie enthielten all die wesentlichen Episoden, die die Liebe in ihrer launischen Reise zur Vollendung durchwandert. Da waren goldene Erinnerungen, gefolgt von Verlust und Sehnsucht, Wut und Vergebung. Ich hatte leidenschaftliche Sagen der Identifizierung und des Mißlingens von Identifizierung gesammelt, durch welche die Geschichtenerzählerinnen einem unbekannten Ziel zuzustreben schienen. Wonach suchten wir? Welchem geheimen Anliegen dienten diese Geschichten? Wohin wollten wir durch diese Geschichten gelangen?

Vielleicht waren diese Geschichten Kapitel, Fragmente, Stücke einer größeren Komposition, um deren Vollendung die Töchter kämpften. Vielleicht war das, was wir mit unserem Erzählen und Wiedererzählen schaffen wollten, eine umfassendere Geschichte der Beziehungen zwischen Müttern und Töchtern. Vielleicht hatten wir auf ein verstecktes Thema gelauscht, auf etwas, das fast da war, aber nicht ganz an die Oberfläche aufgetaucht, und so erzählten wir unsere Mutter-Geschichten in der Hoffnung, eines Tages das Wissen zu erlangen, das diese Geschichten versprachen und verbargen.

Kapitel 4

»Die Frau, die ihre Mutter zur Welt brachte«, ist ein verlokkender, zweideutiger Ausdruck, dessen Bedeutung sich ständig ändert. Als ich ihn zu verwenden begann, um die Geschichten zu ordnen, die ich sammelte, dachte ich, er beziehe sich auf Mütter, die bedürftig waren, die bemuttert werden wollten, auf Mütter, die ihre Töchter zur Welt brachten und dabei hofften, sie würden Trost und Fürsorge bei ihnen finden.

Ich pflegte den Ausdruck locker einzuführen, wenn Frauen in meiner klinisch-psychologischen Praxis über ihre Mütter sprachen. »Ah«, sagte ich vielleicht, »sie dachte also, sie brachte ihre Mutter zur Welt, als sie Sie zur Welt brachte.« Oder vielleicht habe ich das Thema eher indirekt angesteuert: »Ihre Mutter hat sich also immer eine Mutter gewünscht. Dann sind Sie geboren, ihre erste Tochter, und sie bekam, wonach sie gesucht hatte.«

Manchmal landete ich mit diesen Kommentaren weit abseits, und das ließ mich bedauern, daß ich sie ausgesprochen hatte. Manchmal war die Reaktion darauf direkt und lebhaft. »Ich war die Brust meiner Mutter. Sie hat mich ständig ausgesaugt, und ich konnte es nicht ausstehen. Sie hat ihre eigene Brust zur Welt gebracht. Und dann nahm sie mir übel, daß ich ihre brauchte.« Bei anderen Gelegenheiten schien der Begriff in die Geschichte hineinzugelangen und sie von innen heraus zu formen. Es kam vor, daß eine Tochter, die ihre Geschichte erzählte, den Ausdruck wie ein Vergrößerungsglas benutzte, das vernachlässigte Aspekte eines Bildes in den Blick rückte, ohne daß ersichtlich war, daß sie ihn gehört oder gewürdigt hatte.

Wenn Mutter-Geschichten sich einmal von der wiederholt erzählten Sage gelöst haben, stürzen sie in eine stürmische Überarbeitungsphase. Fülle, Paradoxien, Feinheiten und Schattierungen treten an die Stelle der unveränderlichen Geschichte. Unterschiedliche Muster des Geschichtenerzählens tauchen auf – als sei es das Schicksal der Mutter-Geschichte, eine Reihe von Stationen zu durchlaufen und die Erzählerin dabei mitzureißen.

Ich kann nicht behaupten, daß jede Frau, die über ihre Mutter spricht, versuchte, dieselbe verborgene Geschichte zu erzählen. Bei den Geschichten, die einige Töchter erzählen, muß man jedoch nicht lange raten. Die Geschichten scheinen einem bestimmten Weg verpflichtet, und dabei durchlaufen sie erkennbare Stationen. Dies ist jedoch keine geradlinige Reise. Eine Geschichtenerzählerin, die diesen Zug nimmt, kann an jeder Station einsteigen, vorwärtseilen, zurückreisen, ein oder zwei Haltemöglichkeiten überspringen und sich selbst wieder ganz am Anfang finden, gerade als sie dachte, sie sei am Ende ihrer Reise angelangt. Aber wenn eine Frau lange und beharrlich genug über ihre Mutter spricht, beginnen früher oder später typische Elemente der Mutter-Tochter-Geschichte aufzutreten.

Ich bin nicht sicher, ob ich an Muster glaube. Meist kommt es mir so vor, als ob Reihenfolge und Phasen den Ereignissen übergestülpt werden und ihnen damit den Anschein einer Ordnung verleihen, der ihnen nicht zusteht. Wenn ich einer Frau zuhöre, die erzählt, denke ich nicht über Muster nach. Die Gefühle, die auftauchen, ihre Anstrengungen, sie abzuwehren, das Eindringen der Vergangenheit, die Schwierigkeit, manche Dinge auszusprechen, und der Ansturm anderer machen es unwahrscheinlich, daß eine Zuhörerin eine zugrundeliegende Ordnung aufspürt. Es ist spät am Abend, wenn ich meine Notizen durchgehe. Dann scheint ein innewohnendes Muster aufzutauchen.

Wenn wir eine abstrakte Skizze der Phasen entwerfen, die die Mutter-Geschichte beinhaltet, würde dies etwa so aussehen und sich etwa so anhören:

I: Idealisierung

Wir beginnen meist mit einer sonnigen, geschönten Sicht auf unsere Kindheit. Die Mutter wird idealisiert, die Beziehung zwischen Mutter und Kind ohne viele Einzelheiten umrissen, die ersten Jahre sind verdeckt von einem rosigen Schein von Wohlbefinden. Wenn die Erzählerin sich an irgend etwas Schwieriges oder Verstörendes erinnert, ist ihr noch nicht gegenwärtig, daß diese eher düsteren, einzeln dastehenden Ereignisse vielleicht Konsequenzen hatten. Sie kann ihre Wirkung nicht fühlen, sie sieht keinen Grund, bei ihnen zu verweilen, kann nicht glauben, daß es eine Verbindung geben könnte zwischen »dem alten Kram dahinten« und den Zwangslagen, mit denen ihr gegenwärtiges Leben sie konfrontiert.

»Wir waren die perfekte Familie. Ich habe nie gehört, daß zwischen meinen Eltern harte Worte fielen. Meine Brüder haben sich nie gestritten und sind immer behutsam mit mir umgegangen. Ich war der Liebling von allen, das Kind mit den goldenen Haaren, das einzige Kind, die Jüngste. Und das lag alles an meiner Mutter, für die die Familie immer das Wichtigste war. Sie hatte eine Menge Arbeit damit, unseren großen Haushalt in Ordnung zu halten, aber sie hatte immer Zeit für mich. Jeden Tag, wenn ich aus der Schule kam, war sie da. Ich zog mich um, ging hinunter in die Küche, und da stand ein Glas Milch und ein großes Stück selbstgebackener Marmorkuchen für mich auf dem Tisch. Meine Mutter hat mir auch alle möglichen Sachen im Haushalt beigebracht, wie man näht, strickt, stopft, bügelt, sogar die weißen Hemden meines Vaters. Das kam mir nie wie Arbeit vor, ich dachte einfach, Mama und ich würden miteinander spielen. Da haben Sie ein vollkommenes Bild davon, wie mein Leben war. Von der frühesten Zeit, an die ich mich überhaupt erinnern kann, bis zur Scheidung meiner Eltern, als ich acht war. Dann wurde alles anders. Wir sahen meinen Vater nie wieder, meine Mutter mußte Untermieter aufnehmen, aber die Milch und der Kuchen waren immer auf dem Tisch für mich, wenn ich aus der Schule kam.«

Es ist nicht nötig, die idyllische Geschichte in Frage zu stellen. Wenn sie oft genug erzählt wurde und es dem oder der Zuhörenden gelingt, durch die Wiederholungen hindurch aufnahmefähig zu bleiben, wird sie eines Tages ihren Bann lockern, erschüttert durch ihre eigenen Widersprüche, und einfach auseinanderfallen. Die Erzählerin erinnert sich an Spannungen zwischen Vater und Mutter, an die Depressionen der Mutter, an Kummer, der versteckt wurde, wenn der Vater spät von der Arbeit nach Hause kam. Der Kuchen und die Milch bleiben auf dem Tisch, aber das Bild der Frau, die beides dahin stellte, ändert sich beträchtlich.

II: Revision

Wir sind weitergekommen und haben den vertrauten Boden der ursprünglichen Geschichte hinter uns gelassen. Plötzlich sehen wir alles in einem neuen Licht, umgewandelt durch eine sich ändernde Perspektive. Hier tauchen Geschichten auf, in welchen die Erzählerin plötzlich die Bedeutung von Ereignissen erfaßt, die vernachlässigt oder verborgen gewesen waren. Sie ist erschüttert, sie möchte ihre eigenen Geschichten nicht annehmen, sie tut sie mit einem Achselzucken ab, aber sie kommen wieder und wieder zurück. Bemüht, die Macht der auftauchenden Geschichten abzuwehren, beschließt sie manchmal, sie käme nirgendwohin, lerne nichts über sich selbst, verändere sich nicht, sie könne genausogut eine andere Art, an sich zu arbeiten, ausprobieren. Wenn sie aufhört, ihre Geschichte zu erzählen, kehrt die Vergangenheit in ihre gefestigte sonnige Version zurück. Wenn sie weitererzählt, wird sie wahrscheinlich überraschenden Gefühlen und Geschichten begegnen.

»Woher weiß ich, daß ich mir das nicht einfach ausdenke? Eins ist sicher. Niemand in der Familie wäre einverstanden mit meiner Version. Wenn wir die jetzt hier hätten, würden sie sagen, daß ich übertreibe. Sie haben immer gemeint, ich wäre zu empfindlich. Wenn sie mich jetzt hören könnten, wüßten sie, daß sie recht gehabt haben. Ist es wirklich so gewesen? Mein Vater hat meine Mutter geschlagen? Manchmal, wenn wir von der Schule kamen, war ihr Gesicht so geschwollen, daß sie sich weigerte, aus ihrem Schlafzimmer herauszukommen. Wir konnten sie hören, wie sie drinnen ins Kopfkissen schluchzte. Mein ältester Bruder hat sich dann um uns gekümmert. Er ist schwul, und vielleicht hat das was damit zu tun. Aber wir haben uns alle bemüht. Ich erinnere mich daran, wie einsam wir uns fühlten. Manchmal erinnere ich mich daran, wie wir einfach dasaßen. Wie wir da am Küchentisch saßen, und mein Bruder sagte mir, ich solle meine Milch trinken oder etwas von dem Kuchen essen, und ich konnte es nicht, konnte es einfach nicht. Wir haben nie darüber gesprochen, aber wir wußten alle, daß Mama oben in ihrem Zimmer war und daß sie uns nicht entgegentreten konnte, sie konnte nicht aus ihrem Zimmer herauskommen. Dann kam Papa heim, und wir mußten so tun, als wüßten wir nichts. War unsere Familie wirklich so? Haben wir das durchgemacht? Liegt es daran, daß ich es manchmal so schwer finde, morgens aufzustehen, und daß ich immer noch so bedrückt bin, wenn der Tag zu Ende geht?«

III: Anklagen

Manche Frauen beginnen, in einem besonders heftigen und zornigen Ton über ihre Mütter zu sprechen. Sie erinnern sich an nichts Wertvolles aus ihrer Kindheit. Die Reihe ihrer erzählten Geschichten beginnt mit Wut und Anklage, und sie versuchen, dabei stehenzubleiben. Jede Geschichte, jede Einzelheit oder jeder Abschnitt darin kann zu der wiederholt erzählten Sage werden, die den Fortschritt einfriert. Egal wo die Erzählerin beginnt, sie muß weiter, vorwärts, rückwärts, manchmal gleichzeitig in beide Richtungen, wenn ein vollständiges Bild ihrer Kindheit auftauchen soll.

Für die Tochter, die sich an die Milch und den Kuchen erinnert, erweist sich der Fortschritt hin zum Empfinden von Wut als schwierig. Es ist ihr gerade gelungen zu verstehen, wie zutiefst verzweifelt ihre Mutter gewesen war. Jetzt weigert sie sich, ihre Mutter auch kritisch zu betrachten. Diesen kritischen Blick schreibt sie mir zu, der Adressatin ihrer verborgenen Wut auf die Mutter.

»Ich weiß, was Sie denken. Sie denken, sie hätte meinen Vater schon vor Jahren verlassen sollen. Sie war eine gebildete Frau, sie hätte wieder arbeiten gehen können, sie hatte ein Leben, bevor wir geboren wurden. Sie denken wahrscheinlich, sie hätte all ihren Kindern einen Gefallen getan, wenn sie ihnen ein Beispiel weiblicher Würde gegeben hätte, anstatt zuzulassen, daß sie gebrochen und erniedrigt wurde. Ich lehne diese Sichtweise ab! Das ist genau das, was Feministinnen wie Ihnen immer einfällt. Sie können sich nicht in gewöhnliche Frauen einfühlen. Sie wollen, daß alle Frauen Superfrauen sind, und um die Wahrheit zu sagen ... Sie machen mich ... es macht mich ... irgendwie ärgert es mich. Ich bin überzeugt davon, daß meine Mutter alles getan hat, was sie konnte. Selbst als mein Vater noch da war, tat sie alles, um uns Kinder zu schützen, daß wir nicht merken, was los war. Oft kam sie aus ihrem Zimmer, ihr Gesicht verborgen unter Make-up, aber wir konnten die Verletzungen natürlich sehen. Was hätte sie machen sollen? Uns einsammeln, ins Auto pakken und zu Großmama fahren? Mein Vater hatte das einzige Auto in der Familie, obwohl er sich locker ein zweites hätte leisten können. Meine Mutter hat mich mit dem Bus zum Ballettunterricht gebracht. Mit dem Bus. Und wir mußten zweimal umsteigen. Glauben Sie, ich könnte auf so eine Frau wütend sein? Glauben Sie, ich werde mich gegen sie stellen?«

[SCHULDGEFÜHLE: Schuldgefühle können in einer sehr flexiblen Reihenfolge keinen festen Platz bekommen. Bei gutem Zuhören können Schuldgefühle während der meisten Phasen des Geschichtenerzählens leicht entdeckt werden: eine Unterströmung ängstlicher, grüblerischer Sorge um die Mutter. Deswegen klammere ich diesen Bestandteil der Mutter-Geschichte ein, so daß Schuldgefühle eher als thematisches Motiv betrachtet werden können, weniger als Phase oder Station. Die Bewegung von der Idealisierung zur Revision ist oft von Schuldgefühlen begleitet. Die Erzählerin hat das Gefühl, daß sie das Format der Hauptfiguren ihrer Kindheit hat schrumpfen lassen. Die Schuldgefühle, die das hervorruft, können sie dazu veranlassen, in eine beharrliche Idealisierung zurückzuschlingern, eine Rückkehr zu einem früheren Kapitel, ungeachtet unserer Bemühungen, eine begründete Abfolge zu erarbeiten. In ähnlicher Weise ist es wahrscheinlich, daß auf Episoden, in denen der Mutter gezürnt, in denen sie angeklagt wurde, Phasen schuldbewußter Selbstvorwürfe folgen. Während dieser läßt sich die Tochter selbst in das Elend ihrer Mutter hineinziehen und klagt sich selbst an, die Probleme ihrer Kindheit verursacht zu haben. »Ich habe immer das Gefühl gehabt, wir hätten mehr tun sollen, um unserer Mutter zu helfen. Vielleicht hätte alles anders sein können, wenn wir uns für sie eingesetzt hätten, wenn wir unseren Vater zur Rede gestellt hätten, ihn hätten wissen lassen, daß wir wußten, was vor sich ging. So, wie es war, machten wir einfach weiter mit und taten so, als würden diese Dinge nicht geschehen, und vielleicht hat mein Vater deswegen angenommen, wir seien auf seiner Seite. Warum bin ich nicht in das Zimmer meiner Mutter gegangen, als ich sie weinen hörte? Warum mußte ich so tun, als ob ich nichts höre? Ich hätte sie wenigstens ein bißchen trösten können, oder? Ich war die einzige andere Frau im Haus. Das ist das geringste, was man von mir hätte erwarten können.«]

IV: Vergebung

Einige Frauen beeilen sich zu vergeben, bevor sie ihre Wut entdeckt haben. Sie klagen ihre Mutter nicht an, sie machen sie nicht verantwortlich, sie gehen hart mit sich selbst ins Gericht wegen jeglicher Schwierigkeiten, die sie in ihrer Kindheit erlebten. Ihre Vergebung hat eine beharrliche, oft übersättigte Qualität und wird leicht zu ihrer wiederholt erzählten Sage.

»Ich weiß, daß sie ihr Bestes gegeben hat. Welchen Sinn hat es, sie jetzt für etwas zu beschuldigen, was vor so langer Zeit passiert ist? Sie hat es versucht, oder? Und da waren all die

Umstände, die ich Ihnen geschildert habe. Ihr Vater war gestorben, als sie noch klein war, ihre Mutter ist nie mit dem Geld ausgekommen. Mein Vater ist abgehauen und hat sie mit mir und meinen Brüdern und ohne Arbeit sitzenlassen. Um die Wahrheit zu sagen, mir bricht es das Herz, daran zu denken. Sie war nicht mal dreißig Jahre alt, und ihr Leben war vorbei. Ich werde es nicht noch härter für sie machen, glauben Sie mir. Wenn ich je wütend auf sie war, während ich aufgewachsen bin, und ich bin immer noch nicht sicher, daß ich das war ... obwohl Leute wie Sie immer glauben, jeder sollte auf seine Mutter böse sein ... obwohl ich mich daran erinnere, daß meine Brüder und ich darüber gesprochen haben – wie sie meinen Vater verlassen sollte, einfach raus da, ich erinnere mich daran, aber das waren meine Brüder, hauptsächlich mein älterer Bruder, der, der schwul geworden ist, er hat immer darüber gesprochen, sich einen Job zu suchen und Geld für uns zu verdienen und wegzuziehen, aber natürlich, was konnte er schon machen? Wir hatten alle schreckliche Angst vor meinem Vater. Besonders mein älterer Bruder. War das ihre Schuld? Wenn sie versuchte, ihn daran zu hindern, meinen Bruder zu schlagen ... [ein langes, erstauntes Schweigen]. Habe ich das gesagt? Habe ich das wirklich gesagt? Ist es das, woran ich mich wirklich erinnere? Ich meine, er hat sie sich einfach als nächstes vorgenommen. Sie konnte uns nicht schützen. Nicht daß mein Vater mich je geschlagen hätte. Ich war die mit den goldenen Haaren, die Kleine [die Geschichte wird von einem erstickten bestürzten Weinen unterbrochen, währenddessen die Erzählerin sich im Zimmer umschaut, als suche sie nach jemandem, der ihre Geschichte in Zweifel ziehen könnte]. ... Ich glaube, sie versuchte vor allem, mich zu schützen. Sie versuchte es, aber sie konnte es einfach nicht. Und ich kann sie dafür nicht verantwortlich machen, oder? Wenn ich das je gemacht habe, so habe ich ihr schon längst vergeben, oder etwa nicht? Und warum auch nicht? Jede Tochter würde das doch für ihre Mutter tun, ich meine, das muß man doch, oder? Das ist doch so.«

V: Identifikation

Für die Tochter, die zuerst Wut erlebt, ist die Identifikation mit der Mutter, mit deren Lage als Frau, oft eine weitaus bedeutendere Leistung als die Vergebung. Die zornige Tochter hat sich eine dicke Haut wachsen lassen. Vergebung scheint ihr weich und schlapp, sie wünscht sich eine mühevolle, hart erkämpfte Versöhnung. Sie möchte die Geschichte auf einer großen Leinwand ausmalen, bedeutungsvolle Gespräche über die Lebensbedingungen von Frauen führen. Jahrelang tut sie, was in ihrer Macht steht, um sich von einer Identifikation mit dem Leben ihrer Mutter zu distanzieren, angefangen damit, daß sie ihr Elternhaus verläßt und von ihrer Ursprungsfamilie wegzieht. Wenn sie dann heiratet, ein Kind bekommt oder einen geliebten Menschen verliert, beginnt sie an das Leben ihrer Mutter zurückzudenken, und sie tut das mit einem neu erwachten Gefühl der Identifikation mit der älteren Frau. Ihre Geschichten durchlaufen Gesten der Vergebung und erreichen ein umfassendes, oft feministisches Verständnis für das Leben und die Entscheidungen ihrer Mutter. Ihr Zorn gilt nun den Lebensbedingungen der Mutter, der Gesellschaft, dem System, dem »Patriarchat«.

Für die Tochter, der es schwerfällt, zornig zu sein, und die sehr auf Vergebung erpicht ist, ist die Identifikation eine komplexere Angelegenheit. Sie hat ihre Mutter immer als gedemütigt und gebrochen erlebt. Sie hat ihr vergeben, daß sie es nicht geschafft hat, sich für sich und ihre Kinder zur Wehr zu setzen. Der Feminismus hat keine Anziehungskraft für sie.

Feminismus scheint ihr eine versteckte Kritik des Versagens ihrer Mutter, die dem Frauenbild nicht entsprochen hat, das Feministinnen bewundern. Die Identifikation mit der Mutter ist gefährlich, sie legt nahe, daß die Tochter das Schicksal der Mutter teilen wird, daß sie nicht fähig sein wird, sich oder ihre Kinder zu verteidigen, daß sie es nicht schaffen wird, sich ein erfülltes Leben aufzubauen. Die Identifikation mit der Mutter wird möglich, wenn Geschichten darüber auftauchen, wie die Mutter sich darum bemüht hat, sich oder ihre Kinder zu schützen. Diese Geschichten sind natürlich jahrelang aus dem Repertoire der Erzählerin herausgehalten worden, solange sie sich nicht erlauben konnte zu wissen, wie schwierig das Familienleben in ihrer Kindheit gewesen war. Jetzt, da die Milch- und-Kuchen-Geschichte immer unwichtiger wird, entdeckt die Tochter wiederholte Handlungen ihrer Mutter, die Mut und Widerstand zeigten. Mit diesen kann sie sich jetzt identifizieren und sich damit einer Weltsicht zuwenden, die härter, umfassender und stabiler ist als Vergebung.

»Einmal, es kam einmal vor, es geschah spät in der Nacht, ich erinnere mich daran, weil ich laute Stimmen hörte und aufwachte und aus dem Bett stieg und in den Flur ging. Ich glaube, er hat sie herumgejagt oder so etwas. Dann muß er mich entdeckt haben. Sie gab ihm einen Stoß, und er war ein großer Mann. Sie schob ihn aus dem Weg und warf ihre Arme um mich, ich meine, ich war wirklich noch klein, sie mußte sich hinknien oder so, um mich zu umarmen, um ihn wegzuhalten, aber er warf sich einfach auf uns beide, ich glaube, er hatte getrunken, und sie schirmte mich völlig ab, sie steckte selbst all die Schläge ein, wie konnte ich das jemals vergessen? Das hat sie getan. Das hat sie getan. Ich meine, er hätte sie umbringen können. Ich glaube nicht, daß sie sich ihm jemals vorher entgegengestellt hat. Vielleicht war das das erste Mal. Aber sie hat ihn einfach nicht an mich herangelassen. Ich weiß nicht, wo meine Brüder waren. Vielleicht waren sie weg, Zelten oder so was. Da waren nur wir drei, und es ging weiter und weiter und weiter. Und das war nicht das einzige Mal. Gott, o Gott, o Gott, o Gott ...« Die Geschichte bricht ab und wird viele Wochen lang nicht wiederaufgenommen. Die Erzählerin sitzt über ihre Knie nach vorne gebeugt, schaukelnd. So sitzen wir eine lange Zeit nach dem Ende der Therapiestunde. Ich ziehe meinen Stuhl näher, aber ich berühre sie nicht. Nach einer langen Weile zieht sie ihren linken Fuß zu meinem, so daß ich den Druck spüren kann. Ich lege ihr die Hand auf die Schulter, und das Schaukeln läßt allmählich nach.

VI: Loslassen

Sich aus dem Muster der Bindung an die Mutter und von eingefahrenen Verhaltensweisen zu lösen ist ein komplexer Prozeß, der in mehreren Phasen erlebt werden kann. Das bedeutet nicht, daß man vergißt, die Achseln zuckt, vergibt oder sich darüber erhebt. Die Mutter-Tochter-Beziehung wird dadurch nicht beendet oder gar ihr Muster in sein Gegenteil verkehrt.

Um es gleich zu sagen, es ist kaum möglich, die Balance zu halten. Am einen Tag verkündet die Tochter, sie sei bereit weiterzugehen, alles hinter sich zu lassen, die Beziehung einschlafen zu lassen, ihr eigenes Leben weiterzuleben. In der Nacht darauf hat sie einen Angsttraum, der davon handelt, wie sie die ältere Frau verläßt, wie sie dann hinter dem Zug herrennt, als der aus dem Bahnhof herausfährt, wie sie die ganze Stadt, in der sie aufgewachsen ist, nach ihr absucht. Sie wacht in Tränen auf, wieder einmal ganz erpicht darauf, der Mutter alle Taten und Untaten und Grenzüberschreitungen, die sie im Kopf hat, zu vergeben, obwohl diese doch schon vor langer

Zeit vergeben wurden. Oder sie wird wütend, weil es so schwer ist, Fortschritte zu machen. Sie fühlt sich im Sumpf festgehalten, an den Anfang zurückgezerrt, wird wütend und sucht die Schuld dafür bei der Mutter. Natürlich ist die Mutter verantwortlich für die Depression, die sie gerade überfallen hat, für den mühsamen Kampf um die Beendigung der Doktorarbeit, für die bevorstehende Scheidung. »Ich dachte, ich hätte ihr vergeben. Ich habe ihr vergeben. Ich habe ihr vor langer Zeit vergeben. Aber irgendwie kann ich heute nicht aufhören, daran zu denken, wie sie mich immer hat hängenlassen. Es stört mich, es stört mich wirklich, und ich habe es satt, ich habe sie satt und mich und dieses ganze verdammte Theater ...« Die Tochter, die dachte, sie sei in der Bearbeitung der Beziehung zu ihrer Mutter weit fortgeschritten, klagt sie wieder an, ist wieder in dieser Geschichte steckengeblieben und weiß nicht mehr, wie sie dieses Kapitel beim letzten Mal zu Ende gebracht hat. Bereits zurückgelassene Legenden tauchen wieder auf; sie werden wiederholt; da ist Erbitterung und Enttäuschung; schließlich brechen die Geschichten durch in ein entscheidendes Gefühl oder eine Einsicht. Der liegengebliebene Zug tuckert wieder voran.

Dann kommt eine relativ lange Phase, während der die Dinge so laufen wie üblich, die Mutter tut, was sie eben tut, die beiden geraten in ihre Konflikte; aber nun ist die Tochter erstaunlicherweise nicht mehr so tief betroffen. »Es hat mich sonst fast umgebracht. Es hat mich sonst fast umgebracht, immer, wenn sie traurig oder einsam war. Meine Brüder und ich, wir hatten alle unser eigenes Leben, wir haben versucht, so oft bei ihr zu sein, wie wir konnten, und natürlich haben wir alle Geld geschickt und sie unterstützt. Aber manchmal konnte ich einfach in ihrer Stimme hören, wie traurig sie ohne uns war, dann ließ ich alles stehen und liegen, um zu ihr zu gehen. Wir haben regelmäßig telefoniert. Sonntag abends, wenn es billiger wurde. Immer genau zur gleichen Zeit, Jahr für Jahr. Nie konnte ich ein ganzes Wochenende für mich haben, immer mußte ich zu diesem Anruf zurück sein. Ich erinnere mich daran, daß sie einmal in all diesen Jahren woanders sein mußte oder etwas tun mußte, wahrscheinlich für einen meiner Brüder. Und ich bin zusammengebrochen, wirklich, ich bin zusammengebrochen. Ich habe ständig auf das Telefon geschaut, es hat nicht geklingelt. Mir ist das so peinlich, ich meine, ich bin kein kleines Mädchen mehr gewesen, ich war erwachsen, hatte selbst ein Kind, und ich wußte, sie würde nicht anrufen, wir hatten das so geplant, und mein Kind sagte mir immer wieder: ›Ist schon gut, Mama, ich rufe die Oma an und sage ihr, daß du mit ihr sprechen willst‹, und ich sah, daß wir immer wieder dasselbe machten, hier war ich, lebte allein mit meinem Kind, es gab keinen gewalttätigen Ehemann, aber ich brach einfach zusammen, wie meine Mutter das immer gemacht hat, und mein Kind sah das mit an. Ja, und mir ist aufgefallen, daß vor einem Monat oder so eine von uns erst spät angerufen hat. Ich meine, das passiert einfach nicht. Vielleicht bin ich es gewesen, ich habe spät angerufen, und meine Mutter hat das sehr locker genommen. Als hätte sie es nicht einmal bemerkt. Dann gab es eine Woche, da habe ich vergessen ihr zu sagen, daß ich nicht dasein würde. Sie rief am nächsten Morgen an, um zu fragen, ob alles in Ordnung sei mit mir. Aber es war sehr verhalten, sehr beiläufig. Ich meine, wir telefonieren immer noch sonntags nach sechs Uhr, aber niemand bricht zusammen, wenn es nicht passiert oder wenn es später passiert oder etwas dazwischenkommt. Wir machen immer noch dasselbe, aber mit einer anderen Einstellung. Nicht als ob es um Leben oder Tod geht. Ich meine, wir sind beide erwachsene Frauen, wirklich. Das war auch Zeit, oder?«

Schließlich ein deutliches und relativ andauerndes Gefühl der Befreiung. Die Tochter findet die gewohnten und vertrauten Mutter-Geschichten abgenutzt, sie kann sich nicht dazu motivieren, sie abermals zu erzählen, sieht nicht mehr, warum sie ihr einst so wichtig waren. Sie bemerkt allmählich, daß ihre Mutter eine Frau ist, die in der Gegenwart lebt, und daß diese Frau mit der Mutter ihrer Kindheit vielleicht sehr wenig zu tun hat. Ein Ton der Verwirrung schleicht sich ein, wenn die Tochter über diese Mutter zu sprechen beginnt, die alt geworden ist und die nicht wirklich, beim besten Willen nicht, die Frau sein konnte, von der so viel erwartet wurde. »Eines Tages, ich weiß nicht, wie es geschah, aber eines Tages sah ich sie am Fenster sitzen, und ich *sah* sie, ich sah sie wirklich, so wie sie jetzt ist. Ihre Haare sind ziemlich dünn, wissen Sie, sie hat diese kleinen braunen Flecken überall auf ihren Händen, und als sie ihre Kaffeetasse hob, konnte ich sehen, daß ihre Hände zitterten. Ich will nicht übertreiben, aber es war nicht so leicht für sie, ihre Kaffeetasse hochzuheben und sie an die Lippen zu bekommen, ohne etwas zu verschütten, wissen Sie? Und da: Ich weiß nicht, was mit mir passiert ist. Aber es war, als ob ich es auf einmal wüßte. Diese Frau ist eine Person, sie ist nicht einfach eine Mutter, sie hat ihr eigenes Leben, und das hatte sie immer mit all seinen Problemen, und diese Person kann einfach das nicht geben, was ich immer von ihr verlangt habe. Sie kann es nicht, vielleicht könnte es niemand, vielleicht ist es keinem gegeben. Wumm! Ich lasse los. Ich lasse einfach los, ich meine, ich stand da und schaute sie an und habe sie von den Ansprüchen entbunden, die ich immer gestellt habe. Und dann bemerkte ich, daß auch ich entbunden war, ich hatte etwas aufgegeben, aber ich habe etwas dafür bekommen. Da waren wir, zwei erwachsene Frauen im Eßzimmer, und plötzlich dachte ich, ich muß sie kennenlernen, und sie muß mich kennenlernen, denn wir sind mehr, als ich immer dachte. Wir sind nicht nur eine Mutter und eine Tochter.«

Wenn die Mutter-Geschichte ein Zug ist, der bestimmte Stationen durchfährt, so nimmt er uns doch nicht mit auf eine berechenbare Reise. Dieser Zug hat, wie wir gesehen haben, eine raffinierte Art umzukehren, kehrtzumachen, die ganze Strecke wieder zurückzufahren, steckenzubleiben, eine Notbremsung zu machen, langsam wieder anzufahren, wenn die Gleise freigeräumt wurden. Ich stelle mir vor, daß die Tochter dann aus dem Zug aussteigt, hinausgeht in den Bahnhof, in eine Gegenwart, die frei ist vom langen Schatten der Vergangenheit. Die Dinge scheinen deutlich hervorzutreten, aufgeladen mit einem verdächtigen Gefühl von Gegenwart. Sie atmet kühle, scharfe Bergluft – ihre Reise hat sie weit nach oben geführt. Sie möchte jetzt eine Weile innehalten, um sich umzuschauen und an die große Arbeit zurückzudenken, die sie geschafft hat.

»Jetzt sieht alles irgendwie anders aus, als ob ich es nie zuvor gesehen hätte, oder fast, als wäre die Welt gerade erschaffen worden. Ich bin hier hereingekommen, ich meine, wie oft bin ich durch dieses Tor gekommen und durch den Garten gegangen? So bin ich hier hereingekommen, und alles sah plötzlich ... nun, es ist schwer zu beschreiben. Haben Sie gesehen, wie wundervoll das Licht heute ist? Eine Art herbstliche Tönung über allem? Alle Dinge glänzen, als wäre jemand die ganze Nacht zugange gewesen, um sie zu polieren. Ich weiß nicht, es hört sich blöd an. Aber als ich zur Tür kam, bin ich eine Minute stehengeblieben, und ich habe etwas ganz Seltsames gespürt, als wäre ich hier sicher aufgehoben, als sei hier ein ... vielleicht ein ... wissen Sie ... ein irgendwie mütterliches Gefühl im Garten? Nichts, was man sehen könnte. Aber man fühlt, daß man bemerkt wird. Man fühlt, daß man zählt. Man fühlt sich umsorgt, als kümmerten sich die Bäume darum und als wüßten sie, daß man da ist. So was in der Art, wissen Sie ...«

Die Form der Geschichte, die sie nun erzählen wird, ist nicht vorherzusagen. Sie wird von ihren Bemühungen handeln, die Mutter zur Welt zu bringen, die über sie wachen und die ihre Entwicklung lenken wird. Wenige Dinge bewegen sich direkt dorthin, wo sie ihre Wirkung entfalten sollen. Aber früher oder später wird sie, wenn sie weiter an sich arbeitet, die Mutter zur Welt bringen, die sie bereits ein wenig gespürt hat, diese symbolische Mutter, die sie haben muß, damit sie ein neues Selbst zur Welt bringen kann.

Sie setzt sich auf ihr Bündel, legt ihre Ellbogen auf ihre Knie und beginnt zu grübeln.

Atme tief durch, Tochter.

Kapitel 5

Es ist leicht, die Macht des Geschichtenerzählens herabzusetzen. Eine gute Geschichte, die gut erzählt wird, enthält aber die dynamische Kraft für die Entwicklungen und Veränderungen, die Frauen oft vergebens bei der Psychoanalyse und anderen Therapien suchen. Es gibt Naturbegabungen unter den Erzählerinnen und Frauen, die nie in ihrem Leben eine Geschichte erzählt haben. Beide müssen die Mutter-Geschichte so erzählen, daß sie zu vollem Leben erblüht, die Vergangenheit ausgräbt und ihr Veränderungspotential herausgibt. Eine Vertrautheit mit den gerade beschriebenen Phasen kann helfen, die Erzählerin auf der Spur zu halten. Es mag sogar zeitweise möglich sein, sich einen Schubs nach vorn zu geben und auf die Suche nach Geschichten zu gehen, die zu erzählen niemand eingefallen wäre. Während einer Zeit, in der ich sehr wütend auf meine Mutter war, habe ich mich selbst einmal darangemacht, mich an Momente aus meiner Kindheit zu erinnern, in denen ich fähig gewesen war, mich mit ihr zu identifizieren, und in denen ich ihr nah sein wollte. Zuerst kam gar nichts. Dann erinnerte ich mich daran, daß ich einmal ihren Lippenstift aus ihrer Schublade im Badezimmerschrank gestohlen und in meinem Zimmer verwahrt habe. Das hat mich daran erinnert, wie ich den Absatz von einem ihrer besten Schuhe abgebrochen habe, als ich versuchte, darin herumzutapsen. Das mit dem Lippenstift und mit den Schuhen hat mich in Schwierigkeiten gebracht, aber es hat mich daran erinnert, daß ich einmal leidenschaftlich an meine Mutter gebunden war und sein wollte wie sie. Nun fingen die Erinnerungen an zu strömen, und ich begann ein Tagebuch darüber zu führen. Das eine Mal, als ich ihr Auto versehentlich rückwärts aus der Einfahrt fahren ließ, indem ich die Handbremse löste, weil ich so tat, als wäre ich meine Mutter auf dem Weg zur Arbeit. Das andere Mal, als ich ihre neue Brille mit zur Schule nahm, weil ich sie tragen und damit angeben wollte, und sie dann natürlich verloren habe. Diese Erinnerungen waren erfüllt von dem beständigen schelmischen Ungehorsam, den ich als Kind gepflegt habe. Sie enthielten aber auch, bei all meinem kindlichen Zorn auf sie, entlarvende Zeichen dafür, daß ich selbst dann versucht habe, meine Mutter zu sein. Diese Erinnerungen ließen meinen Zorn verfliegen. Sie brachten mich für eine gute halbe Stunde zum Lachen, bis ich zum Telefon griff, um meine Mutter zu fragen, ob sie sich an diese Begebenheiten erinnerte, die gerade zu Geschichten geworden waren. (Sie erinnerte sich nicht.)

Eine andere Frau hat sich vielleicht in einer verfrühten Vergebung ihrer Mutter verschanzt. Sie könnte gut daran tun zu versuchen, sich an einen Moment zu erinnern, an ein einziges Ereignis, und sei es noch so flüchtig, als sie wütend auf die Mutter oder enttäuscht von ihr war. Ich habe einmal eine Freundin, die davon überzeugt war, es habe keine derartigen ärgerlichen Momente gegeben, so lange bearbeitet, bis sie sich an eine Gelegenheit erinnerte. Sie hatte ihren Finger in die Geburtstagstorte der Mutter gesteckt und eine verdächtige Delle darin hinterlassen, die die gelbe Zuckerrose ruinierte und den ersten Buchstaben vom Namen der Mutter verschmierte. Sie hatte nie zugegeben, daß sie die Torte verunstaltet hatte. Die Schuld für die Delle bekam der kleine Bruder, »der nie für irgend etwas bestraft wurde«. Hmm … er wurde nie für irgend etwas bestraft? Plötzlich war meine Freundin, die Geschichtenerzählerin, zurück in einer kindlichen Wut über die bevorzugte Behandlung, die ihr kleiner Bruder von ihrer Mutter erhalten hatte.

Gute Zuhörerinnen sind die erste Voraussetzung für eine gute Geschichte. Die ideale Reisebegleiterin, die Gefährtin, die gegenübersitzt, fremd oder vertraut, wenn die Geschichte beginnt, ihr Zug den Bahnhof verläßt. Es hat keinen Sinn, die Reise der Mutter-Geschichte anzutreten, bevor die richtige Zuhörerin gefunden, herbeigezwungen oder, wenn vielleicht keine richtige Gefährtin da ist, geschaffen wurde. Eine, die in der Vorstellung lebt – die Mitwisserin der Geheimnisse des Tagebuchs, die ideale erträumte Leserin der niedergeschriebenen Geschichte. Geschichten brauchen Zuhörerinnen, die dasein können, die eigentlich Teil der Geschichte sind, die sich entfaltet. Die Mutter-Geschichte braucht ganz besonders eine Zuhörerin, die berechtigterweise verblüfft, angewidert, ungeduldig, gelangweilt, gespannt, neugierig, bewegt, nervös reagiert, während sie in die Geschichte hineingezogen wird.

Eine Zuhörerin braucht eine spannende Geschichte, und daher muß die Erzählerin für Spannung sorgen, indem sie sich vom Vertrauten zum weniger Vertrauten bewegt und von da zu dem, was zweifelsohne unbekannt war, als die Erzählerin sich auf ihre Erzählung einließ. Wenn Geschichten steckenbleiben, wenn sie festgefahren sind, wenn sie sich wiederholen, haben sie sich wahrscheinlich an dem festgemacht, was schon bekannt ist. Hier muß die Erzählerin sich fragen, was sie vermeidet, warum sie so eng an dem klebt, was sie schon gesagt hat, und was in der Geschichte sie ängstigt.

Natürlich erzählen manche Menschen Geschichten, um sich zu beruhigen – um sich davon abzuhalten, Wichtigeres zu fühlen, zu denken oder auszusprechen. Eine Geschichte dieser Art klingt, als beabsichtige man damit jemanden niederzuschreien, etwas zuzudecken, jemanden zu vertreiben, und die Zuhörerin fühlt sich sofort gelangweilt. Auch die Erzählerin langweilt sich, aber sie kann nicht aufhören zu reden.

Wenn die Erzählung der Mutter-Geschichte gelingen soll, muß die Erzählerin ständig nach ihrem Thema, nach der Bedeutung der Geschichte suchen. Von einem Augenblick zum anderen muß sie herausfinden, worum es geht, warum die Geschichte erzählt werden muß, was die Geschichte vorantreibt und was sie dazu treibt, sie zu erzählen. Einzelheiten sind bei einer derartigen Arbeit sehr hilfreich. Sie laden Zuhörerin und Sprecherin ein, mit äußerster Sorgfalt auf alles zu achten, was auftaucht, während die Geschichte sich entfaltet. Indem sie Einzelheiten untersucht, die sich oft ganz unerwartet und spontan zeigen, beginnt die Erzählerin zu begreifen, daß nichts unbedeutend ist. Die geringsten Gegenstände, die flüchtigsten Gesten beginnen die Macht der Enthüllung auszustrahlen. Das Gedächtnis hat sie schließlich zu genau diesem Zweck aufgenommen und diese besondere Einzelheit bewahrt, während tausend andere verschwunden sind.

Jede Geschichte kann in Einzelheiten erstickt werden und den roten Faden der Frage nach einer zugrundeliegenden Bedeutung verlieren. Eine gute Zuhörerin wird hier zeigen, was sie wert ist. Sie wird unruhig werden und überlegen, wo das alles hinführen soll, sie wird die heikle Balance halten zwischen Ungeduld (zu viele Einzelheiten) und Faszination (was in aller Welt bedeutet das?). Und natürlich gibt es Geschichten, die so völlig arm an konkreten Momenten sind, daß sie nicht lebendig werden können. Sie skizzieren ein abstraktes Muster, und damit können sie den Klang einer Stimme, die Atmosphäre eines verschwundenen Raumes nicht einfangen. Das ausgewogene Vorhandensein bedeutsamer Einzelheiten ist der beste Wegweiser für den Fortschritt einer Erzählerin in ihr Wagnis. Ich habe Geschichten gehört, die steckengeblieben waren und die ins Leben zurückgeschmettert wurden, weil die Erzählerin begonnen hatte, über eine bestimmte Einzelheit nachzugrübeln, weil sie erstaunt überlegte, wieso sie sich nie zuvor daran erinnert hatte. Jetzt fragte sie sich, was es bedeutete und warum es plötzlich genau an dieser Stelle in ihrer Erzählung aufgetaucht war.

Die Geschichte der Erzählerin ist ihrer Lebenserfahrung entnommen und auf der Wertschätzung dieser Erfahrung aufgebaut. Um eine persönliche Geschichte zu erzählen, muß man glauben, daß es sich lohnt, das eigene Leben zu erkunden, daß man etwas daraus lernen oder gewinnen kann, daß man darüber spricht. Es gibt Menschen, die nie Geschichten erzählen, ganze Familien, in denen die Vergangenheit nicht ins Gespräch gelangt, Familien, in denen man überlieferte Muster eher spürt, als daß man sie kennt, und in denen diese sich oft wiederholen – wie vom Schicksal verhängt. Es gibt Menschen, die die Macht der Erinnerung fürchten, weil sie dadurch fühlen müssen, was sie lieber vergessen würden. Geschichten, die hindurchwirken durch jede mögliche Schranke des Vergessens, der Verleugnung, der Verzerrung, der Unterschiebung falscher Fakten, um zuverlässig ihren Weg in die Vergangenheit zu finden, gewinnen eine bedrohliche und gefährliche Macht. Fade oder sich wiederholende oder schablonenhafte Geschichten tauchen auf, um den Platz der dramatischen, gefährlichen, lebendigen Geschichten einzunehmen, die die Vergangenheit besetzt hatten. Oder die Familie fällt selbst ins Schweigen und erhält ihre Weigerung zu sprechen aufrecht, bis jemand anfängt Fragen zu stellen, auf Antworten besteht und Zugang in das abgeriegelte Gelände der möglichen Geschichte erzwingt.

Die Erzählerin muß das Risiko eingehen und sich auf das Erinnerte einlassen, auf einen zweifelhaften und unzuverlässigen Text. Die Erzählerin sollte mit dem Gedächtnis ringen, mit seiner Macht, die Atmosphäre, die Gefühlsqualität der Ereignisse, die nun zu Episoden werden, aufzurufen, lebendig zu machen, ins Hier und Jetzt zu bringen. Gedächtnis und wiedererinnerte Gefühle – jetzt können wir verstehen, warum Geschichten solche Macht haben. Diese grundlegenden Voraussetzungen für Geschichten sind auch die treibenden Kräfte psychologischer Veränderungen, wie Freud und alle, die ihm folgten, erklärt haben.

Frauen, die Geschichten erzählen und insbesondere Geschichten über ihre Mütter, besitzen ein mächtiges, oft nicht erkanntes Instrument, um ihre eigene Entwicklung zu fördern. Möglicherweise können diese hausgemachten Geschichten in gewisser Weise mit mehr Erfolg etwas bewegen und verändern als die Geschichten, die mit Hilfe einer professionellen Zuhörerin erarbeitet werden. Die Erzählerin muß wachsam sein gegenüber jeglicher Absicht, die Geschichte zu interpretieren, zu arrangieren oder nach Themen zu ordnen. Diese wesentlichen Elemente der Konstruktion einer Geschichte müssen das besondere Vorrecht der Erzählerin bleiben, die ihren Weg dorthin vom oft bruchstückhaften Rohmaterial aus erarbeiten muß. Sie muß sicherstellen, daß keine Zuhörerin ihr die Aufgabe wegnimmt, die Bedeutung der Geschichte zu finden, die sie schon im Prozeß der Entstehung verändert, oder ihr eine zu verleihen. Jetzt hat sie sich gerade an das eine erinnert, da es sie zum Weinen brachte oder zornig werden ließ, da kommt plötzlich eine weitere Erinnerung auf, die wiederum belastet ist mit Gelächter oder mit Entsetzen. Die wiederum führt zu etwas anderem, was vergessen war, was nun plötzlich eine versteckte Bedeutung nahelegt, eine Einsicht oder ein Verständnis. Daraus kann eine thematische Struktur herausgearbeitet werden, durch die die Erzählerin der Geschichte mit aufgerissenen Augen und Schweiß auf der Oberlippe aus ihrer gewohnten

Art, die Dinge zu sehen, herauskatapultiert wird, hinein in eine schockierend neue Einstellung, eine neue Perspektive auf das, was geschehen ist. So funktioniert im wesentlichen Psychoanalyse. Dies ist genau das, was wir an den Frauen beobachtet haben, die die Phasen der Mutter-Geschichte durchlaufen. Darüber hinaus ist es das Potential, über das jede verfügen kann, die eines Tages anfängt, über ihre Mutter zu sprechen, dabei Erinnerungen und Gefühle aufwühlt, während sich ihr Selbst durch die auftauchenden Geschichten neu erschafft und ordnet.

Sieben Phasen hat die Mutter-Geschichte, und jede steht für eine mögliche Stufe der radikalen Veränderung der Persönlichkeit einer Frau. Durch die Entdeckung, durch das Wiedererwecken und Ausleben der Gefühle, die in der Mutter-Geschichte verborgen sind, bewegen wir uns von der Erzählung zu den Stufen einer psychologischen Weiterentwicklung, die die Erzählerin nach und nach von einer unerzählten Vergangenheit befreit. Die Mutter-Geschichte wirkt am besten und kann ihre befreiende Wirkung am leichtesten entfalten, wenn das Ziel des Erzählens darin besteht, unter die Oberfläche des Erzählten zu schlüpfen und den Weg zu den verborgenen Gefühlen zu finden.

Sieben Stationen der Reise einer Erzählerin, sieben Kapitel der Mutter-Geschichte, sieben Stufen der psychischen Entwicklung einer Frau, und dennoch gibt es keine vorhersagbare Abfolge, keinen geradlinigen Fortschritt. Es gibt ein ständiges Vor- und Zurückpendeln zwischen Stationen, Stufen und Kapiteln. Das Erzählen der Mutter-Geschichte wird zu einer Ausgrabung, in der nach gelebter Erfahrung gesucht wird und nach dem gelebten Gefühl der Vergangenheit.

Zum Glück für die Erzählerinnen erhalten die Geschichten, die diese Ausgrabung in Gang brachten, den Prozeß auch aufrecht. Wir arbeiten mit der Wiedererschaffung des Selbst durch die Kunst des Geschichtenerzählens, jede Frau ist ihre eigene Scheherazade und webt ihre Geschichten, die Tausendundeine Nacht ihrer Bemühungen, sich und ihre Beziehung zu ihrer Mutter zu verstehen. Der Kampf um Form, Gestalt und Bedeutung, der die Geschichten hervorbringt, hält die Erzählerin, wenn die Gefühle, denen sie begegnet, sie zu überwältigen drohen. Dadurch, daß die Geschichte geschaffen und erzählt wird, dadurch, daß ständig verbale und symbolische Ausdrucksmöglichkeiten gefunden werden, werden stürmische Gefühle umgewandelt, ihre Leidenschaft und Energie können nun aus dem sicheren Abstand der Geschichte betrachtet werden. Es ist unmöglich, die Macht einer Geschichte zu überschätzen, die gleichzeitig das Gefühl ans Licht bringt und die Erzählerin davon entbindet.

Im Laufe der Zeit kann die Geschichte die Erzählerin durchaus lehren, ihre eigene Zuhörerin zu werden. Mit etwas Übung wird sie fähig, die Stellen zu bemerken, an denen die Geschichte schwierig wird, wo sie ausdünnt, auseinanderfällt, wo sie bestimmten Episoden nachjagt und dabei das Erzählen in Einzelheiten erstickt. Nach und nach beginnt die Erzählerin auf sich selbst zu hören, zu sehen, wohin sie steuert, was die Geschichte sie lehren möchte. In sich hineinzuhorchen, darauf zu achten, was aus dem Inneren emporsteigt, ist ein wesentlicher Bestandteil der Wandlungskraft, die das Erzählen der Mutter-Geschichte freisetzt. Es scheint ein spontanes Geschenk zu sein, das die erhalten, die sich daranmachen, diese Geschichten zu erzählen, und damit fortfahren, wohin auch immer sie das führt.

Die sieben Geschichten, die jetzt folgen, widersetzen sich einer wohlgeordneten Abfolge der Stufen, Stationen und Kapitel, die ich skizziert habe. Die Themen sind da, manchmal offen und deutlich in der Erzählung, manchmal unter der Oberfläche versteckt, wo sie erspürt und erahnt, wenngleich vielleicht nicht genau bestimmt werden können. Eine geschickte Leserin wird eine Menge Spaß daran haben, Themen, die auftreten, zu entdecken, sodann die dramatischen Elemente zu ordnen, so daß sie der Folge entsprechen, die ich entworfen habe. Das ist ein gutes Spiel, das wir als Leserinnen und Autorin spielen, aber es sollte nicht so ernstgenommen werden, daß die erzählerische Macht einer Geschichte unter unseren Bemühungen zerbricht, sie in ein abstraktes Muster einzupassen. Ich habe der Versuchung widerstanden, diese Erzählungen zurechtzustutzen und zu schematisieren, und ich empfehle der Leserin, meinem Beispiel zu folgen. Lassen Sie die Geschichten für sich selbst sprechen, registrieren Sie dabei ihre verschiedenen Stimmen, ihr freies Spiel mit Themen und Variationen. In diesen Geschichten gibt es keine Rezepte und keine vorgegebenen Lösungen, keine Geheimtips für die Lösung von Problemen der Mutter-Tochter-Beziehung. Manchmal beinhaltet die »richtige Antwort« für eine Tochter, die Antwort, die zur »Geburt« führt, den deutlichen Bruch mit der älteren Frau, manchmal geht es darum, sie aufzuspüren, sie nach Hause zu bringen und für sie zu sorgen. Manchmal lebt die Mutter nicht mehr, dennoch verändert die Erzählerin ihre Beziehung zu ihr, indem sie wagt, einen verbotenen Gedanken zu denken, der das Leben der Tochter für immer verändert. Alle sechs Geschichten, die als Teil II folgen, sind Mutter-Tochter-Geschichten und zeigen, jede in ihrer eigenen Weise, die ungestüme Bewegung durch die Komplexitäten der Mutter-Tochter-Bindung hinein in einen wirklichen oder einen erzählten Moment, der als Geburt einer Mutter betrachtet werden kann. Manchmal kennzeichne ich diese Momente, manchmal überlasse ich es der Geschichte und der Leserin, zu bestimmen, wo sie auftreten. Die siebte Geschichte, Teil III, »Eine Hochzeit«, führt uns in unerwartetes Gelände. Da übernimmt eine Mutter die Rolle der Erzählerin, um die Hochzeit ihres ältesten Kindes zu beschreiben, ein Ereignis, durch das – wie sie und ich schließlich erkennen – ihre Tochter es schafft, sie zur Welt zu bringen.

Zweiter Teil

Sechs Geschichten

Kapitel 6

In meinen Aufzeichnungen habe ich geschrieben, daß sie eine Frau Mitte Vierzig ist, die sich sehr klar ausdrücken kann. Sie bringt eine Lebhaftigkeit mit ins Zimmer, eine konzentrierte und einfühlsame Intelligenz. Sie ist eine Frau, die ihre Intensität zügelt. Sie lehnt sich nach vorn, wenn sie spricht, sie spricht schnell. Es ist anregend, mit ihr im gleichen Raum zu sein, sie vermittelt den Eindruck, daß ihr gleich etwas Kühnes und Verwegenes einfallen wird. Wenn sie sich durch neue Ideen durchwühlt, versucht, sie zu ordnen und zu formulieren, suchen ihre Augen ruhelos die Decke ab. Dann, wenn sie den Kern ihres Gedankens gefunden hat, schaut sie mich direkt an, mit einem durchdringenden, feurigen Ausdruck.

Was Brett sagte

Meine Mutter hat ihr Leben lang sehr schwer an Depressionen gelitten. Sie hat mehrere Selbstmordversuche gemacht, sie wurde mit Elektroschocks behandelt, und sie hatte schwere postnatale Depressionen, nachdem meine beiden Brüder geboren waren, und sogar noch schlimmere nach meiner Geburt. Ihre Mutter hatte ebenfalls unter postnatalen Depressionen gelitten. Im Fall meiner Großmutter war es so schlimm gewesen, daß sie in eine Klinik eingewiesen werden mußte. Sie wurde sofort nach der Geburt meiner Mutter eingewiesen.

Und so kam es, daß meine Mutter sie gar nicht kannte. Meine Großmutter hat sich in der Einrichtung umgebracht. Aber einmal hat meine Mutter in der Adoptivfamilie, in der sie heranwuchs, darum gebeten, man möge sie zu ihrer Mutter bringen. Sie gingen in das Heim, meine Mutter ging in das Zimmer ihrer Mutter, und ihre Mutter sagte: »Ich habe keine Tochter.« Bald danach hat die Mutter meiner Mutter Selbstmord begangen, es war das einzige Mal, daß sie sie gesehen hat.

Welche Wirkung hatte all das auf mich? Den größten Teil meines Erwachsenenlebens, bis ich selbst Kinder hatte, habe ich damit verbracht, für meine Mutter zu sorgen. Zur einen Hälfte habe ich für sie gesorgt, zur anderen habe ich ihr vorgeworfen, daß sie nie für mich gesorgt hat. Als Erwachsene habe ich gelernt, mit meinen emotionalen Problemen nicht zu meiner Mutter zu gehen. Meist ist sie wegen meiner Schwierigkeiten so außer sich geraten, daß sie mir nicht helfen konnte. Wenn ich weinte, fing sie auch an zu weinen. Einmal, als mein Freund unsere Beziehung abgebrochen hatte und ich wirklich deprimiert war, einfach am Boden zerstört, habe ich mich an sie gewandt. Natürlich verstand sie, wie schlecht ich mich fühlte, weil ich diesen Kerl verloren hatte, den ich wirklich liebte. Aber sie konnte mir nicht helfen. Sie begann sich genauso schlecht zu fühlen wie ich, genauso deprimiert, genauso niedergeschmettert. Sie hat ihr ganzes Wochenende drangegeben, um mit mir zusammenzusein, aber zum Schluß war sie in einem schlimmeren Zustand als ich. Sie liebte mich, ich weiß, daß sie mich liebte, aber helfen konnte sie mir nicht. Meine eigene Entwicklung wurde behindert, damit ich mich um sie kümmern konnte. Das mußte ich tun. Wer hätte es sonst tun können? Meine Brüder hatten ihr eigenes Leben. Mein Vater war beschäftigt. Ich mußte für sie sorgen, denn sie war oft selbstmordgefährdet.

Ich kann Ihnen sagen, mein ganzes Leben lang habe ich jedesmal dieses enge Gefühl in der Herzgegend gespürt, und es verschlug mir den Atem, wenn meine Mutter über ihre Depressionen redete oder über ihre Selbstmordversuche oder über ihre Elektroschockbehandlungen. Als ich klein war, dachte ich, ich dürfte mich nicht beklagen, weil meine Eltern es beide in ihrer Kindheit so schwer gehabt hatten. Die Mutter meines Vaters war gestorben, als er noch ein kleiner Junge war. Sein Vater ließ ihn und seine Schwester allein, und mein Vater hat ihn nur selten gesehen. Ich dachte immer, ich hätte keinen Grund, mich zu beschweren, weil meine Eltern beide da waren und weil es ihnen, als sie Kinder gewesen waren, so viel schlechter ergangen war.

Also habe ich das getan, was Kinder tun, wenn sie überleben müssen. Ich habe so getan, als wäre alles gut, obwohl es das gar nicht war. Ich war ein sehr versöhnliches Kind. Wer bei einer depressiven Mutter aufwächst, muß so sein. Als ich neun Jahre alt war, machte meine Schulklasse einen Ausflug. Ich war so aufgeregt, daß ich aufwachte, bevor es hell wurde, lange bevor ich hätte aufstehen müssen. Ich rannte in das Schlafzimmer meiner Eltern und begann an meiner Mutter zu zerren, damit sie aufsteht. Sie wachte auf und stieß mich so heftig zurück, daß ich hinfiel und mit dem Kopf an die Bettkante schlug. Mein Vater fuhr schnell mit mir ins Krankenhaus, denn das mußte genäht werden. Als ich nach Hause kam, war meine Tante da und machte meiner Mutter gellende Vorwürfe, und meine Mutter weinte, und sie tat mir so leid, daß ich völlig vergaß, wie es mir ging. Ich habe einfach vergessen, was mit mir war, und bin hingegangen, um meine Mutter zu trösten. Ich war eine Helferin und wollte alle glücklich machen. Meine Brüder und ich bekamen unser Abendessen üblicherweise um halb sechs. Mein Vater kam etwa um sieben von der Arbeit nach Hause. Jeden Abend schrie meine Mutter ihn an, er käme wieder zu spät, dabei war er stets pünktlich. Sie sperrte sich in ihrem Zimmer ein, und ich saß dann gewöhnlich am Tisch und hörte ihm zu, wie er von seinem Tag erzählte. Manchmal aß ich noch mal ein ganzes Abendessen, einfach um ihm Gesellschaft zu leisten.

Ich hatte meine erste schwere Depression, als ich zum ersten Mal alleine wegfuhr ins Ferienlager, als Jugendliche. Ich wurde zum Zelten geschickt, weil es Probleme in der Familie gab. Meine Mutter hatte eine schwere Depression und mußte mit Elektroschocks behandelt werden. Ich kam nach Hause, als der Sommer zu Ende ging, und fand meine Mutter vor, die sich in einen anderen Mann verliebt hatte. Sie wollte meinen Vater verlassen. Er war krank, sie waren dabei, das Haus zu verkaufen, sie hatte alles Spielzeug aus meiner Kinderzeit weggegeben oder weggeworfen, und sie hatte überhaupt keine Zeit für mich. Sie wollte ihre ganze Zeit mit ihrem neuen Freund verbringen. Nachdem das wochenlang so gegangen war, saßen wir in einem Café in der Nachbarschaft, und ich sagte: »Ich hasse dich. Du bist keine gute Mutter. Du bist nie eine gute Mutter gewesen, und ich hasse dich.« Ich wußte, daß sie glaubte, sie hätte nicht die mütterliche Fürsorge bekommen, die sie gebraucht hätte. Ich wußte, daß sie von ihrer eigenen Mutter schrecklich enttäuscht war. Sie fühlte, daß sie von Anfang an verloren war, mit einer Mutter, die kurz nach ihrer Geburt verschwunden war und die nie von ihr Notiz genommen hatte. Sie hatte überlebt, aber sie war eine zerbrechliche Person. Jetzt versuchte sie mir zu erklären, daß sie als Kind nicht die mütterliche Fürsorge erhalten hatte, die sie gebraucht hätte, daß sie keine Kindheit gehabt hätte und daß sie das Bedürfnis hatte, etwas davon genau jetzt zu bekommen, mit ihrem neuen Freund. Sie sagte: »Es tut mir leid«, und ich konnte sehen, daß sie sich wirklich schlecht fühlte, »aber so ist das Leben. Du brauchst mich, und ich brauche meinen Freund, und so ist es eben.« Und ich sagte: »Ich hasse dich.«

Nun, ich brauchte sie damals. Und sie konnte einfach nicht dasein. Und ich konnte nicht so tun, als sei das in Ordnung. Ich habe sie gehaßt, und ich habe ihr Vorwürfe gemacht und konnte ihr nicht verzeihen. Ich dachte dauernd, warum war sie nicht für mich da? Warum konnte sie mich nicht abholen? Warum geht es immer und immer nur um sie? Warum hat sie dauernd herumgeschrien? Manchmal ist sie wütend geworden und hat mich geschlagen. Ich dachte, sie haßt mich. Ich konnte nicht verstehen, warum sie ihrer eigenen Tochter so schreckliche Dinge antut. Meine Brüder hat sie nicht so behandelt. Es war auch nicht so, wie sie meinen Vater anschrie oder anbrüllte.

Wovor ich mein ganzes Leben lang am meisten Angst gehabt habe, war, daß ich mich in meine Mutter verwandeln könnte. Ich wollte nicht heiraten, ich wollte keine Kinder haben. Meine Mutter redete immer über ein Depressionsgen, als sei ich verdammt dazu, zu sein wie sie und wie ihre Mutter. Ich sprach mit meinem Vater darüber. »Nun«, sagte der, »du mußt dir keine Sorgen machen. Deine Mutter hast du schon hinter dir gelassen.« Das war sein Kommentar, mich unterstützend, sie anklagend. Er hat jedoch nie die Scheidung eingereicht. Irgendwie haben sie ihre Affäre einfach überlebt und weitergemacht.

So, das war die Geschichte. So zu sein wie sie war schlecht, nicht so wie sie zu sein war gut. Natürlich hatten sie in ihrer Ehe viele Probleme wegen ihrer Depressionen, und ich konnte sehen, wie mein Vater darunter litt. So zog ich meinen Stolz daraus, daß ich nicht so war wie sie. Ich ging nach Europa und lebte dort, ich habe in Paris studiert und mehrere Sprachen gelernt. Maßstab für alles, was ich tat, war, nicht wie meine Mutter zu sein. Darum habe ich so lange gewartet, bis ich geheiratet und ein Kind bekommen habe. Aber ich mußte mich selbst davon überzeugen, daß ich außer Gefahr sei, so anders als meine Mutter sei, daß ich keine Angst haben mußte, mir könnte dasselbe geschehen. Habe ich mich geirrt ...

Ich war über vierzig, als ich schwanger wurde. Ich dachte, ich könnte meinem Kind die Kindheit geben, die ich nicht gehabt habe. Ich dachte, ich würde so eine Mutter werden wie meine beste Freundin. Sie war mit ihrem Baby ganz verbunden, sie hatte ewig auf das Baby gewartet und war so glücklich, wie man es ist, wenn man frisch verliebt ist. Ich stellte mir oft vor, ich würde im Schaukelstuhl sitzen, stillen und Wiegenlieder singen. Ich malte mir aus, wie ich mein Kind mitnehmen würde zu meinen Freunden, und wie ich mit Freunden essen gehen würde und wie ich im Park angeben würde mit diesem strahlend glücklichen und wunderschönen Kind. Aber im letzten Drittel meiner Schwangerschaft fingen die Depressionen an. Die Schwangerschaft hat mich völlig erniedrigt. Ich war eine starke, erfolgreiche, unabhängige Frau und hatte mich mein Leben lang als getrennt von meiner Mutter definiert. Plötzlich war ich schwanger, und mir war schlecht, und ich hatte Todesangst, weil ich gewußt haben muß, was auf mich zukommen würde. Die Geburt war schwierig. Ich lag dreißig Stunden lang in den Wehen. Ein paar Tage später, nachdem ich nach Hause gekommen war, stellte ich fest, daß ich wirklich depressiv war. Ich war früher schon depressiv gewesen, aber das war gar nichts im Vergleich dazu. Das war wirklich extrem. Ich konnte nicht schlafen. Ich konnte nicht essen. Ich verlor, was ich während der Schwangerschaft an Gewicht zugenommen hatte, innerhalb von drei Wochen. Ich wollte die ganze Zeit nur noch weinen. Das Baby tat mir schrecklich leid. Ich konnte nicht für es sorgen. Ich wollte mich umbringen. Ich wollte einfach sterben.

Es war so ein Moment, in dem mein Mann, der immer sehr

hilfsbereit und fürsorglich war, mir nicht helfen konnte, bei dem, was ich durchmachte. Ich weinte nur noch mehr, wenn er es versuchte. Nichts, was er tat, nützte mir etwas. Es gab nichts, was mir in meinem Leben fehlte. Ich hatte alles, und nichts konnte mir helfen.

Das Schlimmste, das Allerschlimmste war geschehen. Ich hatte ein Kind geboren, und ich war genauso wie meine Mutter geworden. Jeden Tag rief ich meinen Arzt an. Er war sehr umsichtig, überwachte mich wirklich. Ich habe jede Woche eineinhalb Stunden mit ihm gesprochen, und in der übrigen Zeit mußte ich mit mir selbst zurechtkommen. Ich war völlig unfähig, ich wollte sterben. Da war ich nun, das Baby war fünf oder sechs Wochen alt, und ich fragte immer wieder, was wir machen würden, wenn die Medikamente nicht wirken sollten? Er sagte, dann müßte er mich in die Klinik einweisen. Ich habe durchgedreht. Es gab die mütterliche Tradition der Hospitalisierungen, und jetzt holte sie mich ein. Ich saß da und brach in Tränen aus. Dann erstarrte ich. Ich wußte nicht, was ich tun sollte. Schließlich griff ich zum Telefon und rief meine Mutter an. Sie sagte: »Niemand will dich ins Krankenhaus schicken, aber es ist nicht das Schlimmste auf der Welt. Das Baby wird mit dir im Zimmer sein. Du wirst das überstehen, und ich werde dir helfen. Wir kriegen das hin.«

Sie fing an, mich dreimal in der Woche zu besuchen, nicht um das Baby zu sehen, sondern um mit mir essen zu gehen. Wir gingen in diese Cafeteria in der Nachbarschaft, und ich weinte meistens. Und ich fragte sie, wie Kinder es machen, wenn sie wirklich krank sind: »Mama, werde ich wieder gesund? Wird das irgendwann besser? Was kann ich machen? Ich halte es nicht aus.«

Sie beruhigte mich dann. Sie sagte: »Ich habe das durchgemacht, es ist schrecklich, aber ich sage dir, wenn ich wieder gesund werden kann, kannst du das auch.« Sie hielt meine

Hand, und ich glaubte ihr, denn sie wußte es wirklich. Sie hatte das selbst durchgemacht. Jemand anders hätte ich nicht glauben können. Ich dachte, die versuchen mich dazu zu bringen, daß ich mich besser fühle, und das führte dazu, daß ich mich schlechter fühlte. Sie sagte ganz einfache Sachen, und die waren genau richtig. Niemand anders konnte sie so sagen. Ich saß oft mit ihr bei diesen Mittagessen und erzählte ihr, daß ich es einfach nicht mehr aushalten würde. Und sie sagte dann: »Paß auf, du bist aufgestanden, du hast dich angezogen, du bist zur Tür rausgegangen, du hast dich hier hingesetzt, und jetzt ißt du zusammen mit mir zu Mittag.« Es war um Ostern, und das letzte, was ich wollte, war Ostergeschenke einkaufen gehen. Aber meine Mutter bestand darauf. Unsere Gemeinsamkeit haben wir immer mit gemeinsamen Einkaufsbummeln ausgedrückt. Sie hat mich gezwungen, mit ihr einkaufen zu gehen und Geschenke für alle zu kaufen. Ich habe einen Hut aufprobiert. Und sie sagte: »Siehst du, letzte Woche hättest du keinen Hut aufgesetzt, und jetzt hast du es getan. Es geht aufwärts mit dir.«

Sie sagte mir immer wieder, es würde mir bessergehen, und ich glaubte ihr, weil sie Bescheid wußte. Ich glaube wirklich, daß ich das ohne sie nicht überstanden hätte. Ich brauchte sie, und sie hat sich hundertprozentig für mich eingesetzt. Zuvor bekam sie, immer wenn ich ihr gesagt hatte, wie schlecht irgend etwas sei, einfach ihre Depressionen, und dann war ich es, die sich um sie kümmern mußte, wie damals, als mein Freund mit mir Schluß machte. Aber dieses Mal ließ ich sie alles wissen, was passierte, und sie konnte so kompetent mit der Situation umgehen wie niemand sonst. Es war ihre Ehrlichkeit. Alle anderen sagten gewöhnlich: »Es ist alles in Ordnung mit dir, es geht dir gut.« Sie aber wußte, daß es mir nicht gutging. Während dies passierte, hatten sie und ihr Lebensgefährte vor, nach Kalifornien zu reisen. Ich gab einfach auf. Ich sagte ihr, ich wüßte nicht, ob ich überleben würde, wenn sie weg wäre. Also planten wir gemeinsam. Ich würde ein paar Wochen zu ihr kommen, und in der Zwischenzeit würden wir jeden Abend miteinander telefonieren. Das machten wir dann auch. Ich rief sie jeden Abend an, und sie war da. Die meiste Zeit konnte ich nur sagen: »Das ist entsetzlich.« Sie wissen, wie es ist. Es wird nicht besser. Je länger es dauert, um so schlimmer wird es, weil man überzeugt ist, daß es einem nie mehr bessergehen wird. Es war zehn Wochen lang die reine Hölle, und alle hatten es satt, aber sie nicht. Vielleicht war es gut für sie, daß sie in Urlaub fuhr, das hat ihr womöglich geholfen durchzuhalten. Aber sie hat mir nie erzählt, ob es schwer war für sie. Sie hat sich nicht beklagt, sie wurde nicht depressiv, sie hat einfach für mich gesorgt.

Ich weiß nicht, warum sie es schaffen konnte. Vielleicht lag es daran, daß das Schlimmstmögliche passiert war. Diese Depression, wegen der sie sich ihr Leben lang gesorgt hatte, auch ihre Tochter könne davon betroffen sein – jetzt war es schließlich geschehen. Jetzt mußte sie sich keine Sorgen mehr darum machen, sie mußte mir einfach nur helfen. Vor dieser Sache war ich immer so gewesen wie mein Vater, aufgeschlossen, voller Selbstvertrauen, zielbewußt, ehrgeizig. Ich war gerne draußen in der Welt. Ich war all das, was meine Mutter nicht war. Aber nun, als ich in dieser Depression steckte, sah sie, daß ich so war wie sie, aber auch genug wie mein Vater, so daß sie sich vorstellen konnte, daß ich durchkommen würde. Und natürlich war da eine dritte Person, das Baby, um das wir uns kümmern mußten. Sie machte klar, daß wir uns um die Kleine kümmern mußten, daß wir beide die Verpflichtung hatten, sie zu schützen. Und das taten wir, wir beschützten sie gemeinsam. Ich weiß nicht, warum es so gekommen ist. Vielleicht hat sie eine Chance gesehen, das wiedergutzumachen, was in meiner Kindheit schiefgegangen war. Sie war jetzt

Großmutter und nicht die Mutter eines Babys, das sie verzweifelt brauchte. Sie konnte sich einfach genau so geben, wie sie sich das ihr Leben lang gewünscht haben muß. Ich weiß nicht, warum. Als ich zum Telefon griff, um sie um ihre Hilfe zu bitten, war das vielleicht das erste Mal in meinem Leben, daß ich wirklich offen war ihr gegenüber. Vielleicht habe ich zum ersten Mal nicht versucht zu beweisen, daß ich nicht so war wie sie. Ich habe mich einfach gehengelassen, und sie hat reagiert.

Nach etwa zehn Wochen wurden die Depressionen allmählich schwächer, ich fühlte mich langsam wieder besser, und wissen Sie, was geschehen war? Ich merkte, daß ich ihr während dieser Depression vergeben hatte.

Aber es war mehr als Vergebung. Und manches habe ich ihr nicht vergeben. Es gab Dinge, die sie mir als Kind angetan hat, die waren wirklich schrecklich. Ich glaube, sie war verrückt, als sie das gemacht hat. Ich habe kein rosiges Bild von meiner Kindheit. Ich habe kein rosiges Bild davon, wie meine Mutter mit mir umgegangen ist. Da sind immer noch die unverzeihlichen Dinge, die sie mir angetan hat, und die ändern sich nicht.

Aber etwas ist geschehen. Plötzlich sah ich nicht mehr, wieso ich ein Recht haben sollte, ihr für meine Kindheit Vorwürfe zu machen. Ich sagte zu ihr: »Ich kann nicht glauben, daß du das auch hast durchmachen müssen. Ich kann mir nicht vorstellen, wie du da durchgegangen bist. Ich habe verstanden, wie du warst. Ich hätte das ohne dich nicht durchgestanden.« Plötzlich verstand ich ihr ganzes Leben. Sie hatte nie eine Mutter gehabt. Sie brachte ein sensibles, begabtes Kind zur Welt, das emotional fähig war, für sie zu sorgen, also bildeten wir dieses Muster. Eine depressive Person kann nicht für ein Kind sorgen. Depressive können das einfach nicht. Ich konnte mich in diesen Wochen nicht um meine Tochter kümmern. Wir hatten ein Kindermädchen, mein Mann war da, und ich fühlte mich ihretwegen sehr schlecht, aber ich konnte einfach nicht für sie sorgen. Und meine Mutter sagte dann: »Schau, sie wird es überleben, sie ist ein glückliches Kind. Sie hat andere Leute, die sich um sie kümmern, und dir wird es bald bessergehen. Du kannst es jetzt nicht ändern. Du mußt für dich selbst sorgen.«

Jetzt verstand ich. Das war es, was sie mir in all diesen Jahren versucht hatte zu sagen. Ich hatte ihr aber nie geglaubt, weil meine Depressionen nie so schlimm gewesen waren. Wenn du deine Kraft sammelst, wenn du dich zusammennimmst, dann kannst du tun, was du tun mußt, hatte ich immer gedacht. Aber das stimmt nicht. In diesen Wochen waren mir alle egal, und so hatte sie sich gefühlt, als ich geboren wurde. Ich habe meine Tochter gefüttert und gewiegt, aber ich fühlte mich einfach elend. Es waren mechanische Handlungen. Ich glaubte, ich hätte mein Kind zugrunde gerichtet. Aber meine Mutter gab mir wieder Vertrauen, und ich konnte ihr glauben, weil sie da war, um mir zu helfen. Und ich dachte, sie hat es wiedergutgemacht, sie bemuttert mich und sorgt für mich, als wäre ich ein Baby und die Kindheit nicht die einzige Chance, die wir bekommen, um unsere Kinder zu bemuttern.

Ich war in eine Zwangslage geraten, in der ich zwei Möglichkeiten hatte. Die eine bestand darin, sie weiterhin anzuklagen und mich und meine Tochter zu dem gleichen Muster zu verdammen, das es seit Generationen gab. Oder ich konnte die Dinge auf eine andere Weise sehen. Deswegen spreche ich nicht von Vergebung. Ich habe einfach begonnen, die Dinge anders zu sehen.

Das war also die Ironie. Meine größte Angst war Realität geworden. Ich hatte ein Kind geboren und war wie meine Mutter geworden. Aber nun verstand ich sie, weil ich genau wußte, was sie durchgemacht hatte, als ich geboren wurde. Bis dahin hatte ich immer geglaubt, ich würde als Mutter völlig anders als meine Mutter sein. Als ich herausfand, daß ich das nicht konnte, daß ich nicht einmal fähig war, es zu versuchen, sah ich ein, daß sie es auch nicht gekonnt hatte. Ich hatte mich immer geweigert, die Dinge aus ihrer Perspektive zu sehen. Gut so, dachte ich, sie will sie auch nicht von meiner Seite aus sehen. Aber nun begann ich nachzudenken. Sie hat sich so gefühlt? Das ist es, was sie durchgemacht hat? Und sie hatte drei Kinder zu versorgen? Und sie hatte keine Mutter? Und sie hatte keine Arbeit, sie lebte in einem Vorort, und ich kann kaum glauben, daß sie nicht einfach in die Küche gegangen ist und sich umgebracht hat.

Dann sah ich etwas anderes. Ich meine, für keine Frau ist es leicht, Mutter zu werden. Das ist nicht einfach eine Frage von Depressionen und Problemen nach der Geburt. Ich sah nun, wie unglaublich schwierig Mutterschaft für jede Frau ist. Jahrelang hatte ich zu sagen versucht, daß die Frauen in ihrer Generation zu jung heirateten und keine Möglichkeit gehabt hatten zu erkunden, was sie mit ihrem Leben machen wollten. Daß sie nicht in der Lage war, eine Mutter zu sein, weil sie zu jung war, als sie ihre Kinder bekam. Und dann wurde mir klar, daß das Quatsch ist. Du bist immer zu jung, wenn du ein Kind kriegst. Es spielt gar keine Rolle. Du weißt nie, was du machen sollst. Niemand ist darauf vorbereitet, Autonomie und Unabhängigkeit und Egoismus aufzugeben.

Ich verstand, warum sie immer davon gesprochen hatte, daß sie sich umbringen wollte. Ich hatte immer gedacht, das sei selbstsüchtig und gemein. Ich nahm es als persönlichen Angriff, wenn sie sagte: »Der einzige Grund, warum ich mich nicht umgebracht habe, war, daß du und deine Brüder da waren.« Und ich sagte dann: »Das ist lächerlich. Ich will das nicht hören. Es ist eine unmögliche Belastung. Ich kann nicht mein ganzes Leben damit verbringen, für dich zu sorgen.« Aber nun verstand ich, warum sie mir das sagen mußte. Sie wollte nicht versuchen, mir zu drohen. Sie brauchte mich, damit ich ihr half, sie hatte niemanden sonst. Unter diesen Bedingungen gibt es kein Richtig oder Falsch. Sie brauchte jemanden, der wußte, wie schrecklich schlecht sie sich fühlte, genau wie ich es brauchte, daß sie wußte, wie schrecklich schlecht ich mich fühlte.

Dann verstand ich eine Menge mehr davon, wie schwer es ist, ein Kind großzuziehen, daß niemand je vollkommen ist, daß es immer Wunden gibt und daß es Dinge gibt, die wir falsch machen, und daß das Leben so ist. Wenn ich mir selbst vergeben mußte, daß ich meiner Tochter, als sie geboren wurde, keine gute Mutter war, dann gab es keine Möglichkeit, meiner Mutter weiter böse zu sein.

Als ich mich wieder besser fühlte, wandte ich mich meiner Vergangenheit zu. Es gibt ein Bild von meiner Mutter mit ihrer besten Freundin, die immer da war, als ich aufwuchs. Ich hatte immer den Eindruck, daß sie es war, die mich großzog. Auf dem Bild steht diese Freundin, ich bin auf dem Schoß meiner Mutter. Ihre Freundin sieht mich so liebevoll an, auf die Art, wie eine Mutter es tun würde. Meine Mutter schaut genau in die Kamera. Sie ist eine wunderschöne Frau. Sie war damals sogar noch schöner. Ich habe dieses Bild immer meinen Freundinnen gezeigt als Beispiel für die Selbstbezogenheit meiner Mutter, weil sie in die Kamera schaut und nicht zu mir. Aber als ich das Bild jetzt betrachtete, bemerkte ich plötzlich zum ersten Mal, daß sie ihre Arme um mich gelegt hatte! Ich stehe auf ihrem Schoß, und sie hat ihre Arme um mich herumgelegt! Es war das gleiche Bild, nichts hatte sich daran geändert, außer der Art, wie ich es sah.

Ich hatte immer gedacht, die guten Eltern in meiner Kindheit seien andere gewesen. Mein Vater oder die Freundin meiner Mutter. Aber nun begann ich mich an Dinge zu erinnern, die meine Mutter getan hatte und über die ich nie nachgedacht hatte. Immer, wenn ich nachts nicht schlafen konnte, und das war zehn Jahre lang jede Nacht der Fall, kam meine Mutter in mein Zimmer und machte eine Entspannungsübung mit mir. Sie kann nie geschlafen haben. Und ich habe das bequemerweise vergessen. Sie backte Brot mit mir. Sie las mir gerne Shakespeare vor, und wir spielten die verschiedenen Rollen. Diese Erinnerungen änderten nichts an den Erinnerungen an die anderen, die schrecklichen Dinge, die sie getan hatte, aber sie machten alles komplizierter.

Wenn sie früher sagte: »Es tut mir leid, daß ich nicht für dich da war, als du aufgewachsen bist«, dachte ich gewöhnlich: »Du kannst mich mal. Du warst nicht da, entschuldigst dich nicht einmal. Alles was du von mir willst, ist, daß ich dich tröste und sage, es ist alles in Ordnung.«

Aber nun, als es mir langsam besserging und sie mir wieder sagte, daß es ihr leid tue wegen meiner Kindheit, dachte ich, gut, ich nehme es einfach hin, als ob sie es so meint. Sie meint es. Sie meint es wirklich. Und ich sagte nicht: »Ich vergebe dir«, sondern: »Ich glaube dir.« Das habe ich gesagt. »Ich glaube dir.«

Ich wußte, wie es war, eine Frau zu sein. Ich wußte, wie es war, eine Mutter zu sein. Ich wußte, wie es war, depressiv zu sein. Und nun, da ich das durchgemacht hatte, was sie durchgemacht hatte, war ich endlich in der Lage, ihr zu glauben. Weil es ihr zustand. Und jetzt glaubte ich ihr.

Kapitel 7

Sylvias Geschichte

Sie würde gerne mit mir sprechen, sagt sie mir am Telefon, weil sie verstehen will, warum Menschen beschließen, am Leben zu bleiben. Sie zeigt diese Verwirrung auch während ihrer ersten Therapiestunde. Sie kann die Tatsache nicht verstehen, daß so viele Menschen, sie selbst eingeschlossen, sich Tag für Tag dafür entscheiden, weiterzuleben.

»Ich habe den Eindruck, daß Sie viel darüber nachgedacht haben.« – »O ja, sehr viel. Ich glaube, es ist eine Art Gewohnheit geworden. Oder vielleicht fühlt man sich nicht genug ins Leben eingebunden, um ihm ein Ende zu machen? Wenn es keinen guten Grund gibt, weiterzuleben, dann gibt es vielleicht auch keinen Grund, es nicht zu tun?«

Auch ich habe über Leben und Sterben nachgedacht, und ich entscheide mich dafür, ihr das mitzuteilen. »Als ich mir diese Frage stellte, war es, weil ich große Angst hatte. Ich wußte nicht, wie ich diese Angst überwinden könnte.« – »Angst«? Sie scheint verwirrt. »Als ich jung war, war ich sehr unglücklich«, erkläre ich. »Ich wußte nicht, wie es weitergehen sollte.« – »Ich hingegen«, sagt sie, als präsentiere sie eine offensichtliche Tatsache, »ich weiß nicht, ob ich unglücklich bin oder nicht.«

Vielleicht fragt sie mich gar nicht, warum man weiterlebt. Vielleicht will sie lernen, wie man lebt. Oder vielleicht sogar, wie man lebendig wird. Plötzlich sehe ich ein Bild von ihrem Leben als einer langen grauen Straße, die von nirgendwo kommt und ins Nichts führt. Ich weiß nicht, was mir diesen Eindruck eingegeben hat, aber während unsere Arbeit weitergeht, wird er bestätigt. Oft habe ich einen Eindruck von ihr, wie sie still am Fenster eines Zuges steht und hinausschaut auf das Leben, das an ihr vorüberzieht. Als ich ihr das sage, ist sie beeindruckt. »Ja, man könnte sagen, das Leben zieht an mir vorbei.«

Wenn ich etwas zu sagen habe, schaut sie auf zu mir. Sie neigt dabei den Kopf ein wenig, als würde die Höflichkeit verlangen, daß sie mich zur Kenntnis nimmt, obwohl sie mir lieber nicht in die Augen schauen würde. Ich habe sie danach gefragt, und sie stimmt mir zu. Es fällt ihr schwer, mich anzuschauen. Die meiste Zeit sitzt sie mit den Händen im Schoß, mit gesenktem Kopf, den sie kaum hebt, wenn sie spricht. Schuhe, Tasche, Rock und Bluse (ihre unveränderliche Kleidung) sind immer in gedämpften Farbtönen aufeinander abgestimmt, Grüngrau, Beige, als hätte sie bewußte Anstrengungen gemacht, sich so unbestimmbar wie möglich zu geben. Oder – ein eher beunruhigender Gedanke – vielleicht hat es gar keine Anstrengungen erfordert.

Warum leben Menschen weiter? Wir diskutieren diese Frage mehrere Wochen lang. Ihre Gedanken sind sehr abstrakt. Sie äußert sie in einem nachdenklichen, kontrollierten, stets leisen und irgendwie zögerlichen Tonfall, als müsse sie sich sehr anstrengen, um sich zum Sprechen zu zwingen. Sie glaubt an Gott und denkt, es wäre eine Zurückweisung seiner Gabe, »das Leben von sich zu werfen« vor der Zeit. Das Leben, denkt sie, wird nur einmal gegeben, und es sollte geschätzt werden. Sie tadelt sich dafür, daß sie dazu nicht fähig ist. Sie glaubt, daß das Leben aus einem Grund gegeben wurde, vielleicht so, daß die, die es haben, einen wichtigen Dienst anbieten können. Sie hat nicht das Gefühl, daß sie irgend etwas zu bieten hat. Dazu fällt ihr jedoch ein, daß das eine weitere Herabsetzung der Gabe Gottes sein könnte. Wenn das Leben wertgeschätzt werden soll, wenn es gegeben wurde, damit man seine Dienste anbieten kann, dann muß man auch die Fähigkeit erhalten haben, das zu tun. Und deswegen muß es ihr Fehler sein, daß sie bislang nicht in der Lage war, es herauszufinden.

Sie ist neugierig auf die Gründe, die ich dafür gefunden habe weiterzuleben, und deswegen nenne ich ihr ein paar davon. Ich wollte meiner Tochter keinen unerträglichen Verlust aufbürden. Ich wollte, allem zum Trotz, wissen, wie sie sein würde, wenn sie aufwuchs. Ich hoffte, etwas würde aus all dem Chaos und den Problemen, die ich erlebte, herauskommen. Auch ich glaubte, wir seien hier, um irgendeinen Dienst anzubieten. Ich glaubte, der Dienst, den ich anbieten könnte, würde daraus entstehen, daß ich den Wunsch zu sterben überlebt hatte.

»Das sind gute Gründe«, sagt sie, »sie sind besser als meine Gründe. Vielleicht werde ich auch eines Tages solche Gründe haben können wie Sie.«

Mit der Zeit erzählt sie mir ihre Geschichte. Ihre Mutter wurde »weggebracht«, als sie vier oder fünf Jahre alt war. Sie weiß nicht genau, wann. Sie lebte bei ihrem Vater, der viel auf Reisen war. Sie wußte nicht, was er machte, er sprach nie davon. Sie hatte keine Erinnerung an ihre Mutter, ihr Vater hat sie nie erwähnt. Die Schwester ihres Vaters kümmerte sich um sie, wenn ihr Vater weg war, oder eine Nachbarin, die von ihrem Mann verlassen worden war. Als sie älter wurde, blieb sie lieber alleine, und ihr Vater erlaubte ihr das. Sie war immer ein musterhaftes, stilles, zurückhaltendes Kind gewesen, und sie hatte immer getan, was von ihr erwartet wurde. Sie ging nie aus, hatte keine engen Freunde. In den letzten Schuljahren hatte sie eine Freundin, die als Austauschschülerin aus Holland gekommen war und deswegen nach einem Jahr wieder wegging. Sie schrieben sich immer noch, und sie plante, »eines Tages« nach Holland zu reisen, um sie zu besuchen. Sie hat zehn Jahre als Chefsekretärin für einen anspruchsvollen Chef gearbeitet, der ein hohes Gehalt zahlt und sie genau überwacht.

Sie erzählt mir, jemand in ihrem Büro habe vor einigen Jahren ein Buch von mir gelesen. Es war ein Buch, das ich über meine Mutter geschrieben hatte. Sie hatte es ausgeliehen, es hatte sie beeindruckt, weil, wie sie bemerkte, auch ich jemanden verloren hatte, als ich noch sehr jung war. Sie war sich nicht sicher, dachte aber, der Verlust ihrer Mutter könnte etwas damit zu tun haben, wie sie war. Nicht wirklich depressiv, nicht wirklich verzweifelt, nein, das war es nicht. Sie schaut mich an, kurz, ohne Hoffnung. Ich bemerke, wie schwer es ist, dem, was man fühlt, Worte zu verleihen. Ich stelle mir vor, daß sie darin nicht viel Übung hat. Sie bestätigt das. Wenn ihr Vater zu Hause war, aßen sie immer schweigend. Nach dem Essen zog er sich mit seinen Büchern zurück. Sie kann sich an keine Gespräche mit seiner Schwester erinnern oder mit der Nachbarin, obwohl diese Frau gerne erzählte und sie, ein kleines Mädchen, das noch nicht viel verstand, gerne zugehört hätte. Sie mochte den Klang der Worte, die Art, wie die Stimme sich hob und senkte und weiterklang, aber sie selbst sagte selten irgend etwas.

Ich habe oft den Eindruck, daß sie gar nicht mit mir im Raum ist, selbst wenn sie spricht. Obwohl ich sie deutlich sehen kann, kommt es mir vor, als sei sie davongeglitten, weggegangen in einen privaten Raum, der ihr gehört, aus dem ich ausgeschlossen bin. Ihr Körper ist hier, aber nicht bewohnt. Das erklärt vielleicht ihre Ordentlichkeit. Die ersten paar Monate sitzen wir hauptsächlich zusammen, nachdem wir fürs erste die Gründe, am Leben zu bleiben, erschöpfend behandelt haben. Sie beobachtet das sich verändernde Licht im

Zimmer, wenn der Wind weht und wenn die Bäume das Oberlicht verdecken. Aber sie scheint diese Dinge aus großer Entfernung zu beobachten, als versuche sie, sich selbst oder mich davon zu überzeugen, daß sie wirklich anwesend ist. Worte wie Einsamkeit, Verlassenheit, Öde fallen mir ein, wenn ich versuche, die Atmosphäre zu beschreiben, die den Raum füllt, während wir da zusammensitzen. Manchmal, wenn wir lange Zeit geschwiegen haben, ist die Atmosphäre schwer auszuhalten, und ich muß mich daran erinnern, daß es ihr gelingt, mir ohne Worte, ganz allein durch ihr Schweigen mitzuteilen, wie es ihr geht – es mir eigentlich aufzubürden, so daß ich es wissen kann.

Sechs Monate, zehn Monate vergehen, und sie ist immer noch oft still. Sie erzählt mir von den Leuten, die sie bei der Arbeit beobachtet hat – lachend beim gemeinsamen Mittagessen. Sie fragt sich, was die zum Lachen bringt. Sie geht nach der Arbeit zur Bücherei, aber manchmal wird sie von ihren Büchern abgelenkt und schaut den Menschen um sich herum zu. Sie sah eine Frau weinen, während sie las. Sie kann sich nicht vorstellen, wie das sein könnte. Zwei kleine Mädchen kommen freitags miteinander. Sie tuscheln und kichern ständig. Die Leute starren sie an und machen »Sch!«. Sie scheinen sich nicht zu fürchten, und das beeindruckt sie. »Ein Blick von meinem Vater war genug für mich«, sagt sie. »Ich hätte das nie gewagt.«

»Gewagt zu lachen? Zu tuscheln?« – »Irgend etwas gewagt. Mein Vater wollte mich nicht dahaben. Ich wußte das. Ich habe versucht, sowenig Raum einzunehmen wie möglich. Vielleicht bin ich deshalb so klein.«

Ich lächle, sie aber nicht. Ich habe sie nie lächeln sehen. Ein Lächeln könnte ihr als ein zu gewaltiger Ausdruck der eigenen Persönlichkeit erscheinen. Sicherlich ist sie klein, hat die Größe eines zwölfjährigen Mädchens, eines makellosen, verblaßten, fast unsichtbaren Mädchens vor der Pubertät, dem es gelungen ist, nie die Aufmerksamkeit auf sich zu ziehen. Auch ihr Leben folgt den Umrissen der strukturierten, sorgfältig überwachten Existenz eines Kindes. Sie steht früh auf, nimmt ein einfaches Frühstück aus Ei und Toast zu sich, trinkt in der Kantine ihrer Arbeitsstelle eine Tasse Kaffee, macht eine halbe Stunde Pause zum Mittagessen um 12.30 Uhr, ißt meist alleine, geht alleine nach Hause, unterbricht den Heimweg, um auf einem Markt in ihrer Wohngegend für ihr Abendessen einzukaufen, liest nach dem Abendessen, bis sie früh zu Bett geht. Manchmal geht sie nach der Arbeit in die Bücherei. Sie schläft gut, kann sich an keine Träume erinnern, verbringt die Wochenenden damit nachzuarbeiten, was bei der Arbeit liegengeblieben ist (ihr Chef ist fair, er bezahlt ihre Überstunden), sie geht in die Bücherei, sieht sich manchmal einen Film an. Ihr einziger »Luxus« ist ihre Faszination für die täglichen Seifenopern, die sie aufnimmt, so daß sie sie später sehen kann, meist am Wochenende. Sie liest *People* und eine Zeitschrift, die über Königshäuser berichtet, und *Life*, denn sie stellt sich vor, daß diese Lektüre zu ihren Bemühungen gehört herauszufinden, warum Menschen am Leben bleiben. Jeden zweiten Donnerstag schreibt sie an ihre Freundin in Holland, die nun verheiratet ist und drei Kinder hat. Ihre Freundin würde sich ihren Besuch wünschen, aber bislang hat sie gezögert.

Oft hat sie Schwierigkeiten mit Begriffen. Sie spricht einwandfrei, fast schmerzhaft korrektes Englisch mit einem kultivierten Akzent. Dennoch vermittelt sie den Eindruck, daß Worte ihr fremd sind, daß sie sich bemüht, sie mit ihrer Erfahrung zu verbinden, aber nicht glaubt, daß ihr das gelingt. Immer, wenn sie sich deshalb unwohl zu fühlen scheint, spreche ich. Ich erzähle ihr von meiner Schwester, denn der Verlust in der Kindheit ist eines der wenigen Dinge, die wir gemeinsam haben. Während dieser Momente scheint sie sachte wieder in ihren Körper einzuziehen, als probiere sie vorsichtig aus, sich selbst in der Gegenwart einer anderen Person zu bewohnen. Da ist eine sehr leichte Rötung auf ihren Wangen, die gewöhnlich blaß sind. Ihre Hände, meist leblos in ihrem Schoß liegend, bewegen sich gelegentlich zu einer Geste. Ich erzähle ihr von dem Schlitten, den meine Schwester und ich hatten und der nach ihrem Tod verschwunden war. Ich ging hinunter in den Keller unseres Mietshauses, aber da war er nicht. Ich erzähle ihr, daß ich sehr, sehr aufgewühlt war über den Verlust des Schlittens, obwohl ich mich nicht daran erinnern kann, daß ich aufgewühlt war über den Tod meiner Schwester, der nie erwähnt wurde.

»Nein«, sagt sie mit einem ganz leichten, hilflosen Kopfschütteln, »das machen sie nicht, nicht wahr?« – »Über Menschen sprechen, die gestorben sind?« – »Wenn Menschen weg sind, sind sie weg. Sie sind verschwunden. Man weiß, wo sie sind. Aber niemand spricht von ihnen.«

Ich frage sie, ob sie als Kind je geweint hat. Sie denkt darüber nach, hat den Eindruck, daß sie das vermutlich nicht getan hat. Sie ist nicht wirklich sicher, was Weinen ist. Sie hat Tränen in den Augen von anderen Menschen gesehen, zum Beispiel bei der Frau in der Bücherei. Sie hat bemerkt, daß ihre Schultern zittern, aber sie weiß nicht, warum.

»Sie wissen nicht, was sie fühlen? Trauer, Einsamkeit, Kummer, Sehnsucht nach jemandem.« Sie wiederholt die Worte sorgfältig: »Trauer. Einsamkeit. Sehnsucht nach jemandem.« Wenn sie die Worte ausspricht, übermitteln sie keine Bedeutung, sie haben keine Modulation. Es könnte sich um Laute einer Sprache handeln, die sie nicht kennt. Aber ich muß fast weinen. Die Tränen, von denen sie nicht weiß, wie man sie weint, scheinen bei mir Zuflucht gefunden zu haben. Ich erzähle ihr von ihnen. Sie schaut mich an, neugierig, ihren Kopf auf diese eigenartige Weise neigend. »Weil Sie sich … traurig fühlen? Einsam?« Aber die Worte scheinen nicht viel zu bedeuten. »Ich habe gedacht, daß ich vielleicht Ihre Traurigkeit gespürt haben könnte, von der Sie nicht wissen, wie sie sich anfühlt, weil niemand je wollte, daß Sie überhaupt irgend etwas fühlen.«

Sie denkt eine ganze Weile darüber nach. Ihr Blick hebt sich von ihrem Schoß und wandert unruhig über die Decke. Ihre Finger, vor einem Augenblick noch leicht ineinander verschränkt, trennen sich und flattern leicht, als hätten sie sich die Befreiung von ihren Händen gewünscht. Es ist das einzige Anzeichen von Spannung, das ich je an ihr gesehen habe. Für einen atemberaubenden Moment habe ich das Gefühl, daß sie hier mit mir zusammen im Zimmer ist. Aber einen Augenblick später ist sie verschwunden, die Gefühle, die möglicherweise ihre waren, machen sich davon, und wieder füllt der Raum sich mit Leere, mit einem fast unerträglichen Gefühl der Verlassenheit.

Ich frage mich nie, was ich für diese Frau tun kann, obwohl unsere Arbeit sicherlich nicht der üblichen Vorgehensweise entspricht. Ich weiß, daß es schwer für sie ist, zu kommen und mit mir zu sprechen, genauso, wie es mir oft schwerfällt, ruhig mit ihr im Raum zu sitzen. Es kommt mir so vor, als erreichten wir beide etwas, indem wir die Zustände durchleben, von denen sie nicht weiß, daß sie sie fühlt, weil sie sie nie in Worte gefaßt oder gehört hat, wie andere sie beschreiben. Ich glaube nicht, daß es viel bedeutet, wer diese Zustände fühlt, solange sie gefühlt und nach und nach anerkannt werden. Im Laufe der Zeit gelingt es mir, Traurigkeit, Sorge, Verlorenheit zu benennen, das Gefühl, jemanden zu vermissen, nicht zu wissen, was man tun soll, irgendwie weiterzumachen. Es ist herzzerreißend zu beobachten, wie sie diese Worte vorsichtig ausprobiert, als hebe sie einen Gegenstand auf, den sie nie zuvor gesehen hat, halte ihn ans Licht und drehe ihn um. Wir machen weiter so, benennen Schweigen, etwa zwei Jahre lang.

Dann, eines Tages, sehe ich sie in einem Café, in dem ich mich Donnerstag nachmittags mit einem Freund treffe. Ich bin früh da, er ist noch nicht angekommen, ich gehe rasch zu ihrem Tisch, um ihr guten Tag zu sagen. Sie hält eine Tasse Tee, schaut dabei auf ein Buch, das sie nicht wirklich zu lesen scheint, und ich habe sie überrascht. Die Tasse zittert gewaltig, der Tee schwappt über, sie macht eine plötzliche, erschreckte Bewegung, um das Buch zur Seite zu schieben. Damit bringt sie die Tasse nur noch mehr zum Wackeln. Sie steht auf, läßt das Buch auf dem Tisch liegen, geht rasch aus dem Café, ohne zurückzublicken. Ich bringe das Buch zu dem Mann hinter der Theke und bitte ihn, es für sie zu verwahren.

Als ich nach Hause komme, finde ich mehrere Anrufe von ihr vor. Zuerst erkenne ich ihre Stimme nicht. Sie ist aufgeregt, lauter, als ich sie je gehört habe. In der ersten Botschaft fragt sie, ohne ihren Namen zu nennen: »Was ist passiert? Können Sie mir sagen, was passiert ist?« Die zweite Botschaft ist eine Entschuldigung für die erste. Die dritte Botschaft, die nach einer Weile kommt, während der Botschaften von anderen Leuten aufgenommen wurden, fängt gelassener an. »Ich würde mich freuen, wenn Sie mich vor unserem nächsten Termin anrufen könnten. Ich bin ... ich glaube, ich bin ... ich würde sagen, ich bin ... erschrocken.« Ihre Stimme beginnt zu zittern, als sie das Wort »erschrocken« ausspricht. Nur schwer kann ich verstehen, was sie sagen will. Dann fällt es mir ein. Sie ist erschrocken. Sie hat gesagt, sie ist erschrocken. Sie fühlt etwas und weiß, was sie fühlt, und sie hat mich angerufen, um mich wissen zu lassen, daß sie es weiß. Weil sie weiß, was sie fühlt, kann sie um Hilfe bitten. Dies ist das erste Mal in zwei Jahren, daß sie mich zwischen Behandlungsterminen angerufen hat.

Als wir an diesem Abend miteinander sprechen, ist sie sehr aufgewühlt. Sie spricht bruchstückhaft, gerät außer Atem, wird bitter, bricht den Kontakt ab. Schließlich sagt sie in einem klaren Ton, der eine enorme Anstrengung und Selbstkontrolle erfordert haben muß: »Sie haben mich erkannt.« – »Natürlich. Warum auch nicht?« – »Das haben Sie vorher nicht getan.« – »Vorher? In dem Café? Sind Sie vorher auch schon dort gewesen, wenn ich dort war?« – »Ich hatte immer die Vorstellung, daß Sie mich zwar ansehen, daß Sie mich aber nicht sehen könnten. Ich wußte, daß Sie mich sehen würden, wenn Sie es könnten, aber ich dachte, ich sei wahrscheinlich nicht wirklich sichtbar. Ich hatte immer die Vorstellung, ich könnte nicht gesehen werden. Ich bin verwirrt. Was ist passiert, daß Sie mich jetzt sehen konnten?« – »Ich weiß nicht, was passiert ist. Haben Sie eine Idee?« – »Ich habe nie geglaubt, daß meine Mutter mich sehen konnte. Sie hat mich angesehen, aber sie hat durch mich hindurchgesehen, als wäre ich nicht da. Ich erinnere mich daran. Und ich erinnere mich daran, wie sie am Fenster stand. Erinnern Sie sich daran, wie Sie sagten, ich stehe am Zugfenster? Ich glaube nicht, daß ich das war. Ich denke, das war meine Mutter.«

»Sie erinnern sich an Ihre Mutter«, sage ich, wobei viel Gefühl mitschwingt, »ich kann es kaum erwarten, etwas über sie zu hören.« – »Nun, ich habe schon genug von Ihrer Zeit beansprucht. Was immer auch geschehen ist, ich glaube, wir müssen einfach damit leben.« – »Ich glaube, ich weiß, was geschehen ist. Ich habe Sie erkannt, und das hat Ihnen geholfen, sich daran zu erinnern, wie ihre Mutter genau das nicht getan hat.« – »Nun, machen wir damit beim nächsten Mal weiter«, sagt sie, als müsse sie dringend das Telefon verlassen und könne das nur tun, in dem sie die Art nachahmt, in der ich gelegentlich unsere Gespräche beende.

Als ich sie ein paar Tage später wiedersehe, trägt sie die vertraute Garderobe von Rock und Seidenbluse, Schuhe und Tasche dazu passend. Sie trägt außerdem etwas Neues oder etwas, das ich bisher nicht an ihr gesehen habe. Ich bewundere es aus der Entfernung. Eine goldene Anstecknadel, ein Schwan mit einem langen, gebogenen Hals, einem Diamanten als Auge, ein zartes, altmodisches Schmuckstück, das, wie mir plötzlich klar wird, ihrer Mutter gehört haben muß. Ich spreche sie auf die Anstecknadel an.

»Ja, sie gehört meiner Mutter«, sagt sie, als lese sie meine Gedanken. »Ich bin heute hergekommen, um über sie zu sprechen. Ich glaube, ich bin bisher nicht ehrlich gewesen, ich habe Ihnen den Eindruck vermittelt, daß ich mich nicht an sie erinnere. Ich glaube, ich habe mich immer an sie erinnert, aber ich wollte es nicht.«

Sie beginnt in einem Ton zu sprechen, den man (fast) lebhaft nennen könnte. Zwanzig Minuten vergehen, sie spricht immer noch. Ich habe sie nie zuvor so viel auf einmal sagen hören. Nach einer halben Stunde wirkt sie atemlos, aber erpicht darauf, weiterzumachen. Zehn Minuten bevor die Sitzung endet, sieht sie erschöpft aus. Ihr blasses, ausdrucksloses Gesicht wirkt dunkel unter den Augen, als sei sie durch das Geschichtenerzählen zu sich gekommen. »Zeit zu gehen? Zeit zu gehen? Aber ich habe nicht einmal angefangen ....«

Sie erinnert sich daran, wie ihre Mutter am Fenster stand, einen Spitzenvorhang in der Hand hielt und in den Garten hinausstarrte. Das Bild ist nicht klar, das Licht, das durch das Fenster kommt, scheint durch ihre Mutter hindurchzugehen, es läßt sie leuchten und macht sie durchsichtig. Das kleine Mädchen im Bett hat Angst, daß seine Mutter verschwindet, wenn das Licht verlöscht. Sie spürt das in ihrem Hals, es ist wie etwas, das sich da verfangen hat und kratzt, damit es herauskann.

»Angst«, sage ich. »Angst«, wiederholt sie. »Ja. Ja, ich hatte

Angst.« Sie macht einen zusätzlichen Termin, kommt früh am nächsten Tag, wartet im Garten auf mich. Sie beginnt zu sprechen, bevor wir im Zimmer sind. »Mein Vater hätte über sie sprechen sollen. Das hätte es mir leichter gemacht zu wissen, daß ich mich erinnerte. Es ist wichtig, daß ein kleines Mädchen sich an seine Mutter erinnert. Ohne eine Mutter hat man das Gefühl, man sei selbst nicht geboren worden. Vielleicht war sie eine seltsame, eine merkwürdige Person, vielleicht auch verrückt, aber das spielt keine Rolle. Das war es, was die Nachbarin mir gesagt hat. Sie hat mir das gesagt. Ich bin sicher, daß sie mir das gesagt hat. Aber es spielt keine Rolle. Sie war meine Mutter, und es stand mir zu, sie zu haben.«

Sie steht dicht neben ihrem Sessel, ich neben meinem. Es ist ein Tag, an dem Konventionen durchbrochen werden. »Meiner Mutter würde es hier gefallen«, sagt sie. »Vielleicht gelingt es mir eines Tages, sie hierherzubringen.« – »Aber Sie haben sie hergebracht. So deutlich. Die Frau, die am Fenster steht, das kleine Mädchen, das Angst hat, sie zu verlieren ….« – »Ach ja«, sagt sie vertraulich, »aber das ist nicht dasselbe.« – »Nein«, pflichte ich bei. »Es wäre besser, wenn sie hier bei uns sein könnte.« – »Dann sind Sie einverstanden? Ich könnte sie mitbringen?« Jetzt bin ich an der Reihe, verwirrt zu sein. Die Frage scheint so beharrlich, als ziele sie auf etwas Konkretes, Greifbares. Ich habe in Bildern gesprochen. Das tut Sylvia nie, wie mir einfällt. »Sie mitbringen? Wie meinen Sie das, sie mitbringen?« – »Ich habe mich entschlossen, in die Anstalt zu gehen und sie herauszuholen.« Ich halte mich an meinem Stuhl fest. Die Atmosphäre im Raum ist so geladen, daß ich denke, die nackte Gewalt dessen, was ich nicht verstehe, wird mich umwerfen. Ich befürchte, daß diese unendlich einsame Frau schließlich zusammengebrochen ist, daß die Erinnerung, die ich für einen Fortschritt hielt, für den Beginn der Geschichtenerzählung, die Wiedergewinnung der Kindheit, sie überwältigt hat.

»Sylvia«, sage ich, »warum setzen wir uns nicht hin?« – »Aber erlauben Sie, daß ich sie herbringe?« – »Ich dachte, wir sprechen über Ihre Mutter? Ich dachte, sie sei tot.«

»Nein, tot ist sie nicht. Weggebracht. Weggebracht. Und ich erinnere mich daran. Die ganze Sache, der Tag, an dem es passiert ist. Das ist es, worüber ich mit Ihnen sprechen will.«

Sie setzt sich sorgfältig in ihren Sessel, streicht den Rock über ihren Knien glatt und spricht leise. »Meine Mutter war an diesem Tag dauernd die Treppen auf und ab gelaufen, auf und ab. Ich weiß nicht, ob sie das vorher auch gemacht hat. Vielleicht hat sie das häufig getan. Ich erinnere mich, wie sie am Fenster stand, und ich erinnere mich, wie sie an dem letzten Tag, an dem ich sie gesehen habe, die Treppen auf und ab ging. Ich stand an der Tür zu meinem Zimmer. Ich habe sie beobachtet. Sie ging händeringend. Manchmal hob sie ihre Hände an ihre Wangen und machte ein äußerst seltsames Geräusch. Ein- oder zweimal bin ich aus meinem Zimmer herausgekommen und habe mich auf die Treppe gestellt, so daß sie mich sehen mußte. Sie ist vorbeigegangen. Ich habe den Eindruck, sie ist einfach durch mich hindurchgegangen, als hätte ich für sie nie existiert, aber ich weiß, das ist nicht möglich. Sie ging einfach weiter, als wäre ich nicht da. Als mein Vater nach Hause kam, war sie in ihrem Zimmer, die Tür war verschlossen. Wir konnten hören, daß sie Sachen zerschlug und zu Boden warf. Sie machte weiterhin das seltsame Geräusch. Mein Vater klopfte an die Tür, aber sie war nicht bereit aufzumachen. Als sie schließlich kamen, um sie zu holen, benutzten sie eine Leiter, sie zerbrachen das Fenster zu ihrem Zimmer. Ich rannte hinunter in den Garten, um zu sehen, was passierte. Sie holten meine Mutter über die Leiter herunter. Sie war an Händen und Füßen gefesselt. Sie war ganz entspannt, sie wehrte sich nicht. Sie machte weiterhin das seltsame Geräusch. Ich glaube nicht, daß ich diesen Ton seither je wieder gehört habe. Aber ich glaube, wenn ich ihn jetzt benennen müßte, würde ich sagen, daß meine Mutter ununterbrochen ... stöhnte.«

Die Stille, die auf diese Geschichte folgt, füllt sich nicht mit Einsamkeit oder Verlassenheit. Sylvia sitzt sehr still, aber sie schaut mich an. Ihre Augen, die oft so fern und undurchdringlich schienen, blicken nun sanft und traurig. »Die arme Frau«, sagt sie. »Und das arme kleine Mädchen.« – »Das ist wahr«, stimmt sie mir zu. »Beide tun mir leid.«

Einige Wochen später sagt sie: »Ich habe beschlossen, daß es jetzt soweit ist. Es ist mir gleichgültig, was die Treuhänder sagen. Ich bin ihre Tochter, ihre einzige noch lebende Verwandte. Und ich werde mich um sie kümmern.«

Ihre Mutter hatte in einer teuren psychiatrischen Privatklinik gelebt. Sie war dreißig Jahre lang dort gewesen. Sie erkannte ihre Tochter nicht, als diese kam, um sie zu besuchen. Sylvia hatte das erwartet. Wir hatten das bearbeitet, geprobt, geübt, denn wir hatten es vorausgesehen. Sylvia war beeindruckt davon, wie ähnlich sie und ihre Mutter einander waren.

»Wir sehen uns so ähnlich. Darauf kommt es an. Worauf es jetzt ankommt, ist, daß ich weiß, daß sie meine Mutter ist. Mein Vater hat deutlich gemacht, daß wir sie nie erwähnen sollten, und deshalb habe ich es nie getan. Sogar nach seinem Tod habe ich mir nicht erlaubt, an sie zu denken. Wahrscheinlich wollte ich nicht über den Tag nachdenken, an dem sie weggebracht worden ist ....«

Dreißig Jahre. Ihre Mutter war dreißig Jahre lang in einer psychiatrischen Klinik gewesen. Während dieser Zeit hatte kein einziges Mitglied der Familie sie je besucht. Es stellte sich heraus, daß später gelegentlich die Nachbarin zu Besuch kam, die von ihrem Mann verlassen worden war, die Sylvia betreute, als diese klein war. Den Unterhalt der Mutter sicherte ein Treuhandvermögen, von dem eigentlich anzunehmen war, daß es eine große Geldsumme enthielt. Die Tatsache, daß nur noch sehr wenig Geld übrig war, machte es für Sylvia leichter, die Entlassung ihrer Mutter sicherzustellen. Sie setzte ihre beachtlichen Fähigkeiten ein, die sie als Chefsekretärin erlangt hatte, suchte mehrere Rechtsanwälte auf und beschloß schließlich, die Treuhänder hinsichtlich des Standes der Finanzen nicht anzugreifen, wenn diese sich mit der Entlassung ihrer Mutter aus der Klinik und in ihre Obhut einverstanden erklärten. Sie stellte eine Krankenschwester ein, die für die Mutter sorgte, während sie arbeitete, sie zog um in eine neue, größere und ebenerdig gelegene Wohnung, sie verhandelte wegen einer Gehaltserhöhung und erhielt sie, und eines Tages sagte sie mir, sie würde sich nie wieder fragen, warum Menschen weiterlebten. Bis ins kleinste Detail beschrieb sie die Balkontüren, die in einen gepflegten Garten führten. »Ich wollte nicht, daß meine Mutter in einem Haus mit Treppen wohnt. Ich wollte nicht, daß sie da steht und aus dem Fenster schaut. Wenn sie jetzt hinausgehen möchte, geht sie hinaus. Ich habe der Krankenschwester genaue Anweisungen gegeben. Unsere Aufgabe ist es, meine Mutter zurück ins Leben zu bringen. Dann werde ich sie lehren, meine Mutter zu sein.«

Ein paar Wochen nachdem sie ihre Mutter nach Hause gebracht hatte, benutzte sie zum ersten Mal den Ausdruck »Ich habe meine Mutter zur Welt gebracht.« Allerdings streitet sie das ab. Sie kam zu spät zu unserer Therapiestunde, durcheinander, aufgeregt, aber voller Selbstgewißheit. »Ich weiß, daß ich nicht zu spät kommen sollte. Aber es war wichtig. Ich dachte, Sie würden sicher Verständnis haben.« – »Seit ungefähr zwei Jahren sprechen wir jetzt miteinander, und Sie sind niemals auch nur eine Minute zu spät erschienen.«

Sie lächelte kaum merklich und erreichte damit vielleicht den verwegensten Ausdruck, der dieser Frau überhaupt möglich ist. »Vielleicht hatte ich zuvor nie einen Grund, mich zu verspäten.« – »Darauf bin ich ganz gespannt. Was war los?« – »Ich habe meine Mutter zur Welt gebracht.« – »Sie haben Ihre Mutter zur Welt gebracht? Oh, ich verstehe, was Sie meinen. Sie haben sie aus der Klinik geholt, Sie haben sie von den lebenden Toten weggeholt, Sie haben sie ins Leben zurückgebracht …« – »Vielleicht.« Sie bedenkt dies gewissenhaft. »Aber was ich meine, ist, daß ich ihr beibringe, vielleicht zum ersten Mal, eine Mutter zu sein. Das ist das, was sie zuvor nie herausgekriegt hat. Und das ist das, was sie so unglücklich gemacht hat.«

Sylvias Erinnerung an dieses Gespräch sieht anders aus. In ihrer Version antwortet sie auf meine Frage, weshalb sie so spät komme: »Ich habe meiner Mutter geholfen, eine Mutter zu werden.« Ich sage: »Oh, Sie haben Ihre Mutter zur Welt gebracht?« Sie sagt: »Meine Mutter wußte gar nicht, wie sie für ein kleines Kind sorgen sollte. Sie war selbst ein kleines Kind. So hat mein Vater sie immer behandelt. Wie sollte sie also plötzlich wisssen, wie sie für mich sorgen sollte?« Manchmal sind zwei Leute nötig, um einen Gedanken zu entwickeln. In diesem Sinne spielt es keine Rolle, wem der Gedanke gehört; wenn er zum ersten Mal in einem Gespräch von beiden geäußert wurde, werden beide dafür die Verantwortung übernehmen müssen.

Sylvias Geschichte paßt nicht ganz genau in das eindrucksvolle Muster der Mutter-Geschichte, das ich weiter oben skizziert habe. Bei ihr geschah nichts Schritt für Schritt in sich wiederholenden Folgen, die zu einer neuen Geburt ihres Selbst führten. Statt dessen kam alles fast auf einmal: die Erinnerung, Geschichten, Bruchstücke von Geschichten, Einzelheiten, die schwer in einen Kontext einzuordnen waren.

Auch der Zufall spielte eine Rolle. Zufällig war ich ihr in einem Café begegnet. Dieses spontane Erkennen weckte eine entscheidende Empfindsamkeit, die aus ihrer Kindheit herrührte. Sie begann sich zu erinnern. Dann handelte sie sofort. Diese Frau, die dem Leben so fern schien, so unfähig zu spontanen Handlungen oder Selbstäußerungen, wurde mit einem Eifer, einer Hingabe aktiv, daß mir der Gedanke kam, sie habe ihren lange nicht vorhandenen Lebenszweck schließlich entdeckt. Sie machte sich auf, ihre Mutter zu besuchen. Sie besuchte diese Frau, von der sie gesprochen hatte, als sei sie tot, ohne daß sie mir je wortwörtlich erzählt hätte, sie sei gestorben. Sie war eine Mutter, für die ihre Tochter nie geboren worden war. Die Tochter wiederum hatte nie für sich selbst gelebt. Um ein Leben zu haben, um ins Leben zu treten, um zu ihren eigenen Empfindungen und Gefühlen zu finden, mußte sie zuerst die Mutter davon überzeugen, daß sie, die Tochter, lebendig war. So sahen wir es viel später, als wir gegen Ende unserer Arbeit Rückschau hielten auf alles, was geschehen war.

Indem Sylvia ihre Mutter zurück ins Leben bringt, setzt sie sorgfältig das unendlich einsame Durchleben ihrer Kindheit zusammen. Sie wurde nie alleine in ein Zimmer gesperrt, nie eingesperrt ohne Sprache oder Anregung, aber genau so hat sie ihre Kindheit oft empfunden. Jetzt, da sie angefangen hat, ihrer Erfahrung Sprache zu verleihen, kann sie mit erstaunlicher Genauigkeit Erfahrungen beschreiben, die bislang von Sprache ausgeschlossen waren. Als Zuhörerin bin ich beeindruckt davon, daß, wenn sie die Verlassenheit und Leere, die ihre erste Umgebung waren, in Worte faßt, deren erstickender Eindruck verschwunden ist. Früher mußte ich ihn stellvertretend für sie spüren. Sie beschreibt und sie, nicht mehr ich, fühlt den entsetzlich endlosen Tanz von Staubkörnchen im Lichtstrahl in einem Zimmer, aus dem jedes Leben herausgesogen wurde. Ihre Mutter ist da, aber abwesend. Sie ist in jeder

Erinnerung durchsichtig, nie körperlich spürbar, »hohl«, und »ohne berührbare Oberfläche«. Wenn das Kind, das gelernt hat, ganz ruhig zu sein, ohne Bedürfnisse, ohne Äußerungen, Gesten, Bewegungen, je versuchen sollte, sich auf sie zuzubewegen, sie in Anspruch zu nehmen oder sie zu berühren, dann wird die Mutter »zu einer glatten Oberfläche, an der alle Kontaktversuche abgleiten«. Mit ihr in einem Zimmer zu sitzen vermittelt eine Erfahrung des Nichtgegenwärtigseins, die schwer von Nichtexistieren zu unterscheiden ist. Es gibt keine Zeit, nichts bewegt sich, nichts vergeht, die Staubkörnchen in dem Lichtstrahl gefrieren zu einer unendlichen bewegungslosen Leere, aus der es kein Entkommen gibt.

Das Kind, mittlerweile erwachsen, sagt: »Meine Verbindung mit meiner Mutter bestand in Abwesenheit. Weil ich gelernt habe, nicht dazusein, habe ich mich in gewisser Weise zu ihr begeben. Meine Mutter und ich haben gemeinsam ein totes Leben gelebt. Man kann das jetzt auf vielerlei Weise sehen. Vielleicht wäre es fair zu sagen, daß keine von uns wirklich geboren worden war. Als meine Mutter begann zusammenzubrechen, als sie anfing, die Treppen hinauf- und hinunterzulaufen, war diese Ruhelosigkeit das erste Anzeichen dafür, daß sie zurück ins Leben kam. Aber dann haben wir sie weggesperrt, und jetzt ist es meine Aufgabe, sie zurückzubringen.«

»Sie sagen, ›wir‹ haben sie weggesperrt?« – »Wenn ich ganz ehrlich bin, muß ich zugeben, daß ich erleichtert war. Ich war frei von ihr. Ich war befreit. Ich ging zur Schule, ich konnte atmen. Ich erinnere mich, wenn ich vorher mit ihr im Zimmer saß, versuchte ich angestrengt, meine Atmung zu unterdrükken, um meinen Herzschlag zu dämpfen. Sie schien Ruhe zu brauchen, vollkommene, unveränderliche Ruhe. Deshalb muß ich sagen, ja, ich war erleichtert, als sie weggebracht wurde.«

Sylvia erzählt mir, daß sie sich kein anderes Leben wünscht, als für ihre Mutter zu sorgen. Die Leute haben sie immer eigenartig gefunden, sie selbst hat keine Verbindung zu ihnen gespürt. Freundschaften, Verabredungen, Parties, Ehe, Kinder scheinen ihr »außerhalb meiner Reichweite«. Sie hofft, daß ich nicht enttäuscht bin, wenn der Erfolg unserer Arbeit nicht darin besteht, daß ihr dies möglich wird. Sie stellt sich vor, daß ich denke, sie sei von Schuldgefühlen bewegt, von denen sie sich besser befreien sollte. »Selbst Schuldgefühle«, sagt sie eines Tages, als wir den Raum verlassen, »geben einem Grund zu leben. Schuldgefühle sind Gefühle. Man muß etwas damit machen. Stellen Sie sich vor, ich verbringe den Rest meines Lebens damit, an meiner Mutter etwas wiedergutzumachen, weil ich sie all diese Jahre vernachlässigt habe. Ist das so schrecklich?«

Sylvia hat lächeln gelernt. Es ist ein subtiler Gesichtsausdruck, und man könnte es übersehen, wenn man sie nicht kennt. Es vertieft ihre Mundwinkel etwas und verleiht ihnen eine ganz leichte ironische Bewegung. »Hat irgendwer je irgendwie herausgefunden, wie man Schuldgefühl von Liebe unterscheidet?« fragt sie, sich zurückwendend, als ich ihr von der Tür aus nachsehe. Dann geht sie, ohne auf eine Antwort zu warten, weiter durch das Tor, das sie sorgfältig schließt.

An der Art, wie Sylvia für ihre Mutter sorgt, kann ich sehen, daß sie für die ältere Frau genau das tut, was sie selbst sich von ihrer Mutter gewünscht haben mag, als sie ein Kind war. Sie hat die ganze praktische Fürsorge für ihre Mutter übernommen, sie kommt sogar zum Mittagessen nach Hause, um bei ihr zu sitzen, wenn sie ißt. Am Anfang muß die Mutter gefüttert werden, und Sylvia möchte, daß sie von ihr gefüttert wird. Sie badet sie, zieht sie an, kämmt sie, pflegt ihre Mutter, obwohl der Rat der Ärzte in der Klinik in diesem Punkt eindeutig war. Sie sollte ihre Mutter ermutigen, soviel wie möglich selbst für sich zu tun. Sylvia sieht das anders: »Das Wichtige zuerst«, verkündet Sylvia. Mutter wird nun die Kindheit haben, die Sylvia versäumt hat. Sylvia wird an ihrer Mutter die schwere Vernachlässigung in ihrer Kindheit rückgängig machen. »Mutter sorgt für mich, indem sie mich für sie sorgen läßt. Das ist unser Anfang. Wir werden sehen, wie weit wir gehen können.«

Abends und am Wochenende sitzt Sylvia mit ihrer Mutter zusammen, ohne daß sie sprechen. Ihre Mutter hat dreißig Jahre lang nicht gesprochen. Sylvia hat sich das Stricken beigebracht, so daß sie sich in Gegenwart ihrer Mutter beschäftigen kann. Manchmal läßt sie Musik laufen, singt mit, oft sitzt sie still bei der älteren Frau, die bemerkenswert gut und alterslos aussieht, als hätte sie sich selbst von der Zeit weggeschlossen und nicht dreißig stille Jahre durchlebt. Immer schmal, blaß, ruhig, mit großen Augen und abwesend, erlebt Sylvia sie nicht als fremd. Sie wartet geduldig auf ein Zeichen, daß ihre Mutter sie bemerkt hat.

Ich schlage Sylvia vor, sich einer Selbsthilfegruppe von Menschen anzuschließen, die Ältere pflegen. Vielleicht könnten die hilfreiche Anregungen geben. Sylvia sagt: »Ich glaube, Sie glauben an die Wiedergeburt. Sie denken an das Leben, das ich führen werde, wenn ich nach diesem hier wiederkomme.«

Ihr Gefühl für das, was möglich ist, steht im ständigen Gegensatz zu meinen gelegentlichen Bemühungen, den Radius ihres sozialen Umfeldes zu vergrößern. Schließlich gebe ich Ruhe und lasse mich auf den langsamen und behutsamen Prozeß mit ihr ein. Das ist das Leben, das sie gewählt hat. Es ist das erste sinnvolle Leben, das sie überhaupt kennt. Sie hat keine Zweifel, daß sie das durchstehen wird. An dem Tag, an dem sie kommt, um mir zu erzählen, daß ihre Mutter absichtlich eine Bewegung gemacht habe, um ihre Hand zu berühren, ist deutlich, daß ihr Gefühl, etwas erreicht zu haben, ihre Freude, ihr Stolz, ihr gedämpftes Glück, alles übersteigt, was sie je erlebt hat. Sie glaubt, das sei die erste beabsichtigte Anerkennung ihrer Existenz, die sie je von ihrer Mutter erhalten hat. Wenn Sylvia recht hat, hat diese leichte, kaum merkliche Berührung zum ersten Mal in ihrer Geschichte Mutter und Tochter ins Leben gebracht. Es wäre hier schwer zu sagen, wer wen zur Welt gebracht hat.

Kapitel 8

Mutter-Geschichten sind meist auf ein Thema gerichtet, das sie beherrscht. Sie sind um einen Kern herum gewebt. Unmöglich zu wissen, was eine finden wird, wenn sie zuzuhören beginnt. Wird es eine Geschichte sein, in der Angst und Schuldgefühle vorherrschen? Eine unstillbare Sehnsucht nach einer abwesenden, verschwundenen, unerreichbaren Mutter? Als Zuhörerin können Sie in ein unterirdisches Reich schwankender, paradoxer, unsicherer Entwicklung geraten. Die Geschichte scheint wild zu wuchern, und es wäre nötig, sie zu beschneiden. Aber was sollte herausgeschnitten werden? Jedes Wort könnte ein Schlüssel sein, ein Codewort, ein schmaler Weg zu etwas Unverzichtbarem.

Ich habe die nächste Geschichte, Helenes Geschichte, vor vielen Jahren gehört. Ich habe damals nicht ernsthaft Geschichten gesammelt, ich hatte keine Absicht, ein Buch zu schreiben. Als ich mich kürzlich hinsetzte, um Aufzeichnungen zu machen, fand ich diese Stimme und die wilde, besessene, sturzbachartige Redeweise der Sprecherin. Die Freundin einer Freundin hatte sie mit mir bekannt gemacht. Sie hatte mir geraten, vorsichtig zu sein. Wenn ich sie einmal anfangen ließe, wäre sie kaum noch zu bremsen. Sie zu bremsen war das letzte, was ich im Sinn hatte. Sie ist mir im Gedächtnis geblieben, mit einem reichen Vorrat an Einzelheiten, die (hoffentlich genau) ihre eigenartigen Sprachrhythmen wiedergeben, die wunderbaren Wiederholungen, die manchmal eine schockierende emotionale Intensität mit sich bringen, während die Geschichte ihr sich stets entziehendes Ziel, das Bekenntnis, ansteuert. Manchmal, wenn ich mich antrieb, mit der drängenden Stimme mitzuhalten, habe ich mich selbst gefragt, ob die Geschichte in mein Muster paßt. Was genau ist der Augenblick, in dem eine Tochter eine symbolische Mutter zur Welt bringt? Geschieht das jetzt? Oder später? Geschieht es überhaupt? Spielt das eine Rolle? Vielleicht ist die Geschichte selbst die Geburt oder das Erzählen, der verweifelte Akt der Mitteilung an eine völlig fremde Person.

Was Helene sagte

Sie möchten, daß ich über meine Mutter spreche? Sind Sie sicher, daß Sie das wollen? Wenn Sie mich gut kennen würden, hätten Sie diese Geschichte schon ein halbes dutzendmal gehört. Ich habe eine Freundin, die nicht mehr meine Freundin ist, weil es sie krank gemacht hat, wieviel ich über meine Mutter redete. Als ich von Ihnen hörte, daß Sie Geschichten sammeln, dachte ich, das ist meine Chance, eine, die wirklich zuhören will. Ich kann es immer noch nicht glauben. Ich warte immer noch auf diesen gewissen Blick in Ihren Augen. Diesen Blick, der bedeutet, daß ich endlich aufhören soll, aber wenn ich mal angefangen habe, kann ich mich nicht bremsen. Ich glaube immer, ich sage gleich etwas Neues, bringe einen neuen Gedanken, vielleicht sogar eine Einsicht, aber kurz darauf bin ich wieder zurück bei meiner alten Zwangsvorstellung.

Meine Mutter war die allerschönste Frau auf der Welt, und vielleicht ist sie das immer noch. Als ich klein war, saß ich gerne in ihrem Zimmer, wenn sie telefonierte, und betrachtete sie. Ich hatte zwei jüngere Schwestern, beide burschikos, die sich nie für die gleichen Dinge interessierten wie meine Mutter und ich. Ständig sahen wir Modezeitschriften an und schnitten Bilder aus. Ich hatte ein ganzes Skizzenbuch angefüllt mit größeren und kleineren Ausschnitten von Frauenbildern. Die eine hatte vollkommenes Haar, die andere phantastische Lippen und so weiter. Ich kannte das Wort damals nicht, aber ich fertigte Collagen an, um die perfekte Frau zu erschaffen. Meine Mutter war davon ganz begeistert, denn irgendwie, egal wie lange ich schnitt und klebte, kamen meistens Frauen dabei heraus, die ihr ähnlich sahen.

Es gab noch etwas Eigenartiges. Um Rassenmerkmale habe ich mich nicht gekümmert. Ich wählte die Art Lippen oder Nasen oder Haare aus, die mir gefiel, und klebte sie mit Teilen aus einem Gesicht einer anderen Frau zusammen. Meine Schwestern glaubten, ich sei wirklich blöd. Sie waren draußen, spielten Ballspiele oder rannten herum, und ich saß auf dem Fußboden im Schlafzimmer meiner Mutter, auf diesem herrlichen Plüschteppich, an ihre Knie gelehnt und blätterte in Zeitschriften. Ich glaube nicht, daß meine Mutter wirklich mitmachte, aber ich habe es mir immer wie ein gemeinsames Anliegen vorgestellt.

Später, wenn man an diese Dinge zurückdenkt, kann man sie auf unterschiedlichste Weisen interpretieren. Als ich in den sechziger Jahren ins College ging, um zu studieren, und meinen Freundinnen von meinem alten Skizzenbuch erzählte, meinte eine von ihnen, ich hätte versucht, die perfekte weiße obere Mittelschichtsfrau als Modell für mich selbst zusammenzustellen, aber ich glaube das nicht. Ich denke, ich wollte alle Rassen zu einer einzigen vollkommenen Art verbinden, zu der, so stellte ich mir das vor, meine Mutter und ich gehörten. Wenn Leute sagten, daß ich genauso aussähe wie sie, fühlte ich mich innerlich ganz eigenartig. Ich weiß bis heute nicht, was das bedeutet, aber mich hat praktisch nichts wieder so interessiert wie dieses Skizzenbuch. Ich meine, wenn ich Künstlerin geworden wäre, wenn ich damit weitergemacht hätte, um Malerin oder Bildhauerin zu werden, dann wäre das irgendwie sinnvoll, als hätte ich mich vorbereitet. Statt dessen wurde ich Tänzerin und später Bühnenbildnerin, und das bin ich jetzt. Was hat das also alles bedeutet? Es ist immer noch eine Frage. Meine Mutter und ich waren bestimmt besessen von weiblicher Schönheit, und sie war die schönste Frau, die jede von uns je gesehen hatte, und daß sie das dachte, konnte ich an der Art sehen, wie sie ihr Bild im Spiegel studierte. Ich habe niemals wieder eine Frau gesehen, die sich so betrachtete. Nicht selbstverliebt. Der Blick war kühl, abschätzend, aber zufrieden. Sie studierte sich selbst mit enormer Distanz, objektiv, kritisch, aber durchaus mit Genugtuung. Meine Schwestern konnten ins Zimmer stürmen, sich balgen, auf dem Bett herumhopsen, was alles nicht erlaubt war, einfach um sie herauszufordern, was unmöglich war. Deshalb glaube ich, daß es eine Art Spiel geworden war, herauszufinden, ob es möglich wäre, sie zu stören – und das war es nicht. Es war nicht möglich. Das ist unsere Familiengeschichte. Sie könnte übertrieben sein, vielleicht aber auch nicht.

Hier ist die Stelle, an der ich gerne hängenbleibe, und das macht meine Freundinnen verrückt. Ich habe Ihnen den Gefallen getan, einfach zu sagen, daß meine Mutter unglaublich aussah, aber gewöhnlich versuche ich sie zu beschreiben. Ich verstricke mich immer wieder ganz darin, bis heute, weil ich dieses Bild vor Augen habe, weil ich buchstäblich immer noch von meiner Mutter träume. Sie beschreiben? Sind Sie sicher, daß Sie wissen, wozu Sie mich auffordern? Gut, Sie müssen mich sowieso nie wiedersehen, was macht es also für einen Unterschied, wenn ich Sie vergraule? Das Problem ist, daß ich es nicht kann, egal wie sehr ich mich bemühe. Selbst wenn ich genau auf ein Bild von ihr schaue, ich kann nicht beschreiben, was ich sehe, weil es nicht nur die Oberfläche ist, obwohl es natürlich auch an der Oberfläche ist. Irgendwie lassen die einzelnen Züge, die für sich wunderschön sind, zusammen eine beinah ... eine beinah schockierende Harmonie entstehen. Die Art der Schönheit meiner Mutter erinnert immer an etwas anderes. Man kann sie nicht wirklich anschauen, weil man sofort versucht herauszufinden, woran sie einen denken läßt. Das Seltsame ist, daß man mit meiner Mutter im gleichen Haus leben und sie jeden Tag sehen und die Erfahrung haben konnte, daß da etwas ist, das man sein ganzes Leben lang sehen wollte, und plötzlich schaut man diese Frau an, und da ist es. Ich weiß, daß mein Vater so empfunden hat. Er und ich standen gewöhnlich unten an der Treppe, wenn sie vorhatte auszugehen, einfach, um ihr zuzuschauen, wie sie herunterkam. Und ich kann Ihnen sagen, wir hatten die gleiche Erfahrung, als wäre meine Mutter fast eine Fremde, verwandelt durch ein neues Paar Ohrringe oder ein neues Kleid oder durch die Art, wie sie ihren Kopf hielt, fast war ich bereit zu glauben, sie sei nicht die Mutter, bei der ich aufgewachsen war, sondern jemand Exotisches. Sie beschwor etwas von Ferne, von weit weg herauf, und ich weiß, daß auch mein Vater das so empfand, obwohl er das nie gesagt hat. Wir hielten uns an den Händen, er und ich, und ich bin sicher, wir waren zu gut erzogen, um mit offenem Mund zu starren, aber ich neige dazu, uns in der Erinnerung so zu sehen. Stolz waren wir, wir waren sehr, sehr stolz auf sie, als hätten wir unsere eigene Hausgöttin.

Wir waren sehr gut situiert, als ich aufwuchs, meine Mutter ist das immer noch, obwohl mein Vater nicht mehr lebt und sie wieder verheiratet ist, wieder mit einem schwarzen Akademiker. Mein Vater war einer der ersten schwarzen Männer, die

Medizin studiert haben. Er war außergewöhnlich gut in dem, was er machte, und er hatte sogar weiße Patienten, jawohl, obwohl es kaum zu glauben ist, denn das war in den frühen Fünfzigern. Wir hatten zwei Haushaltshilfen, die bei uns lebten, in einem Flügel des Hauses, den sie für sich hatten. Eine hatte die Aufgabe zu bügeln. Das war alles, was sie zu tun hatte. Sie bügelte unsere Bettücher, Tischdecken, Taschentücher, die Hemden meines Vaters. Wir alle, auch meine Schwestern, die vielleicht keinen großen Wert darauf legten, trugen perfekt gebügelte Unterwäsche. Meine Mutter schlief nie zweimal in denselben Laken ... gut, das ist eine Übertreibung oder eher das Gegenteil, eine Untertreibung. Selten reichte ihr ein Paar Leintücher für eine Nacht. Wir hatten unsere eigene private Reinigung. Patricia, die Haushaltshilfe, hatte von allen in unserem Haus am meisten zu tun, obwohl die andere Frau sich um alles andere kümmern mußte, die Köchin oder den Chauffeur natürlich ausgenommen. Wenn Sie fragen, wozu die ganze Betriebsamkeit gut war, müßte ich rückblickend sagen, sie diente der außergewöhnlichen Schönheit einer einzigen Frau. Weil mein Vater Arzt war, beschäftigte meine Mutter sich mit Schönheitsoperationen, bevor es Mode wurde. Sie glaubte ganz unkritisch daran, als bestünde der Sinn ihres Lebens auf dieser Erde darin, ihre Schönheit zu bewahren, zu schützen und zu kultivieren, und ich bin nicht so sicher, daß sie damit falschlag. Wenn man mit meiner Mutter in einem Raum war, fühlte man ... es ist schwer zu beschreiben ... ich könnte sagen ... sie war der Grund dafür, daß man da war, egal was sonst noch an Wichtigem oder Bedeutendem stattfand oder wer sonst noch da war, der Grund, anwesend zu sein, war meine Mutter.

Welche Wirkung hatte das auf mich? Ich habe Ihnen gesagt, daß, als ich größer wurde, die Leute mir sagten, daß ich aussehe wie sie. Das stimmte in gewisser Weise, wenn man nach den Gesichtszügen ging, nur fehlte mir etwas, was meine Mutter hatte .... Ich wußte immer, daß ihr Niveau außerhalb meiner Reichweite lag, und das war das einzige, was ich wirklich erreichen wollte. Warum wollte ich das? Ich glaube, ich wünschte mir, daß meine Mutter von mir so fasziniert wäre wie ich von ihr. Meine Schwestern gingen ihre eigenen Wege, eine von ihnen ist Ingenieurin, die andere lehrt Vergleichende Literaturwissenschaft an der Universität, und dann bin da noch ich, eine Möchtegerntänzerin, aber was habe ich je wirklich erreicht? Ich habe mein Leben gelebt, das könnte ich jetzt sagen, mein ganzes Leben, indem ich am Fuß der Treppe stand und meine Mutter bewunderte. Und gleichzeitig, im selben Augenblick, wußte ich, daß ich nie etwas so Außergewöhnliches erlangen würde wie sie. Ich habe versucht, eine Feministin zu sein, ich glaube, Frauen haben es recht schwer in unserer Gesellschaft, aber ich kann den Gedanken nicht loswerden, daß Schönheit mehr ist als ein Maßstab des Patriarchats oder eine Bedingung, die Frauen erfüllen müssen. Es ist etwas Göttliches dabei, es ist eine Gabe Gottes. Schöne Menschen und insbesondere schöne Frauen haben eine der seltensten Gaben der Welt erhalten. Wir anderen sind dazu da, sie anzubeten und zu würdigen, obwohl wir im Innersten unseres feministischen Herzens wissen, daß wir das nicht sollten. Also, die Wirkung auf mich hielt an, am Fuß der Treppe, obwohl ich damals selber recht erfolgreich war, und es lag an Schönheit oder an dem, was als Schönheit gilt, wenn man meine Mutter nicht kennt. Schon gut, ich höre hier auf. Nicht nötig, eine Freundin zu verlieren, bevor ich sie hätte gewinnen können.

Ein Beispiel. Ich bin vierzehn, habe das schwierige Alter gerade hinter mir, die Zähne so weiß wie eine Reihe Perlen, lange Haare, lange Beine habe ich. Was passiert? Plötzlich bin ich die neue Hauptbeschäftigung meiner Mutter. Meine Mutter interessiert sich für mich bis zur Besessenheit. Natürlich fällt es leicht, wenn man älter wird und auf intellektuell macht, zu sagen, ganz klar, ich bin eine Erweiterung meiner Mutter, aber so hat es sich nicht angefühlt. Es war phantastisch. Es war, als sei es mir endlich gelungen, den Blick meiner Mutter von dem Spiegel und auf mich zu lenken. Mich anziehen, meine Kleider aussuchen, Frisuren für mich finden. Plötzlich bin ich genauso wichtig wie sie. Vielleicht wichtiger. Sie beschließt, daß sie ein Dienstmädchen zu unser beider persönlichen Bedienung einstellen wird, obwohl das Dienstmädchen hauptsächlich für mich gedacht war. Schönheit zu pflegen ist eine hohe Kunst, und meine Mutter beachtete mich, weil ich auf mein Aussehen zu achten verstand. Sie konnte aber nicht wissen, daß ich mich in meiner eigenen Haut unwohl fühlte, so als ob ich da gar nicht hingehörte, denn das hätte ich ihr nie gesagt. Mein gutes Aussehen schien nur geliehen, kein wesentlicher Teil wie bei ihr. Bei mir wirkte es aufgetragen, meines war der blasse Abglanz einer Sonnengöttin-Mutter, es blieb mir unklar, ob ich stolz darauf war, so auszusehen wie sie, oder ob ich mich schämte, denn da ich aussah wie sie, gab sie den Maßstab vor, an dem ich gemessen werden würde, und ich konnte dem nie auch nur nahekommen. Meine Schwestern gingen einfach weg. Nachdem mein Vater gestorben war, hörten wir fast nichts mehr von ihnen. Dann gab es nur noch meine Mutter und mich, die Dienstmädchen, das große Haus. Wir gaben immer noch Einladungen zu Abendgesellschaften, an denen ich der Mittelpunkt der Aufmerksamkeit war, bis zu dem Grad, daß mein Erwachsensein und meine Mutter, die aussah wie meine Schwester, nun der Mittelpunkt der Konversation wurden. So war ich auch beteiligt, obwohl es in Wirklichkeit um meine Mutter ging. Natürlich, wir kannten all die berühmten schwarzen Schauspieler und Schriftsteller und Geschäftsmänner und Ärzte und Rechtsanwälte, nicht daß es so viele gäbe, aber mehr, als man annehmen würde. Es war also wirklich aufregend, zwei Frauen zu sehen, die nichts anderes machten, als einfach dazusein, ihren Teil der Konversation beherrschten, denn meine Mutter war eine sehr gebildete Frau, und sie war intelligent, das war ein Teil ihres Charmes und ist es immer noch, diese sehr intelligenten Bemerkungen zu hören, die aus einem so wunderschönen Mund kommen.

Ich wollte Ihnen etwas über die Zeit erzählen, als ich vierzehn Jahre alt war. Wir zogen um in einen ausschließlich weißen Stadtteil. Wir waren die ersten Schwarzen in der Nachbarschaft, Neger sagten wir damals. In der Wohngegend gab es noch die Rassentrennung, vielleicht inoffiziell, aber wir waren die ersten bis dahin, und ich war das erste Negermädchen, das je diese High-School besuchte. Meine Mutter und ich haben uns den ganzen Sommer über, bevor die Schule anfing, beraten lassen, so daß wir uns auf den Empfang, den ich wahrscheinlich kriegen würde, vorbereiten konnten. Das könnte neunzehnhundertfünzig, zweiundfünfzig gewesen sein. Das war lange vor der Bürgerrechtsbewegung, und wir haben uns eigentlich nicht als Pioniere gesehen. Meine Mutter wollte in der Wohngegend leben, mein Vater kaufte ein wunderschönes Haus, und wir zogen um. Und ich mußte zur Schule gehen. Ich nehme an, ich hätte auf eine Privatschule gehen können, aber vielleicht wollten sie auch alle sehen, wie es wäre, wenn ein Mädchen wie ich in eine Schule wie diese geschickt würde, und ich war bereit dazu. Meine Schwestern hatten darauf bestanden, weiterhin in ihre alte Schule zu gehen, der Chauffeur fuhr sie in unsere alte Nachbarschaft, die, wie Sie sich vorstellen können, nicht gerade zu den armen Stadtteilen gehörte, aber ich ging in die neue Schule.

Ich muß Ihnen nicht erzählen, wie meine Mutter und ich das vorbereiteten. Wir verbrachten den Sommer mit dem Berater und lernten Französisch und gingen einkaufen. Ich glaube, meine Mutter wollte, daß alle dachten, ich hätte irgendwie einen französischen Hintergrund, deswegen also, und weil ich es ihr recht machen wollte, wurde ich in Französisch sehr gut. Vor den Dienstboten sprachen wir französisch miteinander. Und wenn wir einkauften. Jedesmal wenn wir etwas sahen, was meiner Mutter spontan gefiel, kaufte sie es und ließ es nach Hause bringen, damit ich es am ersten Schultag tragen könnte. Ich hatte so viele Kleider für diesen ersten Schultag, daß sie für meine ganze Studienzeit gereicht hätten.

Ich will mich nicht über den ersten Schultag auslassen. Wenn Sie was darüber hören wollen, können Sie sich an meine ehemaligen Freundinnen wenden. Natürlich, der Chauffeur setzte mich dort ab, und Sie können sicher sein, daß unser Auto, das immer auf Hochglanz poliert war, dermaßen blitzeblank war ... Jeder hatte bis dahin davon gehört, daß dieses neue Mädchen in die Schule kommen würde und daß sie eine Negerin war, und sie guckten, Sie können sich einfach vorstellen, wie sie guckten, und ich, ich weiß nicht, wie ich das geschafft habe, ich muß so getan haben, als sei ich meine Mutter, die diese Treppe herunterkam. Ich stieg aus dem Auto aus, nahm die Bücher, die der Chauffeur mir gab, glauben Sie mir, das war ein kluger Mann, der wußte, zu welch wichtiger Rolle er an diesem Tag ausersehen war, und ich ging in diese Schule hinein. Durch die Eingangstür, in das Büro des Direktors, ganz wie meine Mutter das geplant hatte, und er ging mit mir in die erste Stunde, um mich vorzustellen.

Damals, ich weiß nicht, wie das heute ist, aber damals hatten wir in der High-School Clubs, und für die gab es eine sehr strenge Hierarchie, und nicht viele Mädchen wurden eingeladen, den besten oder überhaupt irgendwelchen davon beizutreten. Die meisten Mädchen in dieser Schule waren gewiß ausgeschlossen, oder sie wollten sich nicht anschließen, was sicherlich für einige galt. Ich weiß, meinen Schwestern wäre das, wenn sie auf dieser Schule gewesen wären, völlig egal gewesen. Mir war es nicht egal, meiner Mutter auch nicht, wir wußten, daß ich nie in diese Clubs hineingelangen würde, aber was geschah? Ich wurde von jedem der snobistischen Clubs regelrecht verfolgt, was meine Mutter insgeheim gehofft und vorausgesagt hatte. Nicht daß sie meinem Vater etwas Derartiges gesagt hätte. Er hätte nicht gewollt, daß sie mich auf diese Weise benutzte. Aber ich machte keine Einwände. Es war unser Sieg, unser beider Sieg. Als ich mit der Anstecknadel des Clubs nach Hause kam, des Clubs, für den meine Mutter und ich entschieden hatten, daß er der einzige sei, zu dem der Beitritt sich lohne, legten wir sie zwischen uns auf den Tisch. Wir sagten nichts, wir sahen uns einfach an und schauten auf die Anstecknadel und brachen in Gelächter aus. Wir mußten gar nichts sagen. Wozu? Wenn man einen Triumph erst erklären muß, ist es kein besonders großartiger Triumph.

Ich weiß, daß das nicht einfach von Schönheit abhängt, aber ich denke bis heute, wie wäre das gelaufen, wenn ich nicht das gewesen wäre, was meine Mutter aus mir gemacht hat?

Vielleicht denken Sie, daß diese Geschichte eine Wendung ins Tragische nehmen wird. Sie führt nur zu etwas Kläglichem, und das ist der Teil, den ich bisher niemandem erzählt habe, und deshalb glaube ich, daß meine Freundin recht hatte, als sie vorgeschlagen hat, daß ich mit Ihnen reden sollte. Kläglich, weil ich einfach nicht von zu Hause wegkam. Ich bin die, die hängengeblieben ist, die zurückblieb, die an die Schürzenbänder meiner Mutter gefesselt blieb – nicht daß meine Mutter je eine Schürze getragen hätte. Ich bin diejenige, die sie nie verlassen konnte, schon gar nicht nach dem Tod meines Vaters. Sie hätte mich auf die besten Universitäten der Welt geschickt. Ich hatte gute Noten und ich sprach Französisch, ich hätte überall hingehen können, aber ich ging auf das staatliche College am Ort, weil ich nicht von zu Hause wegwollte, weil ich schon wußte, daß nichts im Leben so interessant für mich sein würde wie meine Mutter. Ich wollte sie nicht verlassen, das war nichts Verstecktes, nichts, was man in einer jahrelangen Psychoanalyse ausgraben muß, ich wollte einfach nicht von ihr weggehen. Gewöhnlich zählte ich die Stunden, die ich in der Schule verbrachte, ich dachte noch drei, noch zwei, noch eine, und dann bin ich hier draußen, ich bin auf dem Weg nach Hause. Meine Mutter wartete immer auf mich, und dann gingen wir essen oder Tee trinken oder einkaufen, und natürlich dachten alle, daß sie nie so eine enge Bindung zwischen Mutter und Tochter gesehen hatten. Nur, wenn ich es jetzt betrachte, waren wir wirklich Mutter und Tochter und nicht einfach eine Mutter und ihr Spiegelbild?

Was ich damit meine? Eines Tages brach alles auseinander, und ich bin die, die dafür verantwortlich ist, denn ich habe ihm meine Mutter vorgestellt. Ich habe ihn zuerst kennengelernt. Wir waren auf einem Fest, gleich gekleidet, das gleiche Dior-Kleid in unterschiedlichen Schattierungen, weil wir gerne diese Art von Aufsehen inszenierten, und ich war, ich weiß nicht, ich war damals wahrscheinlich achtundzwanzig Jahre alt, lebte immer noch zu Hause, immer noch finanziell abhängig von meiner Mutter, obwohl sie nicht so darüber dachte und ich auch nicht, wir machten einfach so weiter wie immer, lebten zusammen, und dann lernte ich ihn zuerst kennen und stellte sie einander vor. Ich hatte ein äußerst seltsames Gefühl, ich beobachtete sie, wie sie miteinander sprachen. Ich entschuldigte mich, um mir etwas zum Trinken zu holen, damit ich sie betrachten konnte, und ich wußte, ich wußte ganz sicher, daß dieser Mann mein Leben verändern würde, und das tat er. Denn danach, ich nehme an, Sie konnten das kommen sehen, ließ meine Mutter mich fallen. Sie hatte keine Zeit für mich. Sie war verliebt, in einer Weise, wie sie es mit meinem Vater nie gewesen war, dieser Mann war ein jüngerer Mann, sie wurde langsam älter, und sie brauchte ihn, so wie sie früher vielleicht mich gebraucht hat, um etwas von ihr widerzuspiegeln, das sie gerne in einer anderen Person reflektiert sah. Plötzlich haßte ich sie. Alles wurde anders. Ich fand, daß ich mein Leben lang benutzt und ausgebeutet worden sei. Ich lebte immer noch zu Hause, im gleichen Zimmer wie während meiner Schulzeit, ich hatte nie gearbeitet, ich hatte keine Vorstellung davon, wie ich mich draußen in der Welt bewähren könnte, und das meine ich mit kläglich. Ich hing einfach weiter dort herum, während sie aufbrach in ein neues Leben, in seine Welt, seine Aufmerksamkeit, und keiner von ihnen hatte Zeit für mich übrig, und warum sollten sie auch? Ich konnte so deutlich sehen, daß meine Mutter mich nie geliebt hatte, sie hatte nie jemanden geliebt, bis sie diesen Mann kennenlernte. Sie hatte mich benutzt, nicht einmal als eine Ausdehnung von sich selbst, was eine gewisse Distanz voraussetzen würde, eine gewisse Trennung zwischen ihr und mir. Nein, ich war nur ihr Spiegelbild, sie schaute mich an, um sich selbst zu sehen, um sich in mir zu vervollkommnen, und als sie mich nicht mehr brauchte, ließ sie mich fallen.

Schließlich zog ich aus und mit einer Frau zusammen, die ich auf dem College kennengelernt hatte, die war irgendwie mit mir in Kontakt geblieben. Ich wollte, ich könnte sagen, ich hätte mich von meiner Mutter abgenabelt, aber das habe ich natürlich nicht getan. Immer noch kam sie für meinen Lebensunterhalt auf, und immer noch … wartete ich zu Hause. Ich ging nicht aus, ich verabredete mich nicht oft mit Freunden oder so, weil ich immer noch darauf wartete, daß sie mich beachtete, daß sie anrief, was sie immer dann tat, wenn er aus geschäftlichen Gründen unterwegs war, und dann ging ich immer rüber, den Schwanz eingezogen, weil ich immer noch nichts gefunden hatte, das so interessant für mich war wie meine Mutter. Ich vermißte sie einfach. Ich hatte ihr Haus verlassen und verging fast vor Sehnsucht nach ihr, das ist der klägliche Teil. Und es kommt noch schlimmer. Ich habe damals ein bißchen getanzt, also konnte ich meine Lebensweise rechtfertigen, indem ich mich für eine Künstlerin hielt, die sich ihrer Kunst widmete, aber ich glaube nicht, daß ich mich als Erwachsene jemals irgend etwas mit der gleichen Hingabe gewidmet habe wie dem Skizzenbuch damals. Ich saß dann zu Hause, trank Cola light und wartete darauf, daß das Telefon klingelte. Bemitleidenswert. Denn früher oder später brauchte sie mich immer, sie wünschte sich Gesellschaft, sie fühlte sich einsam, sie vermißte die guten alten Zeiten, wir gluckten wieder zusammen, und ich war dann immer glücklich. Ich wollte einfach nicht, daß diese Zeiten vorbeigingen. Das war mein Leben.

Die Frau, mit der ich zusammenwohnte, begann mit mir zu reden. Sie machte mich darauf aufmerksam, daß ich gar nicht lebte, damit ich meiner Mutter immer zur Verfügung stehen konnte. Sie glaubte, daß ich Hilfe bekommen sollte, und weil ich mich nicht darum kümmerte, versuchte sie mir zu helfen. Sie war die erste Freundin, die ich wegen meiner Mutter verloren habe. Danach gab es einen Freund, aber wie konnte er, nur ein Mann, mit meiner Mutter mithalten? Und dann habe ich mich in eine Frau verliebt, wenn man das, wozu ich zu der Zeit fähig war, als Liebe bezeichnen will, und sie war diejenige, die mir wirklich die Augen geöffnet hat. Denn ich rannte immer noch los, wann immer meine Mutter mich rief. Ich ließ alles fallen, was auch immer wir gerade machten oder planten, und nach und nach machte meine Geliebte mich darauf aufmerksam, daß ich mich zwischen ihr und meiner Mutter entscheiden mußte. Ich konnte nicht einfach etwas mit ihr anfangen und sie jedesmal, wenn meine Mutter winkte, wieder fallenlassen, und das hat mich fast zerrissen. Meine Geliebte verließ mich, und ich konnte es nicht aushalten. Ich hatte eine Bindung an sie entwickelt, etwas, was zuvor gar nicht möglich gewesen war. Ich versuchte, sie zurückzugewinnen. Ich schwor, ich würde mich von meiner Mutter distanzieren. Die hatte sich daran gewöhnt, mich zu benutzen, insbesondere jetzt, da sie älter wurde und entschieden versuchte, mich festzuhalten. Sie bot mir an, mir ein Haus zu kaufen, sie kaufte mir tatsächlich ein sehr teures Auto zum Geburtstag, und meine Partnerin, die zurückgekommen war, verlangte, ich solle es zurückgeben, und das konnte ich einfach nicht. Aber wir überstanden das, und dann lud uns meine Mutter zu einer Europareise ein. Ihr Mann würde weg sein, auf einer Geschäftsreise, und sie hatte diese großartige Idee, daß wir drei, sie und meine Lebensgefährtin und ich, zusammen nach Europa reisen würden. Meine Lebensgefährtin sagte nein, aber meine Mutter wurde wirklich bezaubernd, sie buchte die besten Hotels der Welt für uns, fing an, uns zum Einkaufen auszuführen, fing an, meine Freundin zu bezaubern, und jetzt sah diese, wie unwiderstehlich meine Mutter wirklich war, wenn sie es auch nur halbwegs wollte, denn zuvor hatte sie sich nie für meine Freundin interessiert, jetzt aber schon. Also reisen wir, wir haben die Tickets, wir werden nach New York fliegen und im Hotel Soundso bleiben und mit der Concorde nach Paris fliegen, und meine Freundin will einfach nicht. Plötzlich sieht sie, was mit uns geschieht, wir werden gekauft, wir werden benutzt, meine Mutter steht zwischen uns, und vielleicht glaubte meine Freundin auch, sie sei dabei, sich in meine Mutter zu verlieben, was passieren kann, glauben Sie mir, und sie weigerte sich mitzugehen.

Ich stehe vor der Wahl. Total jämmerlich. Ich bin fast vierzig Jahre alt und habe zu wählen zwischen meiner Lebensgefährtin und meiner Mutter.

Was mache ich? Ich weiß nicht genau, wie oder warum ich es gemacht habe oder wie ich dazu fähig wurde, aber ich habe mich für meine Beziehung entschieden. Ich habe meine Mutter angerufen und ihr gesagt, daß wir nicht mit ihr nach Europa reisen würden. Ich habe mich entschuldigt, ich habe versucht zu erklären, wie es für Kyle und mich war, und meine Mutter geriet außer sich! Ich hatte sie nie so erlebt. Möglicherweise hatte ich mich ihr nie zuvor in unserem gemeinsamen Leben widersetzt. Sie sagte mir, sie wollte mich nie wiedersehen, und legte den Hörer auf. Ich glaubte, daß sie das auch meinte. Ich rannte rüber zu ihr, sie wollte mich nicht reinlassen, aber das war natürlich so lange mein Zuhause gewesen, ich wußte, wie ich reinkam, auch ohne einen Schlüssel zu haben, und wahrscheinlich hatte ich sowieso noch den Schlüssel bei mir, warum denn nicht? Wir hatten also unsere Versöhnung, und ich versuchte sie dazu zu bringen, weiterhin mit mir zusammenzusein, auch wenn wir nicht nach Europa gingen, und es war nicht möglich, sie dazu zu bringen, diese Bindung zu halten. Sie war bereit, deswegen mit mir zu brechen. Aber ich konnte nicht nachgeben. Irgendwie waren die Dinge einfach zu weit gediehen, es schien zu absurd, die Beziehung zur eigenen Mutter erkaufen zu müssen. Ich ging zurück in meine eigene Wohnung, und das Telefon begann zu klingeln, und ich habe nicht abgenommen. Das war das erste Mal in meinem Leben, daß ich auf den Anruf meiner Mutter nicht reagiert habe. Ich habe die ganze Nacht dagesessen, zitternd. Meine Freundin ist mit mir aufgeblieben. Es war, als versuchte ich einen Entzug, als versuchte ich eine Fixierung aufzugeben, eine Droge, eine Bindung, und es hat mich so erschüttert, daß ich beinahe zerbrochen wäre.

Das also ist die Nacht, von der ich Ihnen erzählen wollte. Darum geht es bei all dem. Das ist es, dahin habe ich versucht zu kommen. Ich nehme an, ich hätte ein paar Freunde mehr, wenn ich eher dahin gekommen wäre. Diese Nacht war wie der Weg durch einen Tunnel, durch einen Alptraum. Wenn ich überlebte, wenn ich zur anderen Seite käme, würde ich in mein eigenes Leben gelangen, und dann wäre der Schatten des anderen Lebens, die Art, wie ich immer im Schatten meiner Mutter gelebt hatte, vorbei. Aber wollte ich wirklich, daß es vorbei war?

Kyle, meine Freundin, hat die ganze Nacht kein Auge zugetan. Sie war einfach da, hielt wortwörtlich an mir fest, was sie tun mußte, wenn ich da durchkommen sollte, denn ich hörte nicht auf zu zittern, und das war kein gewöhnlicher Schüttelfrost, es ging vom leichtesten Flattern bis zum Beben und Zucken des ganzen Körpers. Ich übertreibe nicht. Sie können Kyle fragen. Nun, sie sprach die ganze Zeit mit mir. Ich könnte Ihnen nicht sagen, was sie mir alles gesagt hat. Je mehr ich zittere, um so mehr spricht sie, und schließlich kann ich spüren, daß ich durchkomme, daß ich es überstehen werde, daß es eine andere Seite gibt, ich werde durchkommen, ich werde es dorthin und hier raus schaffen, egal, was dort ist, wenn Sie wissen, was ich meine.

Okay, Sie verstehen. Was Kyle gesagt hat? Sie hat es immer wieder gesagt, glauben Sie mir. Über mich, daß ich mich für meine Mutter aufgeopfert hätte, daß ich das durchlebte, was meine Mutter nicht fühlen konnte, und ich konnte sehen, irgendwie hatte Kyle recht. Das, was ich fühlte, dieser unglaubliche, dieser unbeschreibliche Schrecken, meine Mutter zu verlieren, das Band zu zerschneiden, alles zwischen uns zu zerbrechen, das ist das, was meine Mutter immer gefühlt haben muß. Es war meine Mutter, die sich immer an mich geklammert hatte, nicht umgekehrt, ich hatte sie beschützt vor der Angst, verlassen zu werden, es klingt komisch, wenn Sie versuchen, das zu wiederholen. Ich hatte all die Gefühle aufgenommen, die sie nicht fühlen konnte oder nicht haben wollte, also hat sie sie mir überlassen. Es waren meine Gefühle geworden, und jetzt schüttelte ich sie zum ersten Mal ab, wenn ich auch glaubte, ich würde meine Mutter wahrscheinlich verlieren, und ich habe sie auch verloren. Ich bin hier, um Ihnen zu erzählen, daß ich sie verloren habe.

Also, ich kam auf der anderen Seite heraus, aber nicht wir, meine Mutter und ich. Natürlich bricht keine Mutter wirklich mit ihrer Tochter wegen einer abgesagten Europareise. Was hätte sie ihren Freunden sagen sollen? Aber von dieser Zeit an bis jetzt, und es ist jetzt gut vier Jahre her, hatten meine Mutter und ich es nie wieder so wunderschön miteinander. Wir machen dieselben Sachen, aber da ist immer eine Distanz, eine Zurückhaltung, eine Kälte, als seien wir auseinandergebrochen und zwei getrennte Menschen geworden, denen es nicht offensteht, sich wieder der Illusion hinzugeben, sie teilten eine selige, harmonische Seele, seien für immer vereint, schöne Zwillinge, nur daß eine der Zwillingsschönheiten genausoviel weniger wundervoll ist, daß sie die andere, die ältere Frau, noch heller in ihrer Lieblichkeit erstrahlen läßt. Es ist mir nie gelungen Ihnen zu beschreiben, wie meine Mutter aussieht, nicht wahr? Aber gut, ich werde keinen neuen Versuch machen, denn das ist der Punkt, an dem ich die Leute verrückt mache, und Sie sollten annehmen, das sollten Sie wirklich, daß ich jetzt darüber hinweg sei, dieses Bild wiedergeben zu wollen, das ich in meiner Vorstellung habe und das unbeschreiblich ist. Die allerschönste Frau der Welt, was soll man darüber noch sagen? Das Schwere für mich ist, daß ich immer in Versuchung bin, alles wiedergutzumachen, alles zu tun, was sie will, immer zu kommen und zu gehen, je nachdem, wie sie winkt, in der Hoffnung, daß sie mir wieder ihr Lächeln schenkt oder ihre zärtlichen Gesten oder daß sie wieder spontan den Arm um meine Schulter wirft und ihren Kopf an meinen lehnt. Niemand kann mir dieses Gefühl geben, nicht einmal Kyle, es ist einfach nicht möglich, denn Kyle und ich, wir wissen, daß wir zwei verschiedene Menschen sind, ewig getrennt von einer ewigen Harmonie, wie meine Mutter und ich sie hatten. Gut, als wir das hatten, hatten wir es, absolut perfekt, das können Sie glauben oder nicht, aber ich sage Ihnen, wann immer ich daran denke, weiß ich nicht, wie ich mich davon abhalte, einfach zu ihr zurückzurennen und zu Kreuze zu kriechen und zu machen, was immer sie will, um sie zurückzugewinnen.

Der traurige Teil, der klägliche Teil, der Teil, der sich anders hätte entwickeln sollen, ist, wie ich verstehe, was in ihr vorgeht, wie ich nicht anders kann, als ihr zu vergeben. Und das ist es, was mich am meisten in Versuchung bringt, zurückzurennen und ihr diese grauenhafte Verschwendung meines ganzen Lebens zu verzeihen. Mein Leben ist noch nicht vorbei, obwohl es sicherlich halb vorbei ist, weil ich immer noch nur auf dem Weg bin, zu was auch immer ich finden werde. In der Zwischenzeit muß ich die unglaubliche Anziehung meiner Mutter bekämpfen, denn jetzt weiß ich, weil ich es selbst gespürt habe, wie schlimm sich diese wundervolle Frau tief in ihrem Innersten immer gefühlt hat.

Das ist meine Mutter! Ich spreche über meine Mutter! Aber das ist, was ich fühle, und jetzt ist es raus. Ich habe es Ihnen gesagt, und Sie haben es gehört. Und das Gute, was ich über mich sagen kann, ist, so wie ich mich fühle, so, wie ich es Ihnen gerade gesagt habe, ich gehe nicht zurück, um zu Kreuze zu kriechen. Ich lasse es, ich gehe meinen eigenen Weg, ich versuche, mein eigenes Leben zu gestalten, SO WIE ES IST …

Kapitel
9
Juanas Geschichte

Der erste Termin

Sie hat mich aufgesucht, weil sie Probleme damit hat, einen Roman zu Ende zu bringen. Sie hat mir am Telefon davon erzählt und wiederholt, was sie erzählt hat, als wir uns an meinen Schreibtisch setzen. Sie beugt sich vor, um das Manuskript aus der Tasche zu holen, hält es einen Moment in ihren Händen umklammert über den Tisch, bevor sie es mit einem hörbaren *wupp* absetzt. »Da ist es«, sagt sie. »Wir haben es geschafft. Was mache ich jetzt?« – »Das ist Ihre Entscheidung. Sie können mir etwas vorlesen, oder Sie können mir davon erzählen oder mir sagen, wo es für Sie schwierig geworden ist.« – »Meine Entscheidung? Wenn das meine Entscheidung wäre, wäre das ganze Zeug auf dem Weg in den Müll ….« Sie zeigt mit dem Daumen auf den Papierkorb. »In den Müll. Nicht, daß ich das wirklich meine. Wenn ich das wirklich meinte, dann wäre ich nicht hier, oder?« – »Wahrscheinlich nicht. Aber dieser Papierkorb ist schon randvoll mit einer Menge Sachen gewesen, die in den Müll wanderten, bevor sie hinaus in die Welt wanderten.« – »Ich habe gewußt, daß Sie mich verstehen. Okay, ich lese vor.«

Sie liest mit einem schroffen, bitteren Unterton in der Stimme. Das Manuskript, und was es enthält, ist anscheinend zu ihrem innigsten Feind geworden. Sie wendet die Seiten mit einem verächtlichen Schnippen ihres Zeigefingers. Von Zeit zu Zeit unterbricht sie ihre Lesung, um das Manuskript direkt anzusprechen. »Du solltest da nicht drin sein. Was machst du da? Ich dachte, ich hätte dich rausgenommen.«

Ich bin Zeugin eines Streites zwischen Liebenden. Das Manuskript nimmt ihre Vorwürfe stumm, ruhig und ohne Protest entgegen. Es ist ein schon lange duldender stiller Partner in einer festgefahrenen Beziehung. Ich spüre selbst eine gewisse Zuneigung zu dem Manuskript, das jetzt gerade mit einem Stift gekratzt wird, den die Schreiberin von meinem Schreibtisch genommen hat. »Eine Minute. Eine Minute«, sagt die Schriftstellerin zu der Seite. »So geht das nicht. Einen Moment, das will ich richtig hinkriegen.« Sie ist eine starke, große Frau mit einem wuscheligen Lockenkopf, wahrscheinlich trainiert sie regelmäßig. Sie hat wunderschön entwickelte Armmuskeln, und ich stelle mir vor, daß sie damit das Manuskript einschüchtert. Beschützergefühle dem Manuskript gegenüber veranlassen mich, ein paar Seiten aufzusammeln und ihr vorzulesen. »Boah«, sagt sie, »was haben Sie vor? Es klingt wirklich seltsam, wenn es in einer anderen Stimme herauskommt.« – »Ich habe den Eindruck, daß Sie das nie gelesen haben. Ihm nie wirklich Beachtung geschenkt haben. Sie lassen mich an eine dieser Mütter denken, die ständig ihrem Kind die Haare zurechtziehen, die Nase putzen, die Socken hoch- oder runterziehen ....« – »Ja, Sie haben recht. Okay, ich hör zu.« Sie lehnt sich in ihrem Sessel zurück, kneift ihre Augen zusammen und richtet ihren Blick auf mich. »Aufhören, aufhören«, platzt sie nach ein oder zwei Seiten heraus. »Wie kann sich ein Mensch nur so was anhören?« – »Vielleicht fällt Ihnen das Zuhören schwer. Aber mir nicht.« – »Okay, was wollen Sie mir damit sagen?« Sie versetzt dem Manuskript auf dem Tisch einen herben Stoß. Ihre ungehobelte Art hat etwas Ansteckendes. »Lassen Sie das arme Ding in Ruhe«, sage ich und tätschle es sanft. »Das Problem ist nicht da drin.«

»Haha!« schreit sie laut, wendet sich zu mir und klopft sich an die Stirn. »Da drin, meinen Sie? Sie zeigen Taktgefühl. Okay, dafür bin ich hier. Stellen Sie Ihre Diagnose.« – »Sie haben eine Stimme. Die Geschichte interessiert mich sehr. Sie unterbrechen sie ständig, aber ich würde gerne hören, wie es weitergeht.« – »Sie möchten hören, wie es weitergeht ... Sie meinen das ernst?« – »Warum nicht? Ich habe angefangen, mich auf die Geschichte einzulassen. Eine Frau, die ihre Mutter nie gesehen hat, schreibt ihr einen Brief. Sie stellt sich vor. Sie hat keine Ahnung, ob die Frau sie jemals sehen möchte. Was ist, wenn sie sich gar nicht erinnert? Was, wenn sie ...«

Irgendwas ist gerade im Raum passiert. Der Eindruck ist so stark, daß ich meinen Kopf drehe, um zu sehen, ob jemand durch das Fenster oder durch die Tür zum Garten hereingekommen ist. Als ich mich umwende, um ihren Blick zu erwidern, überrascht mich die Veränderung ihrer Erscheinung. Sie ist eine große, blühende Frau, mit Locken auf dem Kopf, die vor Energie zu sprühen scheinen. Jetzt vermittelt sie den Eindruck, als habe sie, während mein Blick abgewendet war, einen schlechtsitzenden Mantel abgeworfen, ihn mit einem Schulterzucken abgeschüttelt, als handle es sich nur um einen schützenden äußerlichen Aspekt ihrer Persönlichkeit. Ein Ausdruck, den ich nicht erwartet hätte, ist auf ihrem Gesicht erschienen. Es ist ... Mißtrauen vielleicht? Irgendwie auf der Hut sein, einer Gefahr bewußt, die Situation untersuchend? Sie wirkt weniger robust und irgendwie kleiner und nimmt weniger Platz ein in ihrem Sessel.

»Wollen Sie wirklich wissen, warum ich hier bin?« fragt sie mit verdächtig gedämpfter Stimme. »Das will ich wirklich wissen, jawohl. Was ist los?« – »Ich habe Sie sehr sorgfältig ausgewählt«, sagt sie. »Nicht nur, damit Sie mir mit dem Roman helfen.« – »Was war Ihnen wichtig an mir?« – »Sieben ganz bestimmte Dinge«, sagt sie und hebt ihre Hand, um mitzuzählen. »Sie kommen wie ich aus Verhältnissen, in denen es kein Geld gab. Das ist wichtig.« – »Das stimmt. In unserer Familie gab es kein Geld.« – »Ich weiß. Ich habe Ihre Bücher gelesen. Ihre Eltern waren Einwanderer. Das ist wichtig. Mein Vater war ein illegaler Einwanderer aus Mexiko, er heiratete eine amerikanische Frau und hatte amerikanische Kinder. Er hatte ein Recht auf die Staatsbürgerschaft, aber es gab Probleme wegen seiner linksgerichteten politischen Aktivitäten. Sehen Sie, worauf ich hinauswill? Wir kommen aus den gleichen Familienverhältnissen. Sie sind etwa in meinem Alter. Sie haben eine psychoanalytische Ausbildung. Darauf kommt es an. Sie sollen mir eine Frage beantworten. Ich will Ihnen etwas zeigen. Ich erzähle Ihnen meine Geschichte, dann will ich eine ehrliche Antwort. Machen Sie mit?« – »Das weiß ich nicht. Erzählen Sie die Geschichte!« – »Das Manuskript ist nicht frei erfunden. Vielleicht war es ursprünglich als Roman geplant, aber das da ist kein Roman. Das Mädchen gibt es wirklich als Person, und sie sucht nach ihrer Mutter, und das bin ich.« – »Sie suchen nach der Mutter, die Sie geboren hat?« – »Überhaupt nicht. Meine Mutter ist vor sechs Jahren gestorben.« – »Okay, ich verstehe nicht. Das Mädchen, das nach seiner Mutter sucht, sucht ... nach Ihnen?« – »Sie haben es«, sagt sie in ihrem alten Ungestüm und klopft mir leicht auf die Schulter. »Gut, wo liegt also das Problem? Es ist kein Roman, Ihre Tochter sucht nach Ihnen ... okay, Sie stellen sich vor, das sei der Brief, den Sie Ihnen geschrieben hat ...« – »Meine Tochter ist bei der Geburt gestorben. Sie war eine Totgeburt. Verstehen Sie's nicht? Sie sehen, worauf ich hinauswill?« – »Sie stellen sich einen Brief vor, geschrieben von –« – »Ich stelle mir gar nichts vor. Das Mädchen lebt, und sie sucht nach mir ...« – »Aber Sie haben doch gerade gesagt –« – »Sie ist gestorben, ich weiß, ich habe gesagt, sie ist gestorben, sie war eine Totgeburt.«

Ich erlebe ein schreckliches und vertrautes Gefühl. Es ist, als würde ich versinken. Es tritt immer dann auf, wenn ich Angst habe, daß ich auf etwas gestoßen bin, womit ich vielleicht nicht umgehen kann. Der Ton meiner Stimme ändert sich, wird steifer, kühler, professioneller. Ich möchte nicht, daß das passiert, aber ich kann es nicht kontrollieren. »Wann haben Sie zum ersten Mal das Gefühl gehabt, daß Ihre Tochter nach Ihnen sucht?« – »Ist das eine Ihrer Therapeutenfragen? Kommen Sie mir nicht damit ...« – »Sehen Sie mal«, sage ich, durch ihre Direktheit wieder bei mir, »ich bin jetzt völlig verwirrt. Sie bringen mir ein Manuskript, Sie sagen, Sie wollten meine Hilfe beim Schreiben. Was Sie geschrieben haben, gefällt Ihnen nicht, das ist deutlich, und dennoch sind Sie nicht bereit, es wegzuwerfen. Jetzt sagen Sie mir, es ist gar kein ausgedachter Stoff. Okay, ich kann mit Ihnen auch an Ihren Lebenserinnerungen arbeiten. Aber darum geht es hier nicht. Sie haben mich offensichtlich ausgewählt, weil Sie eine Antwort auf eine Frage haben wollen. Ich habe so eine Ahnung, was die Frage ist, aber warum fragen Sie jetzt nicht einfach?«

Wieder steht der Eindruck einer gewaltigen Veränderung im Raum, aber dieses Mal drehe ich mich nicht um und schaue nicht über meine Schulter. Ich lasse meinen Blick auf sie gerichtet und kann beobachten, wie sie sich sichtbar verändert. Sie scheint eine weitere Schutzschicht abzuschütteln. Reine Verletzlichkeit liegt auf ihrem Gesicht und verändert ihre körperliche Erscheinung, sie scheint zusammenzuschrumpfen und gleichzeitig völlig offen zu werden, mehr, als zuträglich sein könnte, besonders in der Gegenwart von Fremden. Ich habe das sichere Gefühl, daß sie das Risiko eingeht, mir zu vertrauen, und ich bin nicht sicher, daß ich mir das wünsche.

»Wenn ich Ihnen sage, daß eine Tochter nach mir sucht«, sagt sie tonlos, »eine Tochter, die bei ihrer Geburt gestorben ist ...« Hier hält sie an, um ihren Kopf zu schütteln, ohne

Hoffnung. »Können Sie das verstehen? Können Sie das, ohne daß Sie glauben, daß ich verrückt bin?« Diese riskante Frage trifft in ihrer brutalen Ehrlichkeit den Kern. »Bin ich verrückt?« fragt sie mit einer heiseren Stimme und wendet sich näher zu mir. »Bin ich … psy-cho-tisch?« Ich brauche einen Moment, um meine Stimme zu finden. »Nun, um Ihnen die Wahrheit zu sagen«, ich suche angestrengt nach irgendeiner Wahrheit, die ich zur Hand haben könnte, »ich finde es beruhigend, daß Sie Ihre Frage auf diese Weise gestellt haben. Sie fragen, ob wir Ihre Erfahrung verstehen können, ohne vorschnell daraus zu schließen, daß Sie verrückt sind. Gut, warum sollten wir dazu nicht in der Lage sein? Das ist, was ich mich jetzt erst mal selbst frage. Warum sollten wir nicht nach der Bedeutung Ihrer Erfahrung suchen? Wenn wir zu dem Schluß kommen müssen, daß Sie verrückt sind«, höre ich mich ganz verwegen sagen, »dann können wir das später immer noch …« Der Blick, den sie mir zuwirft, durchdringend, mißtrauisch, tastend, verwundbar (ein seltsam stabiler Ausdruck, der diese vielen Gefühle vermittelt), verleiht mir den Eindruck, daß meine Gedanken gelesen werden, und zwar von einer, die weiß, was sie vorhat. Ich würde gerne dichtmachen, zumachen, versteckt bleiben, aber ich weiß, daß ich mich dieser gründlichen Untersuchung besser stelle.

»Okay«, sagt sie, mit einer leicht komischen Dehnung ihrer Stimme, »wenn Sie in einer Situation wie dieser Humor entwickeln können. Gut, okay. Ich glaube, so schlimm kann es, alles in allem, nicht sein …« – »Es kann schon ganz schön schlimm sein«, sage ich. Ich denke angestrengt über Sylvia nach, deren Mutter nicht tot war, obwohl ihre Tochter so von ihr sprach. Vielleicht ist diese Verwirrung zwischen Leben und Tod, diese Unsicherheit, wie die Kategorien auf ein totes Kind oder eine verlorene Mutter anzuwenden wären, Bestandteil der Mutter-Geschichte? »Keine Garantien, okay?

Wir haben gesagt, wir werden versuchen, eine Erklärung zu finden. Manchmal heißt das zu wissen, wie die Geschichte erzählt werden muß. Manchmal ...« – »Jaja, und manchmal heißt es, daß die Person nicht mehr richtig tickt, Geschichte hin oder her.«

Der zweite Termin

Vor unserer nächsten Stunde habe ich zwei Faxe bekommen, auf denen sie mir mitteilt, daß sie an ihrem »Roman« arbeitet. Diese Botschaften haben zum Teil den trockenen, humorvollen Ton, den wir beide während unseres ersten Treffens tröstlich fanden. Wir haben die Fähigkeit gemeinsam, das, was uns beunruhigt, locker zu nehmen. Ich ermahne mich dennoch selbst, mich dadurch nicht zu sehr beruhigen zu lassen. Wahnsinn verläuft mysteriös, manchmal baut er sich ganz langsam nach und nach auf. Aus einem seltsamen Einfall wird ein wilder Gedanke, daraus wiederum eine gefährliche Wahnvorstellung, die sich festigt, und sich vielleicht über verschiedene täuschende Verkleidungen, darunter Humor, zu einem extremen, manchmal irreversiblen Zustand fortentwickelt. Meine Aufgabe, die Aufgabe, zu der sie mich wohlüberlegt ausgewählt hat, besteht jetzt darin, die Möglichkeit offenzuhalten, daß sie ein wichtiges Stück Arbeit zu bewerkstelligen hat. Das könnte sie in den Wahnsinn treiben oder, wenn wir es gut machen, vor dem Wahn bewahren.
Als sie ankommt, erzählt sie mir, schon bevor sie sich an den Tisch setzt, daß sie in der Lage gewesen sei, weiterzuschreiben, weil sie jetzt die Stimme der Tochter, die nach ihr sucht, »hören« kann. Stimmenhören ist für manche Menschen ein schlechtes Zeichen. Für andere ist es ein Bestandteil der Arbeit, die sie erledigen müssen.

Sie setzt sich schwerfällig an den Tisch, aber schiebt das Manuskript nicht herum. Sie hat beide Hände darauf gelegt, fast beschützend, nicht gerade gefaltet, aber irgendwie vielsagend, als habe sie Gefallen an dem Werk gefunden, das ihr so viel Schmerz bereitet. Sie ist wieder in einer robusten Verfassung, und das beruhigt mich. »Wann hören Sie die Stimme?« frage ich tastend. »Wenn Sie schreiben? Als würde sie Ihnen, mehr oder weniger, diktieren?« Ich hoffe, daß das der Fall ist. Das ist eine Erfahrung, die manche Schriftsteller machen, und sie hat nichts mit Geisteskrankheit zu tun (oder muß nichts damit zu tun haben).

»Kurz bevor ich einschlafe. Ich denke dann, ich sollte aufstehen und es aufschreiben, aber ich kann nicht richtig wach werden. Vielleicht träume ich es auch. Aber wenn ich am nächsten Tag an meinen Computer gehe, wiederholt die Stimme alles Wort für Wort, als wäre sie auf Band aufgenommen.« Ich kannte eine Schriftstellerin, die das Gefühl hatte, daß sie fertig formulierte Sätze und Gedanken niederschrieb. Sie benutzte auch das Bild vom Tonband. Ich muß auch an Rilke denken, der vom Balkon des Schlosses von Duino eine Stimme hörte, die ihm durch einen Sturm hindurch die ersten Zeilen der Duineser Elegien zuschrie. Ich habe mir immer gewünscht, ich hätte ihn fragen können, wie diese Stimme geklungen hat. Männlich oder weiblich? Hat sie gekreischt und geheult, wahnsinnig, wie der Sturm? Oder kam sie im lauten, beharrlichen Ton nüchterner Überlieferung?

Weil Rilke vor meiner Geburt gestorben ist und ich ihm diese Frage nicht stellen konnte, stelle ich sie ihr, ganz ernsthaft. Das ist eine heikle Entscheidung. Ich möchte ihr helfen, das, was sie vielleicht über diese Stimme denkt, herauszubringen und zu bearbeiten. Indem ich ihr diese Fragen stelle, möchte ich ihr jedoch nicht den Eindruck vermitteln, ich bestätigte sie darin, daß die Stimme, die sie hört, die ihrer Tochter sei, einer lebenden Person. Ich erläutere ihr diese Unterscheidung. Sie unterbricht mich.

»Sicher, sicher, sicher. Ich habe verstanden. Sie wollen nicht, daß ich denke, daß Sie mir darin zustimmen, daß das die Stimme meiner Tochter ist. Okay. Ich kenne die Regeln. Sie stellen die Fragen, ich gebe die Antworten, das ist eine … Auf-ga-be …« Ihre Bereitwilligkeit, »ein Spiel zu spielen«, eine »Übungsaufgabe« zu machen, sollte mir versichern, daß sie sich nicht (oder jedenfalls noch nicht) in den Fängen eines Wahns befindet. Aber ich bin nicht beruhigt. Zu ihrer Ungeduld mit der Unterscheidung, die mir so wichtig erscheint, zu ihrer Unterbrechung und ihren rauhen Rückversicherungen fällt mir ein, daß an ihrer Überzeugung, daß ihre Tochter am Leben sei, etwas äußerst Rätselhaftes, zutiefst Beunruhigendes und Verstörendes ist. Das Mädchen, das bei der Geburt starb, versucht, sie zu erreichen und mit ihr ins Gespräch zu kommen. Ich halte Ausschau nach einer symbolischen Bedeutung für ein Ereignis, das sie als wirklich erlebt.

Oft merke ich in einem Moment der Unschlüssigkeit, wenn ich nicht weiß, was ich als nächstes tun soll, daß ich etwas sage und damit eine Richtung einschlage. Irgend etwas in mir (Ist es weise? Ist es waghalsig?) hat beschlossen, diese Spur zu verfolgen, Fragen nach der Stimme der »Tochter« zu stellen.

»Also gut«, sage ich, »in dem Brief Ihrer Tochter, den Sie geschrieben oder abgeschrieben haben, versucht sie, Sie davon zu überzeugen, daß sie Ihr lange verlorenes Kind ist. Sagen Sie mir jetzt etwas über die Stimme, die Sie hören. Ist sie anders als das, was schon niedergeschrieben ist? Sagen Sie es mir, wenn Sie das können, und sagen Sie es mir möglichst genau. Wie klingt die Stimme? Was können Sie über die Stimme sagen? Oder aufgrund der Stimme über die Person?«

»Haha, das ist drollig«, sagt sie und beugt sich vor, um ihre Ellbogen auf den Tisch zu stemmen. »Das ist leicht. Jung. Sie ist jung und sie ist entschlossen. Meine Tochter ... ich meine, die, die gestorben ist, ich meine ... und die, die mir schreibt, müßte jetzt neunundzwanzig Jahre alt sein. Aber sie klingt ... die Stimme klingt ... jünger. Irgendwie hart ... die Stimme von jemandem ... dieses Mädel, wissen Sie ... sie hat, sie hat eine Menge durchgemacht ... zusammengeschlagen worden ... überlebt ...« – »Können Sie sich vorstellen, wie die Person, die mit dieser Stimme spricht, aussehen würde?« – »Das ist leicht«, wiederholt sie, aber dann hat sie nichts zu sagen. Ich beobachte, wie sie ihre Schutzschicht, das robuste Äußere ihrer Persönlichkeit, abwirft. Das ist ein Ereignis, das ich in seiner konkreten Deutlichkeit immer noch schockierend finde. Der mißtrauische Ausdruck zeigt sich. »Machen Sie Witze?« sagt sie und starrt im Zimmer umher. Sie bewegt sich hektisch in ihrem Sessel, knöpft die Ärmel ihres Hemdes auf, krempelt sie hoch, rollt sie wieder herunter, macht die Knöpfe wieder zu. Dann, nach gut zehn oder fünfzehn Minuten präsentiert das mißtrauische Selbst (verwundbar, verletzt, fähig zu unglaublichem emotionalem Risiko) eine Antwort. Sie spricht in rauhem Ton, fast flüsternd, mit kratziger Stimme. Sie sagt: »Wie ich ... sie sieht aus wie ich ... nur besser. Sie pflegt ihre Haare besser.«
»Okay«, sage ich und schüttle die Faszination ab, die Juana für mich ausstrahlt. »Fangen Sie an und beschreiben Sie sie. Beschreiben Sie sie so deutlich, wie Sie können, und bleiben Sie bei dem Bild. Ich werde lesen, was Sie geschrieben haben.« – »Nein, nein, nein«, unterbricht sie mich nach wenigen Sätzen. »Sie können das nicht verstehen. Das ist alles falsch. Versuchen Sie es so ...«

Sie schließt ihre Augen und fängt an, den Text zu sprechen, den sie geschrieben hat, Wort für Wort, ohne auf das Manuskript zu sehen. Auf diesen Seiten gibt es keine Bleistiftmarkierungen und keine Kratzer. Es gibt wenig Interpunktion, gelegentlich mal ein Komma, keine Absätze, die Wörter vermitteln den Eindruck einer stürmischen Flut, die nur von einem gelegentlichen gewagten Querstrich oder einem ganz extravagant plazierten Fragezeichen in Schach gehalten wird. In der rauhen, wilden Sprache liegt die Andeutung einer harten Schale, die zerbricht, die plötzlichen Augenblicken der Verwundbarkeit, der nackten Bedürftigkeit nachzugeben droht oder einer Hoffnung, die so ans Unerträgliche grenzt, daß sie im Zaum gehalten und zurückgenommen werden muß.

Juanas Vortrag ist ein Strom, der nicht zu bremsen ist. Ihre Augen sind geschlossen, sie hat ihre Arme um ihre Taille geschlungen und wiegt sich leicht hin und her. Oder vielleicht wäre es angemessener zu sagen, daß sie durch die Macht der Sprache, die durch sie hindurchströmt, bewegt wird. Ich weiß nicht, ob ich sie unterbrechen oder weitermachen lassen soll. Bevor ich eine Entscheidung treffe, bringt sie sich selbst mit einem gewaltigen Zittern zurück und starrt mich verärgert und verwirrt an.

»Was war hier los? Was passiert hier?« fragt sie angriffslustig. Ich erzähle ihr von Rilke und dem Schloß von Duino. Ich erwähne andere Schriftsteller, die ich kenne, die in einem irgendwie weggetretenen Zustand der Inspiration dichten. »Das ist es, was passiert? Eine Inspiration?« Sie spricht das Wort aus, als sei ihr alles, was sie je über sich selbst gedacht hat, so fremd wie einer Außerirdischen. Dann starrt sie mich mißtrauisch an. »Aber das ist nicht alles, oder?« – »Sie sind hergekommen, um mich zu fragen, ob Sie verrückt werden. Werden Sie verrückt? Das weiß ich nicht. Die Art, wie wir vorgehen, bringt ein großes Risiko mit sich. Sie führt Sie in ungewohnte psychische Zustände, um es zurückhaltend zu formulieren. Aber unsere Arbeit beruht auf der Voraussetzung, daß Sie dadurch, daß Sie so weitermachen, etwas Sinnvolles erreichen können. Wenn Sie diese Unklarheit aushalten können, kann es sein, daß die Stimme selbst uns Informationen gibt.« – »Würden Sie das Risiko eingehen?« – »Ich nehme an, das müßte ich.« – »Müßte? Müßte? Müßte gefällt mir nicht...« – »Nun, sehen Sie mal. Was wissen wir bis jetzt? Eine junge Frau schreibt an ihre Mutter. Sie macht keine genauen Angaben über sich selbst. Seite um Seite scheint sie herauszuschreien, damit die Mutter erfahren soll, wie sehr sie sie braucht. Ich frage mich die ganze Zeit, wie ich mich fühlen würde, wenn ich einen solchen Brief mit der Post bekäme. Wie würden Sie sich fühlen?« – »Ich wäre zu Tode erschrokken. Ich würde denken, sie wäre eine Verrückte oder so was. Ich würde nichts mit ihr zu tun haben wollen.« – »Das ist das Problem, soweit es das betrifft, was Sie geschrieben haben. Diese Frau, die vielleicht Ihre Tochter ist, diese Fremde, versucht, bei anderen Interesse oder Aufmerksamkeit zu wecken. Sie will von anderen bemerkt werden, sie sollen sehen, daß sie da ist. Die Stimme ist durchdringend und beharrlich aus dem verzweifelten Bedürfnis heraus, gehört zu werden. Sie ist zu intensiv, zu wild, zu leidenschaftlich in ihrem Bemühen, jemanden zu erreichen. Deshalb kann sie andere nur vertreiben. Ich meine, es wäre an der Zeit, sie anzuerkennen.« Mir scheint, sie ist dem mit all ihrer verfügbaren Angriffslust, Wachsamkeit und Eindringlichkeit gefolgt. Dann scheint sie zu verstehen. »Sie meinen, ich sollte ... antworten?« fragt sie mit einem breiten Grinsen, während sie sich mit der Hand an das Knie klopft. »Sie wissen lassen, daß ich sie gehört habe?« Sie greift nach ihrem Stift, bereit anzufangen. »Gehen Sie nach Hause«, sage ich. »Die Zeit ist um. Ich bin ausgepowert.« Sie legt ihre Arme kurz um meine Schultern. »Sie sagen es, meine

Liebe. Damit sind Sie nicht allein.« Sie ist schon auf halbem Weg nach draußen, als sie zurückeilt und mich an der Schulter rüttelt. »Sie erinnern mich an meine Mutter. Die habe ich auch ausgepowert. Nur hätte sie das nie, niemals gesagt.«

Der dritte Termin

Die Verbindung ist hergestellt. Die »Mutter« hat geantwortet und der »Tochter« geschrieben. Die Stimme, die Juana anschreit, wird nun ruhiger. Sie »spricht« immer noch in der Nacht und »wiederholt den Text«, wenn Juana sich an ihren Computer setzt. Aber jetzt hat sie angefangen, Informationen zu geben, anstatt sich verzweifelt darum zu bemühen, gehört zu werden.

Juana ist so in den Prozeß des Schreibens vertieft, daß es ihr schwerfällt, das zu unterbrechen und zu den Terminen mit mir zu kommen. Sie macht einige Termine und sagt sie dann ab. Schließlich dränge ich sie, ihren nächsten Termin zu machen und zu halten, weil ich mir Sorgen mache. Als sie da ist, scheint sie die Frage, was geschieht oder ob sie verrückt wird, nicht zu interessieren. Ich allerdings versuche immer noch herauszufinden, was für ein psychisches Geschehen stattfindet. Ich möchte ihr vertrauen, wohin auch immer diese Geschichte uns bringen mag, die sich in solcher Geschwindigkeit entfaltet, aber ich muß auch für Juanas Sicherheit sorgen. Welche Maßstäbe und Überlegungen wären hier angemessen? So etwas ist mir bisher noch nie begegnet.

Sie verliert Gewicht, ihr Schlaf ist gestört, sie schreibt in einem unglaublichen Tempo und hat angefangen, schnell zu sprechen. Ihre Psyche scheint zu rasen, zu versuchen, mit dem Schritt zu halten, was sie über die »Geschichte« der Stimme lernt. An die Stelle der Schichten ihrer Persönlichkeit, hart, wachsam, empfindsam, scheint eine hektische, getriebene, wild aussehende Frau getreten zu sein, die von meinen Berufskollegen sicherlich als manisch bezeichnet würde.

Heißt das, wir sollten aufhören, umkehren? Sollte ich sie einweisen lassen? Dafür sorgen, daß sie Medikamente nimmt? Ist das eine Entscheidung, die ich treffen sollte? Sie hat mir während der der dritten Stunde mit zitternder Stimme die »Briefe« vorgelesen, die sie ihrer Tochter geschrieben hat, um ihr mitzuteilen, daß sie ihre »Botschaft erhalten« hat. »Sehen Sie«, sage ich gegen Ende der Stunde, »eine Menge Leute würden meinen, daß Sie mit all dem irgendwann durchdrehen. Was meinen Sie?« – »Mein Mann meint, daß es immer schlimmer wird mit mir. Er sagt, ich sollte nicht mehr zu Ihnen kommen. Wissen Sie, was ich ihm sage? Ich sage: ›Quatsch.‹« – »Keine sehr respektvolle Art, mit einem Ehemann zu reden.« – »Da haben Sie es wieder«, sagt sie und bricht in brüllendes Gelächter aus. Dann, vorsichtig, mit einem Blick über ihre Schulter: »Machen Sie sich Sorgen um mich?« – »Natürlich. Natürlich mache ich mir Sorgen. Ich weiß nicht, wo das alles hinführt.« – »Gut«, ruft sie triumphierend, »wir werden einfach warten müssen, bis die Geschichte uns das sagt.« Ihr bellendes Gelächter legt sich langsam. Sie ist jetzt ganz ernsthaft. »Das hier ist meine Entscheidung«, sagt sie in einem drohenden Tonfall. »Diese Entscheidung überlasse ich keiner anderen Person. Nicht einmal Ihnen.« – »Es ist Ihre Entscheidung, solange Sie es ertragen können, daß ich Sie an die Risiken erinnere, die damit verbunden sind.« – »Meine Entscheidung«, wiederholt sie stur und schüttelt ihren Kopf. »Wenn Sie kneifen, ist das Ihre Entscheidung. Ich mache alleine weiter.« Sie starrt mich an, ich zucke mit den Schultern. Sie hat recht. Sie muß meinem Rat nicht folgen. Wenn ich ihr jetzt sagen würde, sie solle aufhören, würde sie nicht auf mich hören.

Bisher hat uns die Geschichte erzählt, daß die Frau, die an

ihre wirkliche Mutter schreibt, neunundzwanzig Jahre alt ist. Sie hat im Tal von Sacramento bei ihrer Adoptivfamilie gelebt, bei Mormonen. Ihr wurde beigebracht, regelmäßig zum Gottesdienst zu gehen. Sie lehnte sich auf, als sie jung war, und dafür wurde sie gewöhnlich geschlagen. Sie ist nie zur Kirche zurückgekehrt. Sie hat schon im Alter von dreizehn als Kellnerin gearbeit, seit dieser Zeit hat sie auch ein Verhältnis mit ihrem Arbeitgeber, einem verheirateten Mann. Sie mag ihn nicht, aber »er ist besser als nichts«. Jeden Abend, wenn sie nach Hause kommt, wird sie in ihr Zimmer geschickt und soll warten, bis ihr Vater von der Arbeit kommt. Wenn er kommt, macht er die Tür hinter sich zu, zieht seinen Gürtel aus und schlägt sie damit. Sie hat gelernt, nicht laut zu weinen. Diese Genugtuung will sie ihm nicht geben. Sie ist von zu Hause weggegangen, als sie achtzehn wurde, ist in die Stadt gezogen und hat offen mit dem Besitzer des Restaurants zusammengelebt. Er hat sich nie scheiden lassen, und sie haben nie geheiratet. Sie mag ihn nicht, wiederholt sie, aber er ist beser als nichts. Vor einiger Zeit hat er angefangen zu trinken, und sie hat das Gefühl, es sei an der Zeit weiterzuziehen. Aber wo soll sie hin? Es gibt keinen Platz für sie, es sei denn, ihre Mutter würde sie aufnehmen.

Sind das verhüllte oder chiffrierte Erinnerungen aus Juanas eigener Kindheit? Sie ist sicher, daß das nicht so ist. Ihr Vater war ein sanfter, passiver Mann, dem Macho-Stereotyp mexikanischer Männer sehr unähnlich. Ihre Mutter war die Starke, kalt und hart arbeitend. Ihrer Mutter wegen wollte sie, daß ich verstehe, was es bedeutet, kein Geld zu haben. Sie wollte, daß ich weiß, daß Geldsorgen eine Frau niederträchtig machen können. Sie möchte nicht, daß ich oder sonst jemand ihre Mutter beschuldigt. Die hatte ein hartes Leben, und sie hat es so gut gemacht, wie sie konnte, und sie hat nie, niemals, dessen war Juana sich ganz sicher, die Hand gegen sie erhoben.

Eine lange, ernüchternde Phase setzt ein. Die »Stimme« ist verstummt. Juana selbst ist ruhig und depressiv. Sie muß sich zwingen zu schreiben, und sie nimmt diese Anstrengung auf sich, um ihrer Tochter zu sagen, sie sei nicht sicher, ob sie bereit sei, sie kennenzulernen. Es gebe so viele Dinge, die sie in ihrem eigenen Leben nicht verarbeitet habe. Sie hat nie gearbeitet, sie ist mit einem Mann verheiratet, der etwas Geld hat, den sie nicht wirklich mag (aber er ist besser als nichts). Sie versichert der Tochter, daß sie den Briefwechsel gerne fortsetzen würde, aber das passiert nicht. »Sie ist verletzt, oder? Sie hat sich zurückgezogen, oder? Das würde ich tun, wenn mir jemand, wenn mir meine Mutter sagen würde, daß sie noch nicht soweit sei, mich kennenzulernen.« – »Klingt ziemlich lahm, wenn Sie mich fragen.« – »Das heißt?« – »Was soll noch nicht soweit heißen? Warum sind Sie noch nicht soweit? Wovor haben Sie Angst?« – »Okay, wollen Sie es wissen? Sie wollen es wissen? Früher oder später wird sie sich fragen ... wird sie mich fragen ... warum ... ich sie weggegeben habe.« – »Und warum haben Sie das getan?« – »Nun, ich habe nicht ... ich meine ... wie konnte ich sie weggeben, wenn sie ... ich meine, wenn sie gestorben ist, habe ich sie nicht weggegeben ... Wenn ich sie weggegeben hätte ... ich meine, was zum Teufel geht hier vor? Was für eine Geschichte ist das?« – »Nun, Sie versuchen, sich etwas vorzustellen, was Sie sich kaum vorzustellen wagen.« – »Bitte nicht dieses Therapeutengerede«, antwortet sie prompt. »Gut, wir können auch abwarten. Bleiben wir bei dem Material, das wir bis jetzt haben. Eine Reihe von Briefen zwischen Mutter und Tochter. Es ist wild und sturzbachartig und hat keine Form. Aber da ist guter Stoff. Warum fangen wir nicht an, es zu sortieren und zu ordnen?« – »Was glauben Sie, was ich versuche, mir vorzustellen?« – »Ich habe mich gefragt, wie Ihnen der Tod Ihrer Tochter mitgeteilt wurde?« – »Wie mir das mitgeteilt wurde? Was meinen Sie, wie mir das mitgeteilt wurde? Die Schwester, der Arzt, was weiß ich. Warum? Jemand im Krankenhaus muß es mir gesagt haben. Worauf wollen Sie hinaus?« – »Mir scheint, daß Sie beträchtliche Zweifel haben, ob man Ihnen die Wahrheit gesagt hat.« Ich habe davon gehört, daß etwas Menschen »aus den Socken haut«, aber ich habe nie ein Verhalten gesehen, das dieser Beschreibung gerecht geworden wäre. Juana hat sich eben mit so viel Energie in ihrem Sessel nach hinten gestreckt, daß ihr Körper wieder zurückprallt. Ihr Kopf und ihr Hals machen eine rasche Drehung nach rechts, in meine Richtung, während ihre Beine und ihr Rumpf sich krampfartig in die andere Richtung drehen, als versuche sie gleichzeitig sich zurückzulehnen und davonzulaufen.

Als sie sich wieder gefaßt hat, sagt sie heiser, in höchster Erregung: »Aber wenn ich mich nicht erinnern kann? Wenn ich das nicht kann? Wenn ich das nicht kann?« – »Ich glaube, dann müssen Sie es sich ausdenken. Sie müssen es sich ausmalen oder es erfinden, und vielleicht kommen Sie auf diese Weise irgendeiner Wahrheit auf die Spur.« – »Das war's. Ich kann nicht weitermachen. Das hat überhaupt keinen Sinn. Vielleicht ist das alles, was ich jetzt ertragen kann. Die Wahrheit erfinden? Haben Sie das gesagt? Ich fange an, mich zu fragen, wer hier verrückt ist ...« Sie nimmt ihre Papiere und ihre Handtasche, klopft mir auf die Schulter, als sie sich an mir vorbeischiebt. »Ich rufe Sie an«, sagt sie trocken, »wir machen einen Termin.« – »Wir haben bereits einen Termin. Nächste Woche, gleiche Zeit.« Sie sagt den nächsten regelmäßigen Termin ab, erscheint nicht zum darauffolgenden, ist kalt, feindselig und zurückhaltend, als ich Sie anrufe, um nachzufragen.

»Ich hab den ganzen Kram weggeworfen«, sagt sie. »Weggeworfen? Es wirklich weggeworfen?« – »Gut, ja, ich hab's auf dem Computer.« Ein Schweigen. Wir hängen beide an unserer schwächer werdenden Verbindung, keine von uns ist fähig, den Hörer aufzulegen. Es ist natürlich ihre Entscheidung, wenn sie beschlossen hat, nicht weiterzumachen, wenn die ganze Sache für sie zuviel geworden ist. »Sie glauben, jemand hat mich angelogen? Ist es das, worauf Sie hinauswollen? Sie glauben, meine Tochter ist gar nicht gestorben, aber jemand hat mir gesagt, daß sie gestorben ist?« – »Das kann ich überhaupt nicht wissen. Wir sprechen über etwas, das vor neunundzwanzig Jahren passiert ist. Ich kenne alle diese Leute nicht. Aber habe ganz gewiß den Eindruck, daß Sie sich fragen, ob es eine Lüge gegeben hat.« – »Meine Mutter«, sagt sie nach einem angespannten Schweigen, »war zu fast allem fähig. Zu fast allem, wenn es gut war für ihre Familie. Ich war sechzehn Jahre alt, der Kerl hatte sich davongemacht, ich wollte keine Abtreibung. Wir haben jeden Tag darüber gestritten, geschrien und gebrüllt, bis es zu spät war. Aber sie hat mich weiter gequält und beschimpft. ›Das ist das Leben, für das dein Vater und ich uns abgerackert haben? Dein Leben ist gelaufen, wenn du so weitermachst. Wie soll dein Leben denn werden? Kein Schulabschluß, arm, allein, von deiner Familie getrennt?‹ Es war nicht die Schande wegen meines Fehltritts oder so etwas. Es war ihre grausame, ich meine grausame, harte und unbarmherzige Auffassung vom Leben. Aber ich wollte nicht zulassen, daß sie mich überwältigte. Das war ihre Sicht. Sie sah mich untergehen. Geradewegs in die Gosse, sagte sie. Aber ich sah es anders, ich glaubte, ich könnte es schaffen, ich wollte das Kind haben, oder vielleicht wollte ich mich einfach meiner Mutter widersetzen ...« – »Sie war also zu fast allem fähig«, sage ich, nach einem langen Schweigen. »Worauf wollen Sie hinaus?« schreit sie mir entgegen und knallt den Hörer auf. Eine Minute später ruft sie zurück. »Ich glaube nicht, daß sie dazu fähig war«, sagt sie und legt wieder auf.

Dieses Mal vergehen Wochen, bevor ich wieder von ihr höre. Eines Tages kommt ein Fax an mit der Frage, ob sie noch ihren regulären Termin haben könne? Ich faxe zurück, das ginge. Am Morgen vor unserem Termin hinterläßt sie zwei Botschaften und teilt mir mit, daß sie möchte, daß ich noch etwas lese, bevor wir uns treffen, und daß sie mir das zufaxen wird. Das Fax, das schließlich ankommt, ist ein einzelner Bogen Papier mit drei handgeschriebenen Zeilen, dick unterstrichen: WENN SIE DAZU FÄHIG WAR, DANN WÄRE ICH NICHT VERRÜCKT, ODER? Ich stehe neben dem Faxgerät und starre auf das Papier. Wenn ihre Mutter dazu fähig war, das Baby zur Adoption wegzugeben und ihr zu erzählen, es sei gestorben, dann wäre die Tochter nicht verrückt, wenn sie darauf bestünde, daß ihr Kind lebt. War ihre Mutter zu dieser Lüge fähig? Ist das vielleicht der verbotene Einfall, der versucht hat durchzudringen? Das wilde Schreiben, die sturzbachartige Flut von Wörtern, das beharrliche Gefühl, daß eine tote Tochter in Wirklichkeit am Leben ist – das waren vielleicht ihre Bemühungen, etwas Undenkbares über ihre Mutter zu denken. Wenn das so ist, dann wird es vielleicht dieser undenkbare Gedanke sein, der es ihr erlauben wird, ein neues Verständnis ihrer Mutter zur Welt zu bringen, ihrer Motive, ihrer Fähigkeit, das Leben ihrer Tochter unter Kontrolle zu bringen, das Leben einer anderen Person tyrannisch ihrem Willen zu unterwerfen. Die Mutter, die dazu fähig war, die Mutter, die Juana sich nie vorstellen konnte, die sie vor ihren kritischen Gedanken zu schützen versucht hat und vor dem Urteil anderer Menschen, die Vorstellung, daß die Mutter so war, muß wahrscheinlich angenommen werden und Form erhalten, damit Juana sich von einer gefährlichen Zwangsvorstellung befreien kann. Vielleicht kann sie dann Schritte einleiten, um ihre Tochter zu finden, die womöglich am Leben ist. Ich kann meine Augen nicht von dieser einen

Seite lösen. Die Möglichkeiten, eine Mutter zur Welt zu bringen, vervielfachen sich dramatisch. Wenn Juana es wagt, diesen verbotenen Gedanken über ihre Mutter zu Ende zu denken, dann wird sie die Freiheit haben, sich die Mutter einer lebenden Tochter vorzustellen, die ihrerseits eines Tages mit ihrer richtigen Mutter vereint sein wird.

Der fünfte Termin

Die Frau, die zu unserem fünften Termin erscheint, sieht in mehr als einer Hinsicht anders aus als die Frau, die ursprünglich kam, um mit mir zu sprechen. Sie ist schlanker, wirkt gebändigt, sie trägt ihr Haar sehr kurz geschnitten. Sie erinnert mich an die Frauen, denen während des Krieges das Haar geschoren wurde, weil sie mit dem Feind Geschlechtsverkehr hatten, oder an Nonnen, die ihr Haar abschnitten, um den Schleier zu nehmen, oder an Frauen, die ihre verschwenderischen Locken in einer Art Buße opferten.

»Wir werden es nie genau wissen, oder?« fragt sie tonlos und starrt auf ihre Hände. »Gibt es keinen, den man fragen könnte? Niemanden, der ein paar Informationen hat?« – »Hätte sie es gewagt, irgend jemandem so etwas zu erzählen? Meinem Vater nicht. Er war ein stiller Mann, aber er hätte sie umgebracht. Das weiß ich einfach. Er ist tot, da gibt's noch ihre Schwester... hätte sie es ihr erzählt? Es ihrer Schwester erzählt? Nein, nein ... niemals. Sie ist jetzt alt, meistens nicht ganz da, irgendwie kann ich mir nicht vorstellen, sie zu fragen.« Dennoch scheint der Gedanke sie aufzuheitern. »Hallo, Tante Seria, kennst du mich noch? Weißt du noch, das Baby, das ich bekommen habe, das gestorben ist? Glaubst du, Mama könnte es zur Adoption weggegeben haben?«

Ihr Körper beginnt zu beben, zuerst zittern ihre Hände,

dann ihre Schultern, während sie sich vorbeugt, um ihr Gesicht gegen ihre Knie zu drücken. »Sie war meine Mutter. Meine Mutter.« Sie wartet. »Wie könnte eine Mutter ihrer eigenen Tochter so etwas antun?« Sie macht ein merkwürdiges Geräusch wie ein Bellen, das könnte Gelächter oder etwas ganz anderes bedeuten, einen Schauder vor dem Schrecklichen, ein Stocken des Atems angesichts der Erkenntnis. Ich lege ihr die Hand auf die Schulter. »Ja«, sagt sie. »Gut. Lassen Sie sie da.« Eine Weile später sagt sie, mit erstickter Stimme: »Es ist eine Art von Liebe, oder? Wenn man es so sieht? Eine grausame Art von Liebe?« Sie hebt den Kopf. Ihr Gesicht ist blaß, aber gefaßt, mit Ausnahme eines leicht zuckenden Mundwinkels. »Sie hat das für mich getan. Sie glaubte das. Und dann hätte sie ihr ganzes verbleibendes Leben, den ganzen Rest mit dieser Lüge leben müssen. Alles zu meinem Besten ... Das könnte sie sich selbst gesagt haben ... Alles zu meinem Besten. War sie dazu fähig? Das wissen wir, oder? Für mich, für das bessere Leben, das sie mir gewünscht hat. Sie wäre fähig gewesen ... zu allem ...«

Diese Therapiestunde, das letzte unserer regelmäßigen Treffen, hat vor einigen Monaten stattgefunden. Seither hat Juana mir Berichte über ihre Nachforschungen geschickt, und einige Male hat sie mich aufgesucht, »einfach, damit ich Sie sehe«. Sie hat einen Anwalt beauftragt, für die Mitwirkung ihres Mannes gesorgt und einfallsreiche Strategien entwickelt, um nach einem Kind zu suchen, das möglicherweise vor neunundzwanzig Jahren in Adoption gegeben wurde und das möglicherweise nach seiner richtigen Mutter sucht, das möglicherweise in einer fundamentalistischen Familie aufgewachsen ist – oder auch nicht. Die Stimme ist verstummt. Sie hat das Auftauchen des unvorstellbaren Gedankens über Juanas Mutter nicht überlebt. Das Manuskript ist »an einem sicheren Platz verstaut«, für den Fall, daß Juana irgendwann darauf zurückkommen will. »Es gibt Arbeit hier«, sagt sie. »Wege schaffen, damit Menschen einander finden können. Es ist wie ein Krieg. Es ist, als hätten wir einen Krieg überstanden und seien getrennt worden und müßten einander wiederfinden. Jeder braucht Hilfe dabei, anzufangen, herauszufinden, was vielleicht geschehen ist. Es ist ein grauenhafter Prozeß. Gräßlich, einfach gräßlich. All das Warten, die vergeblichen Hoffnungen, die falschen Fährten. Manchmal bist du dir ganz sicher, du hast dir etwas vorgemacht, Geld herausgeworfen, deine ganze Zeit verschwendet für nichts und wieder nichts. Es richtet Familien zugrunde, zerstört Leben und führt zu nichts. Es sind gewöhnlich Mütter und Töchter, das ist mein Eindruck, die immer wieder versuchen, einander zu finden, allen Wahrscheinlichkeiten zum Trotz. Es hält mich in Gang. Ich sitze an meinem Schreibtisch. Ich denke an all die verzweifelte Liebe da draußen, auf der Suche nach jemandem, der zu einem gehören könnte … Wie könnte ich aufhören?«

Kapitel 10

Diese Geschichte habe ich im vergangenen Sommer gehört, als ich eine Freundin in der Toskana besuchte. Augenblicklich beschloß ich, sie in meine Sammlung aufzunehmen, denn sie läßt unter der heiteren Oberfläche des Konventionellen die stürmischen, oft verborgenen Unterströmungen der Mutter-Tochter-Bindung entdecken. Die Erzählerin, eine Frau in den späten Vierzigern, schien, indem sie sprach, unerwartete Strukturen von Bedeutungen auszugraben, vergleichbar einer Archäologin ihrer eigenen Geschichte. Sie war zu einem Abendessen zu meiner Freundin nach Hause gekommen und hatte Olivenöl und Wein mitgebracht, beides Erzeugnisse ihrer eigenen Produktion und hergestellt auf dem kleinen Bauernhof, auf dem sie im Sommer und während der Ferien lebte. Ich habe einen einzigen Abend mit ihr verbracht, während meine Freundin mit einem Telefongespräch mit einem ihrer Kinder, das in einer Krise steckte, beschäftigt war. Die Geschichte jedoch fasziniert mich immer noch aufgrund der Art, wie sie Schritt für Schritt in die oft unvermuteten töchterlichen Schuldgefühle und Ängste hinabführt.

Was Beatrice sagte

Ecco, okay, also los, ich fange an. Aber ist irgendwas an dieser Geschichte der Mühe wert? Es gibt keinen Wahnsinn, keinen Mißbrauch, keinen Alkoholismus, keine wütenden Kämpfe der Eltern hinter verschlossenen Türen. Das ist eine Geschichte über die archetypische, normale, glückliche Familie. Zwei Eltern, beide sehr attraktive Menschen, die Mutter groß, schlank und hübsch, der Vater gutaussehend, beide beschäftigt mit den sportlichen Aktivitäten und dem bequemen Leben der Bourgeoisie, deren diskreter Charme durch den gesellschaftlichen Ehrgeiz meiner Mutter zu einer hohen Kunst kultiviert wurde. Es gibt auch drei Töchter, ganz perfekte kleine Mädchen, mit Locken und Bändern zu kleinen Püppchen aufgeputzt. Diese Mädchen sind natürlich nie schmutzig und niemals unhöflich. Sie haben die besten Umgangsformen, was die Eltern all ihrer Freunde bezaubert. Natürlich sind alle ihre Freunde neidisch, und auch alle die erwachsenen Menschen, die diese kleine Familie sehen, sind neidisch und eifersüchtig und voller Bewunderung, weil alle so glücklich und so normal und so vollkommen sind. Sie wohnen in diesem kleinen Haus, genau am Rand von Florenz, oben in den Hügeln, und der Vater verdient gut, denn er ist Zahnarzt, und nach dem Krieg und den schlechten Zeiten und der schlechten Ernährung gibt es eine Menge Arbeit für ihn. Er ist recht elegant, denn er hat ein Auto, und meine Mutter ist nach einer unruhigen Jugend und dem Krieg entschlossen, einen absolut sicheren Hafen zu schaffen, wo alles korrekt und richtig und glücklich und rosa ist. Und sehr, sehr sauber. Sie war in einer Familie mit Sozialisten aufgewachsen und hatte die Wirtschaftskrise erlebt. Ihr Vater war unter Mussolini als politischer Gefangener im Gefängnis gewesen, und das Ganze machte sie zu einer Person mit einer eisernen Energie und einem eisernen Willen, einer absolut unglaublichen Willenskraft. Sie drängte ihren Mann, härter zu arbeiten und mehr Geld zu verdienen. Sie sparte, indem sie selbst jeden Tag drei Mahlzeiten zubereitete, sie übernahm die Verwaltung seiner geschäftlichen Angelegenheiten und beaufsichtigte die Hausaufgaben der Kinder. Schon bevor sie in die Schule kamen, hatte sie ihnen Lesen und Schreiben beigebracht, denn sie sollten vorbildliche Kinder sein. Ihre Familie und alles, was damit zusammenhing, würden den Erfolg ihres Unternehmungsgeistes widerspiegeln. Man kann meine Mutter bewundern und man kann Mitgefühl mit ihr haben, und ich bewundere meine Mutter. Aber es ist nicht leicht, diese Frau mit dem eisernen Willen zur Mutter zu haben.

Ich bin Malerin, ich male Miniaturen, Szenen, aber während ich male, führe ich Selbstgespräche und erzähle mir Geschichten, die in Bildern und Farben Gestalt annehmen. Meine Mutter hingegen ist die Art Person, die so große Gefühle hat, daß sie nie Worte oder Bilder oder irgendeine andere Ausdrucksmöglichkeit dafür findet. Das ist ein großer Unterschied zwischen uns, es war immer ein großer Unterschied, und er verursachte Konflikte. Es ist so, als sei meine Mutter ... ein Weinschlauch, der unter dem Druck ihrer Gefühle platzen muß. Sie können und werden keine verbale Entladung finden. Vielleicht möchte sie, daß man weiß, worum es bei diesen enormen Gefühlen geht, ohne daß es mitgeteilt werden muß. Vielleicht sind die Gefühle zu groß für Worte, oder vielleicht hat sie nie hinreichend geübt, sie in Worte zu fassen. Diese Gefühle, die nicht ausgedrückt werden können, kommen also als schreckliche Stimmungen heraus. Sie schaffen eine Atmosphäre tiefer Bedürftigkeit, Seelenqual, Mißbilligung, Sehnsucht. Eine traurige, traurige Sehnsucht, als hätte man sie irgendwie verlassen. Und dann Rückzug. Für ein

Kind ist es sehr schwer, mit diesen geräuschlosen Stimmungen zu leben. Da ist Kälte, Abwesenheit, Liebesentzug. Wenn ich etwas angestellt hatte, als Kind oder als Teenager, wenn ich etwas falsch gemacht hatte, konnte sie still werden, ganz still, und tagelang kein Wort mehr an mich richten, bis ich es nicht mehr aushalten konnte. Sie konnte ihre Kälte endlos aushalten und sich mir völlig entziehen. Und nur wenn ich wortwörtlich auf den Knien zu ihr zurückkam und sagte: »Es tut mir leid, ich habe gesündigt, ich habe dir etwas angetan, und ich werde es nie, nie wieder tun«, das war die Zauberformel, die gesagt werden mußte, dann war sie wieder die richtige Mutter, sie war wieder die gute Mutter, die liebende, fürsorgliche Äffchenmutter. Die Mutter, an die man sich klammern kann, die dich nie losläßt, die Mutter, die dich hält und an die du dich halten kannst, komme, was da mag. Wenn du eine Äffchenmutter hast, die wirklich eine gute Mutter ist, dann kannst du ihren Rückzug nicht ertragen. Du wirst alles tun, um es ihr recht zu machen, du stehst in ihrer Macht. Diese Mutter wird eine unglaubliche Macht über ihre Kinder haben.

Sagen wir, du machst was falsch. Du bist ein kleines Kind und du … schön, nehmen wir an, ich mache mich dreckig, schütte irgendwas über mich. Ich hatte eine schreckliche Furcht davor, dreckig zu sein, nicht in einem übertragenen, sondern im ganz konkreten Sinn. In die Hose zu machen, wenn ich nicht rechtzeitig ins Bad ging. Ihren Zorn zu erregen, indem ich zu laut, zu aufgeregt war. Das beste Beispiel ist eines, von dem ich denke, daß es mich wahrscheinlich in symbolischer Hinsicht sehr beeindruckt hat. Denken Sie daran, wir befinden uns in den armen Zeiten Italiens in den ersten Monaten nach dem Krieg, beherrscht vom Schwarzmarkt. Oder vielleicht war es ein bißchen später, als einige Dinge schließlich in die Stadt zurückkehrten – und irgend jemand, ein Freund meiner Eltern vielleicht, hatte uns einen Block

Schokolade mitgebracht. Keine Tafel, wissen Sie, Blockschokolade zum Schmelzen. Es war das erste Mal, daß meine Schwestern und ich Schokolade gesehen hatten. Meine Eltern und ihre Freunde, die uns diese Gabe gebracht hatten, saßen am Eßtisch und amüsierten sich. Meine Schwestern und ich standen am Herd und schmolzen Schokoladenstückchen und formten kleine Figuren und Tiere, und irgendwann überkam uns der großartige Einfall, unsere schokoladenverschmierten Hände hinter dem Herd hervorzustrecken und laut zu rufen: »Schwarzmarkt, Schwarzmarkt.«

Ich glaube, die Gesellschaft lachte und fand das äußerst komisch, aber wir müssen die Schokolade auch an unsere Kleider gebracht haben, und meine Mutter wurde wütend. Inmitten der ganzen Gesellschaft wurde sie wütend, sie nahm die Schokoladenpüppchen und was sonst noch von dem Block übrig war, und warf sie ins Herdfeuer, völlig außer sich vor Wut. Und wir schämten uns ganz schrecklich, denn auch wir glaubten an unsere vollkommene Familie, und dieser Wutanfall spielte sich vor der ganzen Gesellschaft ab, und das war wirklich erschreckend. Ich war vielleicht vier oder fünf Jahre alt, aber daß diese Handlung verrückt war, war mir sehr klar. So ein kostbares, kostspieliges Geschenk landete im Feuer, weil meine Mutter einen Wutanfall hatte, weil sie uns nicht kontrollieren konnte.

Die Tatsache, daß meine Mutter Produkte unserer Kreativität vernichten mußte, war, glaube ich, ein Teil der Geschichte, ein sehr bedeutsamer, oder wenigstens wurde das später bedeutsam. Das konnte verwirrend sein. Denn zu der Zeit war meine Mutter die Art Mutter, die ihre kleinen Mädchen spielen und basteln und machen läßt von morgens früh bis abends spät. Ich denke, sie war sehr erleichtert, daß wir einander so gut Gesellschaft leisten konnten, und auch das gehörte zu ihrem Bild von der vollkommenen Familie. Sie hat natürlich genäht und gestrickt und gehäkelt und gestickt und gekocht und gebacken und hat Papierpuppen für uns ausgeschnitten – sie war sehr geschickt und hat alles mit uns gemacht, was ein Kind sich wünschen konnte. Wir hatten ein Puppenhaus, wir hatten einen kleinen Kaufladen, wir hatten all diese wunderbaren, zauberhaften Spielsachen, die sie bastelte. In einem gewissen Sinne könnte man sie also als sehr kreativ bezeichnen, aber diese Dinge waren für sie und für uns wie eine berufliche Aufgabe. Alles trug dazu bei, das Haus schöner zu machen, es zu schmücken, oder war nützlich und kostete Zeit. Die Tatsache, daß Kreativität einen anderen Zweck und ein anderes Ziel haben könnte, war ihr völlig fremd. In gewisser Weise irritierte sie das, es machte ihr angst, es brachte sie aus dem Gleichgewicht.

Ich wußte schon sehr früh, daß es viele Dinge gab, die ich ihr nie würde sagen können. Es war absolut unmöglich. Ungefähr von dem Augenblick an, da ich mein Bewußtsein und mein Gedächtnis hatte, mit vier oder fünf Jahren, wußte ich, daß meine Mutter gut darin war, Dinge zu tun und zu machen, und daß man sie immer um Hilfe bitten konnte, wenn es um etwas Praktisches ging. Aber es gab andere Dinge, und das waren die wichtigsten und schmerzvollsten Angelegenheiten in meinem Leben, die ich nicht mit ihr besprechen konnte. Zum Beispiel, daß andere Kinder in meinem Alter mich nicht verstanden, daß meine Erfahrungen anders zu sein schienen als ihre, daß ich einsam war oder irgendwie in einer anderen Welt lebte. Wahrscheinlich mein ganzer Glaube an Übernatürliches, an Engel und an Gott und irgendwie an die romantischen Elemente in der Natur, an Märchen und an mystische Geschichten – diese Dinge bedeuteten mir so viel, und sie waren für meine Mutter völlig bedeutungslos, und das wußte ich. Ich spürte irgendwie, daß sie Teile eines anderen Universums waren, zu dem sie einfach keinen Zugang hatte.

Für mich aber war das die wahre Welt, die wirkliche Welt, in der ich Tag für Tag lebte und atmete und die ich in einem gewissen Ausmaß mit meinen Schwestern teilte. Denn wir haben ständig diese Engel gemalt und gezeichnet und ausgeschnitten und uns Geschichten über sie ausgedacht.

Meine Mutter war so klug, meine Zeichnungen aufzuheben. Und sie hat meine ersten kleinen Comic strips und solche Sachen gesammelt. Und sie hat mir sicherlich einigen Beifall dafür gegeben. Aber schon sehr früh hatte ich das Gefühl, daß sie sie nicht beurteilen konnte. Sie wußte nicht, was sie damit anfangen sollte, und das ist sehr schlecht für ein Kind. Das läßt ein Gefühl zurück, das man zu der Zeit nicht benennen kann, aber ich erinnere mich jetzt immer noch daran, und jetzt nenne ich es Schuldgefühl. Etwas, das innen drin schmerzt und zieht und macht, daß du zu deiner Mutter laufen und sie trösten möchtest, … weil … weswegen? Weil sie nicht weiß, was du schon weißt. Du bist nur ein kleines Kind, aber du weißt Dinge, die deine Mutter einfach nicht erfassen kann. Sie tut dir so leid, und dann möchtest du das irgendwie ausgleichen. Das ist der Anfang von etwas ganz Gefährlichem für eine Tochter. Da fängst du an, dich selbst zu verlieren, dich aufzugeben, um mit deiner Mutter vereint zu sein. Du willst nicht besser sein als sie, insbesondere willst du nicht diese Frau übertreffen, die so stolz darauf ist, daß sie das, was sie macht, so gut macht. Es war eine Erleichterung für mich, daß meine Mutter meine Zeichnungen und Bilder sammelte, weil sie sah, daß sie damit ihre Freunde beeindrucken konnte. Sie wurden so zu einer Möglichkeit, ihr etwas zu schenken. Ich habe ihr etwas geschenkt, worauf sie stolz sein konnte, etwas, mit dem sie prahlen konnte. »Seht mal, meine Tochter! Schaut, was sie gemacht hat!«

Aber darunter war dieses einsame Gefühl, ein schreckliches Gefühl der Verlassenheit. Weil sie mich nicht sehen konnte;

sie sah mich einfach nicht und wußte nicht, wer ich war, und mein wirkliches Leben lebte ich getrennt von ihr.

Das ist schlimm, denn es hängt mit einer ständigen Verzerrung des Selbst zusammen. Die Äffchenmutter ist ständig mit der Pflege der Äffchentochter beschäftigt, es gibt keine kleine Einzelheit, die der Mutter entgeht, keine Locke, die schief, kein Band, das falsch sitzt, oder Mangel an Höflichkeit oder an Tischmanieren. Da war die extreme Weiblichkeit, die sie ihren Töchtern auferlegte. Wir waren immer gleich gekleidet, so waren wir die vollkommenen Ausstellungsstücke für meine Mutter und für die Werte, die sie vertrat und für die sie stehen wollte, und wir hatten diese perfekte Weiblichkeit allen vorzuführen. Gesehenwerden war der absolute und wesentliche Bestandteil im Weltbild meiner Mutter. Und da waren wir – oder besser gesagt war da ich, ich weiß nicht, wie sehr meine Schwestern von all dem mitbetroffen waren –, aber da war ich, mit dem Gefühl, daß ich auseinandergenommen wurde, kritisiert, kleingemacht, hochgelobt, wenn ich etwas geleistet hatte, und zur gleichen Zeit wurde ich gar nicht gesehen, nie, nie, nie. Das war ein sehr großes Dilemma, weil meine Mutter in ihrem Äffchenmutter-Verhalten sehr anziehend war. Sie vermittelte einem ein unglaubliches Gefühl von Sicherheit, sie war wie ein Felsen und wußte stets, was zu tun war, man konnte sich völlig auf sie verlassen. Und wenn in ihrer engen, begrenzten Welt etwas schiefging, konntest du immer zu ihr kommen, und sie legte dir den Arm um die Schulter und machte es wieder gut. Auf ihrem Gelände konnte sie einem immer das Gefühl geben, alles sei *bene, molto bene*, weil Mutter da ist.

Das ist sehr verführerisch. Sie kann dir sagen, was ein Kind hören soll und hören möchte, und dann machst du einfach weiter, du löst kein einziges Problem, und du bekommst keine wirkliche Hilfe und kein Verständnis, aber da ist immer das

Gefühl, daß du nicht alleine bist – dabei bist du allein, völlig allein.

Vielleicht ist das hier genau die Geschichte, die es wert ist, erzählt zu werden. Während dieser ganzen Erschaffung der idealen Tochter der liebenden Mutter der perfekten Familie wächst in der Tochter ein anderes Selbst sehr unglücklich heran. Es wird nicht gesehen, nicht zur Kenntnis genommen und nicht verstanden, und eines Tages gelangt das ganze Elend dieses verborgenen Selbst heraus an die Oberfläche. Das geschah bei uns, als ich sechzehn war.

Ich fand eine Freundin, sie wurde meine wahre Leidenschaft, meine erste richtige Freundin. Sie hieß Gabriella, ich nannte sie Abra, was meine Mutter immer wütend machte, denn sie war wohl die erste Person, die zwischen uns trat. Ich hatte eine Freundin, einen ganzen abgetrennten Bereich, wo ich mich begeistern konnte, wo ich die verrücktesten, romantischsten, kindischsten oder absurdesten Gefühle haben konnte, die sie einfach als selbstverständlich hinnahm. All das, was meine Mutter nie anerkannt hatte und ablehnte, konnte ich mit Abra tun und ausdrücken. Ich verbrachte meine Zeit damit, mit Abra durch die Stadt zu schlendern, und ich übernachtete sogar bei ihr. Abras Familie war, nun, unmöglich vom Standpunkt meiner Mutter aus gesehen ... die Mutter geschieden, sie gab der Tochter völlige Freiheit, ließ sie Jeans tragen, rauchen, und Jungen durften ins Haus kommen und sogar über Nacht bleiben.

In dieser Zeit hatte ich auch einen Freund kennengelernt, der zehn Jahre älter war als ich und Maler. Er hieß Paolo, änderte seinen Namen aber zu Pavel, weil das für ihn mehr nach Kunst und Avantgarde klang. Er gehörte zu einer elitären Künstlergruppe, die sich für alles Ausländische interessierte, insbesondere aus Rußland, Deutschland und Frankreich. Also machte er jetzt plötzlich diese Türen zu Kultur und Kunst weit auf, und das auf dem höchsten Niveau. Und ich habe wie wild praktisch alles über Literatur und Kunst gelernt und gelesen, das er mir gab, und alles, was ich finden konnte. Er nahm mich mit in Avantgarde-Galerien und zu Vernissagen. In Florenz geht man natürlich in jeder Klasse und in jedem Schuljahr in Museen, aber das war etwas anderes. Ich habe diese Bilder nicht verstanden, aber Paolo ließ sie mich stundenlang anschauen, und sie begannen sich anzufühlen wie ein Teil von mir.

Natürlich hatte ich diesen naiven Wunsch, diese ganze Welt mit meiner Mutter zu teilen, die natürlich immer noch darauf bestand, die beste Freundin ihrer Töchter zu sein. Schließlich war ich erst sechzehn Jahre alt. Aber jetzt klappte das irgendwie nicht mehr. Meine Mutter hat es ganz wacker ein paar Jahre lang versucht, und dann hat sie es völlig aufgegeben. Sie konnte nicht mit uns mithalten. Sie versuchte, die Futuristen zu verstehen, Kandinsky, Dada. Nennen Sie, was Sie wollen, alles, was in diesen Jahren, in den späten Fünfzigern, wichtig war. Das hat sie gemacht. Meine Mutter. Das ist eine wirklich traurige Geschichte, denn sie hat versucht, mit uns mitzuhalten, aber wie konnte sie mit uns mithalten, wenn alles, was sie kannte, die kleine heile Welt war, die sie geschaffen hatte, in der es nichts Dunkles oder Schmutziges oder Schwarzes gab. Ich möchte nicht grausam sein, aber mir fällt immer dieses absurde Bild zu meiner Mutter ein. Sie sitzt da und preßt ihre Arme an ihren Körper, damit ihre Ellbogen nicht abstehen, so wie sie es uns als Kindern beigebracht hat, und gleichzeitig versucht sie etwas über die Kunst von Francis Bacon zu lesen. Ich male solche Szenen, aber das würde ich natürlich niemals malen, es würde mir einfach das Herz brechen und gleichzeitig, beim Erzählen, lache ich. Nein, ich weine. Nein, ich weiß nicht, was ich mache, lachen, weinen …

Meine Mutter war so unglücklich mit dieser modernen

Kunst. Sie hat sie nicht verstanden, und sie gefiel ihr nicht. Die düstere Weltsicht, die darin ausgedrückt wurde, ging ihr ganz grundsätzlich gegen ihre Art und sie wollte nichts damit zu tun haben.

So habe ich nach und nach meine Mutter verloren oder sie mich. Die alte Bindung starb dahin. Mein Leben lebte ich mit Abra und mit Paff, wie er sich jetzt nannte, was meine Mutter ebenfalls wütend machte, weil sie dachte, er eile einer nihilistischen terroristischen Zukunft entgegen. Das glückliche Leben in unserer heilen, glücklichen Familienwelt war vorbei.

Nicht daß mein neues Leben ein glückliches Leben war. Für mich war es ein sehr gespaltenes Leben. Getrennt von meiner Mutter und auch gespalten in meinen neuen Freundschaften. Mit Abra konnte ich wild sein und albern und komisch, und ich hatte immer etwas Absurdes zu sagen und ein wildes Spiel zu spielen, und wir konnten lachen, bis wir zu Boden fielen, oder die ganze Nacht aufbleiben und Renata Tebaldi hören und uns die Augen ausweinen und Perücken und Make-up tragen und ganze Arien singen. Und das ist sehr interessant, weil ich immer die Männerrollen hatte, den jugendlichen Liebhaber, den *enamorato*, der sich natürlich aus Verzweiflung umbringen wird, wenn er seine Geliebte verliert. Aber mit Paff und seinem Kreis war alles, was ich machte, sehr abgehoben und fürchterlich befangen, als ob ich versuchte, mich selbst zu erfinden. Meine Sprache schien völlig zu verschwinden. Ich hatte keine Sprache, um mit ihnen zu reden. Es war, als sei ich wieder unter der Aufsicht meiner Mutter, nur waren es jetzt intellektuelle Gepflogenheiten und Bildung, die zählten. Ich glaube, ich habe meiner Mutter vorgeworfen, daß sie mich nicht auf dieses Leben von Bildung und Ideen vorbereitet hatte.

Denn ich spürte, daß eine behütete bürgerliche Jugend kein Gegenstand für Kunst oder Malerei war. Ich dachte, Paff und seine Freunde hätten recht, und ich müßte alles Tragische durchmachen, was ich finden und erreichen könnte, um die Substanz zu gewinnen, die eine Künstlerin haben sollte. Auch hier klagte ich meine Mutter an. Von ihrer behüteten rosafarbenen Äffchenfamilienwelt beschützt worden zu sein war mein Fluch gewesen, und jetzt würde ich mich vor nichts mehr schützen. Deswegen völliger Masochismus, richtiges Leiden, gräßlicher Sex, Abtreibungen, schreckliche Drogen, alle Schrecknisse, die in meiner Reichweite lagen, um mich selbst zu einer reifen Persönlichkeit, einer erwachsenen Frau, einer wirklichen Künstlerin zu formen. Aber ich schaffte es nicht, nicht in ihren Augen. Statt dessen bedeutete in ihrem Kreis, eine Frau zu sein, die Muse zu werden, die stille Muse, nachzugeben, Paff und seine Freunde die Rolle meiner Mutter übernehmen zu lassen, auch wenn der Schauplatz ein so ganz anderer war. Ich wurde zum schönen Objekt, das sie zur Inspiration brauchten und gerne ausstellten, aber für eine Partnerschaft gab es keine Chance.

Plötzlich malt Paff mich, ich bin sein einziges Motiv, ich sitze Tag und Nacht für ihn. Da kann er es natürlich nicht leiden, er kann es wirklich nicht leiden, daß ich meine kleinen Cartoons mache und zeichne und meine Zeichnungen manchmal seinen Freunden zeige. Da sind wir also wieder. Nachdem meine Mutter es nicht aushalten konnte, wer ich war, gab es Paff, der nicht aushalten konnte, wer ich war, und das Ganze wiederholte sich. Was mir wirklich wichtig war an mir, verschwand im Untergrund; alles Verträumte und Mystische und Spirituelle und die Sehnsucht, das künstlerisch auszudrücken, verschwanden einfach. Ich glaube, ich wählte ihn als ein wirkliches Abbild meiner Mutter, ebenso nörglerisch und intolerant und unfähig, mich sein zu lassen, wie ich war. Aber natürlich war er ein Mann, und ich lernte auch von ihm, weil er so viel interessantes Fachwissen hatte über Kunst,

Sprache, Bildung und Philosophie, das ich brauchte und das mir fehlte.

Ich sah meine Mutter nun aus einem kritischen Abstand. Ich verachtete sie, ich dachte, sie ist ein armseliges bürgerliches Nichts, eine leere Frau, die überhaupt nichts weiß, die ein Leben der Konvention führt, die nichts eigenes hat, die in der Falle steckt und die nie herauskommen wird. Die Falle der Mutterschaft, der Ehe, dieses konventionellen Lebensstils, in dem Vorzeigen alles war und Substanz nichts. Sie hatte kein Potential für irgend etwas anderes, so sah ich sie, und natürlich unterstützten Paff und seine Freunde mich in dieser Sichtweise, und ich sah auf sie herab. Und gleichzeitig hatte ich unglaubliches Mitleid mit ihr. Es brach mir das Herz, sie so zu sehen. Jetzt kommen diese Tränen wieder. Da kommen sie. Ich hatte das Gefühl, daß mir in meinem Leben alles offenstand, als hätte ich alle Möglichkeiten. Nicht, daß es leicht war, aber ich entdeckte, daß das Leben für mich eine tiefe Bedeutung hatte und daß die Suche nach dem Sinn und nach mir selbst das war, was mein Leben ausmachte.

Meine Mutter machte sich Sorgen um ihre älteste Tochter. Weil ich ausbrach in eine wirklich dunkle und gefährliche Welt mit Paff und Drogen und Alkohol und weil wir auch etwas mit terroristischen Vorstellungen sympathisierten und manchmal vielleicht auch mehr als sympathisierten. Auch die lesbische Liebe lauerte im Hintergrund durch Abra. Meine Mutter wollte mich festhalten, ich glaube, weil ich, aus Mitleid und Schuldgefühlen heraus, mehr und mehr zu einer Person wurde, die versuchte, sie zu retten und ihr ein neues Leben zu schenken. Ich wurde zu ihrem Partner, es sah so aus, als nähme ich den Platz meines Vaters ein, wenn ich mit ihr über das Leben redete. Er sprach über nichts anderes als Geld und Autos und Sport. Meine jüngeren Schwestern hatten nichts im Kopf als Freunde und reich zu heiraten, und es muß Gründe dafür gegeben haben, daß sie weder mit mir noch mit meiner Mutter darüber sprachen. Vielleicht haben wir alle meine Mutter gehaßt, weil sie so kontrollierend und kritisch war, so daß meine Schwestern jetzt einen Weg gefunden hatten, ihr das heimzuzahlen. Sie erzählten ihr genau das nicht, was meine Mutter gerne gewußt hätte.

Ich fand natürlich, daß alles, was meine Mutter zu meinen Angelegenheiten zu sagen hatte, einem leichten Schulterklopfen entsprach. Es war immer: »Ach, warte, mein Liebes. Du mußt einfach warten, bis der richtige Mann kommt.« Spirituelle Qualen oder Weltschmerz konnte sie nicht verstehen oder begleiten. Dennoch kam ich mit meinen Sorgen zu ihr. Ich spürte, daß das die emotionale Nahrung war, die sie brauchte, von der sie lebte, damit sie sich nicht leer fühlte. Aber gleichzeitig hatte ich mehr und mehr den Eindruck, daß ich ins Leere fiel, wenn ich das tat und mit ihr über das redete, was wirklich in meinem Universum los war und in meiner Seele. Es wurde zu nichts, wie Sand, der mir durch die Finger rieselte, weil sie das gar nicht erfassen konnte. Sie konnte mir gar nichts zurückgeben, und zum Schluß fühlte ich mich völlig leer, leer wie sie. Irgendwie hatte sie sich die Verzweiflung einverleibt und mir nichts übriggelassen. Sie war zu einem schwarzen Loch geworden, zu einer schrecklichen, schrecklichen Leere, die alle Gefühle, die man hineinschüttete, aufsog und nie zurückgab, und das war die Mutter meiner Teenagerjahre, bis, ich weiß nicht wie lange, vielleicht könnte man sagen, für immer. Immer das Gefühl, das ich mit meiner Seele meine Mutter füttern müßte, die sich davon ernähren würde wie ein Vampir. Der Ehemann still und abwesend, zwei Töchter, die herumflatterten und Geheimnisse hüteten. Ich war ihr Ersatzpartner. Ich war ihr Ehemann geworden. Und in gewisser Weise machte sie mir den Hof, und ich war sehr wichtig für sie.

Es ist wirklich eigenartig, wie ihre perfekte und anhängliche Bilderbuchtochter so eine geplagte Person geworden war. Was mich plagte, war wahrscheinlich eine tiefe Einsamkeit. Ich hatte meinen künstlerischen Ausdruck nicht gefunden und wollte ihn aber finden, und dem Niveau, das Paff und seine Freunde hatten, fühlte ich mich nicht gewachsen. Ich hatte Abra nicht wirklich, nicht mehr, Abra hatte plötzlich keine Zeit mehr für mich. Ich hatte meine täglichen kleinen Zeichnungen, übertriebene und zwanghafte Comic strips über mein Leben. Aber diese hielten natürlich den kritischen Blicken Paffs und seiner Freunde nicht stand. Um richtig zu ihnen gehören zu können, mußte man eine großartige künstlerische Form finden, denn sie waren Maler und Musiker und Bildhauer. Und ich wollte das verzweifelt, und ich hatte das Gefühl, daß ich entweder nichts zu sagen hatte oder daß ich nicht die richtige Form hatte, es zu sagen. Wenn ich versuchte, »Kunst« zu machen, kam immer etwas Naives, Kindliches heraus, mit zuviel romantischer Begeisterung oder zuviel Verzweiflung, etwas, das ich nie ironisch gestalten konnte, wie es der damals angesagten Mode entsprochen hätte.

Es ist spaßig, wie all diese zufälligen, chaotischen Stücke zusammenfallen, wenn man eine Geschichte erzählt. Ich habe nie darüber nachgedacht, wie sehr die Beziehung mit meiner Mutter tatsächlich der eine rote Faden war, der mein ganzes Leben durchzog. Meine Schwestern entschieden sich für Ehe und Kinder. Abra kam und ging und kam zurück und ließ mich wieder fallen, schließlich trennte ich mich von Paff, der absurderweise der kommunistischen Partei beitrat. Aber meine Mutter ist immer da. Am Anfang bin ich ihr Äffchen, ihr kleines Äffchen, ihre kleine Traumpuppe. Dann werde ich zu ihrem Pygmalion, mit aller Verachtung, die das ausdrückt. Als nächstes wird sie zu meiner Dame in Not, der unglücklichen Prinzessin, der Verlassenen, die ich zu retten versuche. Bald darauf verwandelt sie sich in meine Vampir-Mutter, ich gieße meine Seele aus, um ihr Nahrung zu geben. Oder vielleicht etwas freundlicher, könnte man sagen, daß diese sehr mächtige Frau mit ihrem eisernen Willen zu meiner Schmerzensmutter geworden ist, die weinend am Fuß des Kreuzes ihrer gescheiterten Familienideale steht, falls, entschuldigen Sie bitte, Ihnen das Bild nicht zu romantisch ist. Ich nehme an, ich könnte sie so malen, natürlich ohne das Kreuz. Ich selbst in der Rolle des geliebten Jüngers Johannes, an den sie sich anlehnt, halb ohnmächtig, halb betäubt durch den Schmerz ihres zum Schweigen gebrachten Protestes.

All diese Verstrickung ... es braucht ein großes Wort, mehr als Bindung, weil das Band einfach hält und hält und nicht aufhören kann und will; selbst wenn sie gestorben ist, wird es nicht zerrissen, es ist so leidenschaftlich. Selbst wenn es zerreißt, ist es noch da, es nimmt einfach eine andere Form an. Das werde ich Ihnen jetzt erzählen.

Schließlich beschloß ich, Italien zu verlassen. Ich zog nach London und hatte sehr viel Erfolg als Veranstalterin von Kunstausstellungen und dann als Illustratorin und schließlich selbst als Malerin. Ich war wirklich sehr erfolgreich. In einem gewissen Sinne habe ich also, obwohl ich sie in diesen Jahren fast nie gesehen habe, meinen Waffenstillstand mit meiner Mutter gemacht, nicht meinen Frieden, aber meinen Waffenstillstand. Wenn wir uns trafen, habe ich immer hart daran gearbeitet, uns die Illusion von Nähe zu geben. Ich war jetzt sicher, ich hatte keine Angst davor, mich in ihr zu verlieren, ich hatte eine Welt, die von ihr getrennt war. Ich brachte immer Dinge zu lesen mit oder Dinge, die ich zeigen konnte, und meine Mutter und ich taten so, als seien wir wieder die besten Freundinnen. Und bald endete alles auf ihrem Couchtisch, sie konnte nicht widerstehen, wenn es darum ging, stolz auf mich zu sein, wenn ich erfolgreich war, auch wenn ich es in einer Welt war, die sie nicht schätzte. Sie genoß die Tatsache, daß ihre Tochter jemand war, selbst wenn sie Bilder malte, die meine Mutter nicht gerne betrachtete. Sie konnte wieder mit mir angeben, obwohl das auch unbequem war. Aber was sich nie veränderte, war das Gefühl des schwarzen Lochs, das ich bei meiner Mutter hatte. Daß sie mich sogar mehr als jemals zuvor brauchte, weil meine beiden Schwestern sich wirklich entfernt hatten, und ich fing an zu spüren, daß ich nie, niemals in der Lage sein würde, meine Mutter zufriedenzustellen, egal wie oft ich zu Besuch kam oder wie viele Reisen ich gemeinsam mit ihnen machte. Sie wurde älter, und ich konnte spüren, wie ihre einsame, einsame Verzweiflung über ihr Leben wuchs und wuchs.

Es war die Art, wie sie mich gewöhnlich anschaute. Der Blick eines geschlagenen und ausgesetzten Hundes. Es ist der Blick, der dir sagt, daß der Hund dir ganz in Liebe ergeben ist, zu deinen Füßen liegen möchte, unter deinen Füßen liegen möchte, völlig abhängig von dir ist und dich braucht, und wenn du sein Ohr kraulst oder ein freundliches Wort für ihn hast, gut, dann hast du ihn glücklich gemacht, und er wird mehr wollen. Das ist etwas, das ich nie malen wollte, wissen Sie, aber ich sehe es immer vor meinem inneren Auge. Der Hund, der der Tochter zu Füßen liegt, aber der Kopf des Tieres hat das Gesicht der Mutter, voller Sorge und Vorwurf. Ich wollte, ich könnte das malen. Ich weiß nicht, ob ich es malen könnte. Ich würde es nie malen. Dieser Vorwurf der gequälten Kreatur. Es ist schlimm bei einem Hund, aber in einem menschlichen Gesicht ist es sogar noch schlimmer, weil da immer die Erinnerung ist an »all das, was ich für dich getan habe, und schau, was du für mich tust, du machst dir nicht einmal die Mühe, meine Ohren zu kraulen«.

Wie könnte man so etwas malen, das nicht zornig wäre, nicht bitter, vielleicht angefüllt mit einer Art Liebe, die vermischt ist mit Schmerz und Angst um die Mutter? Aber irgendwie muß man in dem Bild in dem menschlichen Gesicht des Hundes zeigen, daß die Mutter einen bei der ganzen Seele fassen muß, nichts anderes ist dazu geeignet, die Leere zu füllen. Diese äußerste Verzweiflung und Leidenschaft und Drolligkeit und Weinerlichkeit und Bedürftigkeit muß in dem Gesicht stehen. Hunger. Was für ein entsetzlicher Mutter-Hunger.

Ich stelle mir immer ein anderes Bild vor, in dem die Mutter und die Tochter an der Tür stehen, um sich zu verabschieden. Es müßte die Art erfassen, wie die Mutter dich an sich reißt, wenn sie sich verabschiedet, und wie sie dich mit diesem Blick anstarrt. Du mußt ihr einen Kuß zuschleudern, nur um diesen Augen zu entkommen. Und dann mußt du rennen und rennen und rennen. Aber wenn das ein Bild wäre, müßtest du alles gleichzeitig zeigen, den Blick der Mutter, die Qual, den Schrecken und die Wut, wie die Tochter sie fühlt, und das Weglaufen. Alles müßte in diesem zornigen Kuß enthalten sein, diesem gequälten, widerwillig gegebenen, geforderten Kuß, den die Tochter der Mutter gerade überreicht …

Einmal, gegen Ende eines Besuches, erhielt mein Liebster einen Anruf aus London, und wir dachten, wir sollten ein oder zwei Tage früher zurückfahren. Wir verbrachten einen ruhigen Abend miteinander zu Hause, also rief ich meine Mutter zu uns herüber und sagte: »Ich werde ein paar Tage früher nach London zurückgehen. Das und das ist passiert, und es tut uns wirklich leid, aber es sieht so aus, als sollten wir wirklich gehen.«

Nun, natürlich ist meine Mutter sofort stocksauer, zutiefst verwundet und tödlich gekränkt. »Du kannst uns nicht einmal eine Woche deines Lebens schenken? Kannst du keine Aufmerksamkeit und kein Interesse für uns aufbringen? Wenn du es so eilig hast, warum reist du nicht gleich heute abend ab?«

Meine Mutter war am Boden zerstört. Alles war für sie verloren. »Es ist immer so«, sagt sie. »Du machst Versprechungen und du nimmst, und so bist du immer gewesen. Selbstsüchtig. Immer geht es zuerst um dich. Das ist genauso wie beim letzten Mal. Immer machst du Versprechungen, und nie gibst du etwas.« Ich konnte mich nicht daran erinnern, über welches letzte Mal sie redete, und vielleicht hatte sie recht, vielleicht war ich da auch früher abgereist. »Nicht einmal eine Woche Zeit hast du für uns, nicht einmal eine Woche.« Und folglich sage ich: »Nun, wir kommen immer an diesen Punkt.« Ich habe gesagt, ziemlich verletzt und zornig: »Es gibt keine Vermittlung zwischen unseren Sichtweisen. Ich begreife deine nicht und du meine auch nicht.« Und ich bin aufgestanden und aus dem Zimmer gegangen.

Als ich abreiste, hatten wir den Streit noch nicht ganz beigelegt. Es war ein schrecklicher Abschied. Meine Mutter schaute mich wieder an, mit tränennassen Augen, wie ein geschlagener Hund, und all das mit dem schrecklichen Gefühl von »Wie kannst du mich so leiden lassen?« Folglich habe ich mich gequält. Wir fuhren zurück nach London, aber an der ersten Tankstelle stieg ich aus, um auf die Toilette zu gehen, und wollte sie anrufen. Ich wollte es wieder kitten, wollte niederknien und sagen, ich tue das nie wieder, vergib mir, nie wieder werde ich früher abreisen, ich komme zurück, ich fahre mit dem Zug und bin in einer Stunde da. Mein Liebster hielt mich davon ab. Dann tat er etwas Ungewöhnliches. Er kaufte mir in dem Laden einen großen Zeichenblock, schubste mich irgendwie auf den Rücksitz des Autos und fing an zu fahren, ganz langsam. Ich fing an zu zeichnen wie eine Wilde, die gleichen kleinen Cartoons, die ich in meinen Teenagerjahren gemacht habe.

Als wir hielten, um zu tanken, zeigte ich ihm diese verrückten Zeichnungen, und da waren ganze Seiten voll davon, praktisch der ganze Block. Also kauften wir noch einen, und ich machte weiter, sprach dabei laut mit mir selbst auf dem Rücksitz und erzählte mir diese verrückten Geschichten, die sich in den Bildern zeigten. *Aspetto, aspetto,* warte, warte, warte. Ich werde sie später beschreiben. Natürlich wußte ich das zu dieser Zeit nicht, aber ich zeichnete meinen Weg hinaus aus der Tyrannei der Sorge um meine Mutter und ihr leeres Leben, und ich fing an, mich zu fragen, warum es diese Tragödie gab, weil ich das Haus meiner Eltern ein oder zwei Tage früher verlassen hatte als geplant.

Das ist eine Frage der Schuld. Schuld der Töchter. Die Sprache kann die Schuldgefühle nicht beschreiben. Es fühlt sich an wie ein überdimensionaler Schmerz, wie ein blutendes Herz. Es ist so leicht, mich an die Stelle meiner Mutter zu versetzen, diese Augen zu sehen und ihr Alter und zu wissen, wie bald sie sterben wird. Ich kann all die Vorwürfe hören und »Nie tust du etwas für uns« und »Nicht einmal eine Woche aus deinem Leben« und das alles. Und das macht, daß ich mich wie eine Schwerverbrecherin fühle, wie ein liebloses Ungeheuer, völlig lieblos, egoistisch, narzißtisch, eine kranke, abartige Person, die überhaupt keine normalen Gefühle kennt und es nicht verdient zu leben.

Als wir nach London zurückkamen und all die kleinen Cartoons betrachteten, erkannte ich, daß ich die einzelnen Bestandteile eines riesigen Gemäldes skizziert hatte. Wie könnte man Schuldgefühle malen? Die verurteilte Tochter steigt die Stufen hoch zur Guillotine und spürt, daß sie ihr Schicksal verdient hat? Um sie herum jubelt die Menge, sie bewerfen sie mit Essensresten, Menschen versuchen sich durchzukämpfen, um an ihr zu zerren, an ihren Kleidern zu ziehen, ihr die Haare vom Kopf zu reißen. Und auf ihrem Gesicht dieser Ausdruck zerquälter Gewißheit, sie weiß, daß sie gleich genau die Bestrafung erhält, die sie verdient. Aber die Menge hat Tiergesichter und Vogelgesichter und Gesichter von Reptilien, und natürlich gibt es in diesem Bild keine Mutter, weil das ganze Bild ein Porträt der Mutter ist, und allein die Tochter hat in dem ganzen Bild ein gequältes menschliches Gesicht.

Da bin ich also, ich bin in meinem Atelier in London und male wie eine Wilde, wie Wellen überfallen mich Schuldgefühle, und ich fange an zu spüren, daß etwas in mir sich weigert, weiterhin für meine Mutter verantwortlich zu sein, sie zufriedenstellen zu wollen, indem ich ihr mein Herzblut spende. Ich wollte diese Rolle nicht mehr, nicht mehr dieses schwarze Loch ihrer Bedürfnisse füllen.

Dann blieb ich stecken. Ich kam mit meiner Malerei nicht weiter. Alles war eingezeichnet, die Figuren in der Menge waren da, und die Tochter, die die Stufen zur Guillotine hochstieg, aber auf einmal konnte ich nicht mehr weitermachen. Alles das ist natürlich sehr dramatisch, denn wenn eine Tochter anfängt, die Beziehung zu ihrer Mutter abzubrechen, dann muß es einen großen Sturm geben. Tagelang sitze ich an meinem Fenster und esse nicht und schlafe nicht. Und plötzlich kommt mein Liebster herein und sagt, daß ihm etwas aufgefallen sei, als wir darüber sprachen, das Haus meiner Eltern früher zu verlassen, und meine Mutter jegliche Veränderung der Pläne zurückwies, jeden Vorschlag und jeden Kompromiß, daß wir an Weihnachten früher kommen könnten oder so. Mein Liebster bemerkte, daß meine Mutter überhaupt nicht leidend wirkte, daß sie einfach genervt hat mit ihrer Stimmung: ärgerlich, wütend, empört, ungehalten. Ich sei die einzige gewesen, die gelitten habe, ich hätte sehr gelitten, das habe er in meinem Gesicht gelesen. Mein Liebster konnte das in meinem Gesicht lesen.

Das war eine unglaubliche Erleuchtung für mich. Ich sah, daß das Leiden meiner Mutter – ich sah das zum allerersten Mal – Launenhaftigkeit war. Wenn sie nicht bekommt, was sie will und wovon sie glaubt, daß es ihr zusteht, glaubt sie, sie sei verstrickt in ein Drama der Lieblosigkeit von sagenhaftem Ausmaß. Ein Messer durchdringe ihr Herz, behauptete sie – und damit hat sie die ganze Familie tyrannisiert, solange wir leben, und mich ganz besonders. Sie hat von diesem Leiden gelebt.

Was ist denn so tragisch an ihrem Leben? Das begann ich mich nun zu fragen. Wo ist die Tragödie? Sie hat ein sehr ausgefülltes, prächtiges und gutes Leben, ihren eigenen Maßstäben zufolge. Mein Vater war erfolgreich in seinem Beruf, sie bewegen sich in den höchsten Gesellschaftskreisen, meine Mutter ist höchst angesehen, eine Kleinstadt-Königin, könnte man sagen. Sie haben genug Geld für einen behaglichen Ruhestand, sie reisen, wohin sie wollen. Warum ist sie also in ihren eigenen Augen so bemitleidenswert?

Das war die Offenbarung. Sie würde es überleben, daß ich das Haus zwei Tage früher verlasse. Welch eine Enthüllung. Danach habe ich mein Guillotinenbild nicht fertiggemalt. Ich habe es einfach gelassen, wie es war, ein Entwurf, mit ein paar Farbklecksen, und eines Abends fing ich an, Eier zu zeichnen. Diese großen Eier, in denen man andere Eier sehen kann, als ob die Eier mit sich selbst schwanger wären und größer und größer würden und aufbrechen und Eier zur Welt bringen würden, die wiederum Eier zur Welt bringen. Und ich hatte Lachanfälle, obwohl ich keine Vorstellung davon hatte, was ich malte, ich konnte einfach nicht mehr aufhören zu lachen. Ich war zu der Zeit wirklich völlig wahnsinnig, erzählte mir selbst Geschichten, lachte laut und malte Eier. Und eines frühen Morgens war ich plötzlich fertig. Und ich hörte mich selbst sagen – und das ist auf italienisch sehr komisch, ich weiß nicht, wie es auf englisch klingt –, ich hörte mich selbst sagen: *das Zerschlagen des symbiotischen Eis.* Und das war der Name für meine Reihe von Bildern von Eiern, die natürlich für niemand anderen eine besondere Bedeutung haben, aber für mich bedeuteten sie, daß ich die schreckliche unstillbare Sehnsucht nach ewiger Symbiose und Zusammensein mit meiner Mutter aus mir herausmalte.

Während der ganzen Zeit, nachdem ich ihr Haus zwei Tage früher verlassen hatte, war es, als sei zwischen meiner Mutter und mir eine Eiszeit ausgebrochen. Alles war eisig. Unsere Beziehung war eingefroren, es gab keine Liebe, keine Zuneigung, keine Zärtlichkeit mehr. Sie hat genau das gemacht, was sie immer machte, um mich auf die Knie zu zwingen: mir den Rücken zugekehrt und Kälte gezeigt. Aber dieses Mal kam ich nicht, um zu sagen: »Es tut mir leid.« Ich konfrontierte sie und schickte ihr Briefe, in denen stand: »Wenn du so weitermachen willst, ist es mir auch recht.«

Sie bekam nicht, was sie wollte. Ein Mal, ein einziges Mal konnte sie mein Innenleben, meine Gefühle, nicht kontrollieren, sie konnte mich nicht mit Schuldgefühlen erpressen. Und das führte zu einem Erdrutsch in meinem wie in ihrem Innenleben. Die ganze Landschaft unserer Beziehung veränderte sich. Es war sehr ungemütlich im Eis, natürlich, aber die Luft war scharf und klar, und die Distanz, die dadurch geschaffen wurde, fühlte sich gesund und normal an. Diese übersteigerte Nähe und Wärme, die immer nur unser völlig infantiles Verlangen nach der vollkommenen Vereinigung war, sollte es gar nicht geben. Da war immer etwas Gekünsteltes dran. Und das sollte es nicht geben, und ich hätte nicht versuchen sollen, es herzustellen, denn es gibt keinen Grund, von unserer besonderen Zusammengehörigkeit zu schwärmen. Wir sind einfach sehr gewöhnliche Menschen, wenn wir jetzt zusammenkommen. Wir sprechen dann zwei Minuten lang, und dann haben wir uns nichts mehr zu sagen, aber das halten wir aus und verbringen die Zeit miteinander, wenn alles in Ordnung ist, sehen fern, tun eigentlich wirklich nichts. Und das ist sehr langweilig und sehr friedlich und ganz angenehm, und so ist das Leben meiner Eltern eben. Und das ist alles.

Es hat alles mit dem Zerschlagen der Eier aufgehört. Meine eigene wehmütige Verbindung zu meiner Mutter, mein Kleinkinder-Hunger nach einer Mutter, die wirklich da wäre und die man verehren und wirklich lieben könnte und die mich anerkennen würde. Ich habe diese Mutter nie gehabt, und jetzt war der Traum davon mit dem Zerbrechen der Eier endlich zerschlagen.

Natürlich, unter dem Eis heraus und im Laufe der Zeit wuchs eine einfache Landschaft mit Staub und ein paar grünen Bäumen und etwas Gebüsch, nichts Spektakuläres, aber auch nichts Schreckliches, wissen Sie. Eine bewohnte Wüste unserer alten Beziehung würde ich es nennen. Jetzt ist es mir erlaubt, anders zu sein, weil ich jetzt nicht versuche, sie zu retten, weil ich nicht mehr versuche, ihr Leben lebendiger zu machen. Ich mache gar nichts. Ich nehme die Dinge einfach so, wie sie sind. Und das kann ich.

Gut, ich sollte noch hinzufügen, daß es auf eine äußerst komische Weise, auf ironische Weise, für meine Mutter eine Erleichterung zu sein scheint. Die ganze Geschichte vom Alter von sechzehn Jahren an hat jetzt ein Ende gefunden. Ich habe diese schreckliche Anforderung an sie gerichtet, jemand zu sein, die sie nicht war, genau die Anforderung, die sie immer an mich richtete. Ich wollte nicht ihre perfekte, traditionell weibliche, bürgerliche Tochter sein, die einen reichen Mann heiratet. Und sie konnte niemals eine düstere, leidenschaftliche, verzweifelte Intellektuelle werden. Und jetzt, da ich das nicht mehr mache, irgend etwas verlange oder mit Themen oder Gesprächen und Unterhaltungen und Büchern die Kluft zwischen uns zu überbrücken versuche, jetzt, da ich das nicht mehr mache, ist sie viel entspannter und kann ein bißchen mehr sie selbst sein.

Nachdem ich all die Jahre gedacht habe, daß sie versucht hat, mich zu verändern, habe ich erkannt, daß ich mit ihr genauso unduldsam war. Jetzt kann ich die Wirklichkeit dessen anerkennen, was sie ist, den Unterschied zwischen uns, den unüberbrückbaren Abgrund zwischen ihrem und meinem Leben. Ich kann glauben, daß ihr Leben – obwohl es nach meinen Maßstäben völlig leer ist – für sie nicht leer ist. Ich weiß nicht einmal, ob sie sich leer fühlt. Wäre es nicht komisch, wenn meine Mutter die ganze Zeit über genauso eigensinnig und stur gewesen wäre und gewünscht hätte, daß ich es auf ihre Art und Weise mache, und Schuldgefühle eingesetzt hätte, um mich zu strafen, wenn ich es nicht tat? Und war das alles? Und alles, was ich tun mußte, war, mich schulterzukkend abzuwenden und meinen eigenen Weg zu gehen, was ich tatsächlich getan habe? Und was ist mit der Tragödie und dem Schmerz und dem Leid? Es war da, aber es gab keinen wirklichen Grund dafür. Ist es das, was am Ende dabei herauskommt? Ist das die Antwort auf die Frage, die Sie mir gestellt haben? Habe ich meine Mutter zur Welt gebracht? Wie habe ich sie zur Welt gebracht? Nun, es war so ...

Kapitel 11

Staceys Geschichte

»Hi, hier ist Stacey. Erinnern Sie sich an mich? Meine Mutter möchte mit mir zu Ihnen kommen. Rufen Sie mich an, wenn das in Ordnung geht. Immer noch dieselbe Telefonnummer. Ich bin wieder da. Mensch, sie will mit mir mitkommen. Sie will herkommen. Also, ich hab Angst, das können Sie glauben, aber ich freue mich, daß es passiert.«

Stacey hatte nach einer relativ kurzen Phase therapeutischer Arbeit bei mir die Stadt verlassen, um ein Stipendium für ein Postgraduiertenprogramm an der Ostküste anzunehmen. Einige Monate nach ihrer Abreise rief sie mich einmal in der Woche an, um kurz zu melden, daß es ihr gutgehe. Im Laufe der Zeit wurden die Anrufe seltener, reduzierten sich auf einmal im Monat und fielen schließlich aus. Diese schnell gesprochene Botschaft schien unsere Arbeit dort aufzunehmen, wo wir sie abgebrochen hatten. Das war das erste Mal nach Jahren, daß ich ihre Stimme wieder hörte. Dennoch erkannte ich sie sofort und merkte, daß auch ich darauf gewartet hatte, unsere Gespräche fortzusetzen.

Eine zweite Botschaft kam am gleichen Tag, noch bevor ich eine Möglichkeit gehabt hatte zurückzurufen. »Hier ist Stacey. Erinnern Sie sich an mich? Also, ich habe versprochen, mich zu melden, wenn meine Mutter einverstanden wäre mitzukommen. Nun, sie ist einverstanden, und ich bin es auch, und es ist, als wäre ich nie weg gewesen. Es ist, als hätte ich all die Jahre darauf gewartet, daß sie ja sagt. Sie hat ja gesagt. Können

Sie das glauben? Aber es geht darum, sollte ich zuerst alleine kommen? Aber wenn wir warten, wissen Sie, dann könnte sie es sich einfach anders überlegen, also bin ich nicht sicher, was wir tun sollen oder ob Ihr Angebot überhaupt noch gilt und ob Sie noch mit uns arbeiten wollen?«

Ich rief zurück, um einen Termin für den nächsten Tag zu vereinbaren, einen Freitag, meinen freien Tag. Ich überließ es ihr, ob sie allein oder mit ihrer Mutter kommen wollte. »Sicher, ich würde gerne etwas nachholen nach all den Jahren, aber wirklich, mit meiner Mutter und mir, da hat sich nichts verändert. Wir sind genau da, wo wir waren, und deshalb habe ich gedacht, wir könnten da anfangen, jetzt, wo sie einverstanden ist. Können Sie das glauben? Aber jetzt, wo sie zugestimmt hat, habe ich wirklich Angst. Zum Beispiel, was soll ich sagen? Okay, ich glaube, ich komme zuerst allein, und dann können wir alle drei zusammenkommen.«

Wir richteten es so ein. Ich schlug vor, ihre Mutter anzurufen, um mich vorzustellen und um herauszufinden, ob sie einen Termin für sich allein haben wollte, bevor wir zu dritt zusammenkämen. Ich war neugierig, warum sie nach all den Jahren beschlossen hatte, mit ihrer Tochter unumwunden über deren Kindheit zu sprechen, was sie davon erwartete und ob sie wirklich darauf vorbereitet war. Am gleichen Abend rief sie mich an, um mir zu sagen, daß sie sich an mein Angebot von vor einigen Jahren erinnere, mich mit beiden zusammenzusetzen, und daß sie immer wieder sehr ernsthaft darüber nachgedacht habe. Sie hätte das Gefühl, daß es jetzt an der Zeit sei, sie wisse nicht, warum. Vielleicht sei es einer der Momente, wo, wenn nichts geschähe, ihre Beziehung einfach in einer ihrer grauenhaften Konfrontationen explodieren könnte. Grauenhaft war ein Wort, das auch ihre Tochter benutzte, um die Kämpfe zwischen ihnen zu beschreiben. Diese entstanden anscheinend aus dem Nichts, führten zu Briefen und Anrufen, zu monatelangen Schweigephasen, gefolgt von einem Hagel von Anklagen und Beschuldigungen und Rechtfertigungen, von denen beide Frauen anscheinend wußten, daß sie wenig mit ihrer gegenwärtigen Beziehung zu tun hatten. Bevor sie einhängte, sagte sie: »Es macht mir nichts aus, wenn Sie auf Staceys Seite sind. Ich würde das erwarten. Ich hoffe einfach, daß ich, wenn Sie dabei sind, etwas sagen kann, was die Sache ändert.«

Ich warte darauf, daß sie weiterspricht, sie wartet darauf, daß ich etwas sage. »Nun, ich bin auch eine Mutter und eine Tochter«, sage ich schließlich und frage mich, wie es mir gelingen wird, diese Frauen im Zaum zu halten, wenn wir uns alle treffen. »Ja«, antwortet sie, anscheinend beruhigt, »es ist komisch, wie beides gleichzeitig sein kann.«

Sie sind beide aufgestanden, als ich komme, um sie aus dem Wartezimmer abzuholen. Stacey springt nach vorn, um meine Hand zu ergreifen. »Wow, hey, Ihr Haar ist ganz silbern. War das früher auch so? Das ist Mama. Und wir tragen beide Grün, hätten Sie das gedacht?« Mama lächelt verlegen, streicht dann schüchtern über ihren Rock, als sei sie schuld an dieser Übereinstimmung. »Ich habe nicht gewußt, was sie anhaben würde. Ich habe sie nicht gesehen seit, seit einem Jahr?«

»Habe ich dir was vorgeworfen?« fragt Stacey, während sie in das Zimmer kommen. »Schau dir das an«, sagt sie mit ihrer selbstbewußten, ungestümen Stimme, »Sie haben alles hier verändert. Okay, das ist Ihr Stuhl? Ich nehme diesen, ich denke, Mama kann dann dort sitzen.«

Es scheint Mama zu gefallen, daß ihr ein Platz angeboten worden ist. Ich bin erleichtert, daß Stacey nicht meinen Platz eingenommen hat. Vor Jahren, als sie zum ersten Mal zu mir kam, wollte sie wissen, warum ich den größeren und bequemeren Sessel bekäme? Ich beantworte solche Fragen und sagte ihr, ich bräuchte einen guten Sessel, weil ich so viel am Tag sitze. »Nun, niemand hat Sie angewiesen, diese Arbeit zu machen, also nehme ich an, Sie wollten das«, antwortete sie, als sei die einzige Art des Miteinanderredens, die sie sich vorstellen konnte, Konfrontation und Gegenwehr. Später behauptete sie manchmal, ich hätte ihren Stuhl weiter zurückgeschoben, weil ich Angst davor hätte, nah bei ihr zu sitzen.

»Stühle werden bewegt«, antwortete ich zustimmend. »Stellen sie Ihren hin, wo Sie wollen, nah oder weiter weg, das ist Ihnen überlassen.« – »Aber Sie haben ihn verschoben, oder?« – »Nicht daß ich wüßte.« – »Ja, und ich bin die einzige hier, die ein Unterbewußtsein hat.« – »Gut, wenn ich ihn unbewußt verschoben habe, weil ich nicht in Ihrer Nähe sein wollte, dann sage ich Ihnen jetzt bewußt, daß wir so nah beieinandersitzen können, wie Sie möchten.« – »So nah?« sagte sie dann und schob den Stuhl mit Schwung in meine Richtung. »So nah?« wiederholte sie, wobei sie ihn noch näher heranschob und mit einem halben Lächeln die Provokation unterstrich. »Vielleicht wollen Sie einfach den Stuhl vergessen und auf meinem Schoß sitzen?« sagte ich eines Tages, als ich mit unserem kleinen Spiel vertraut war und es auch langsam satt hatte. »Kann sein, vielleicht«, sagte sie, »kann vielleicht sein«, mit einem scharfen, anerkennenden Blick, als hätte ich endlich das Richtige gesagt.

Danach veränderte sich der Ton unseres Gesprächs, sie wurde weniger herausfordernd und angriffslustig, ich machte mir weniger Sorgen, daß ich etwas Falsches sagen und sie damit reizen könnte. Wir gewöhnten uns aneinander und hatten einige brauchbare Gespräche.

Sie war damals achtundzwanzig Jahre alt und stand wenige Monate vor dem Ende ihres Studiums an der Universität von Berkeley. Sie war eine große, schlanke, muskulöse Frau, die zehn Kilometer am Tag wanderte und dabei Gedichte auswendig lernte. Sie wollte Dichterin werden und dachte, es würde ihr auf ihrem Weg helfen, ihren Kopf mit der besten Dichtung englischer Sprache zu füllen. Die Verse, die sie mir zeigte, waren brutal, bitter und zornig, mit einem ungezähmten komplexen Reimschema und einer dynamischen rhythmischen Struktur. Sie war zu mir gekommen, weil sie immer wieder mit Leuten an der Universität in Konflikte geriet, mit anderen Studierenden, ihren Lehrerinnen und Lehrern, ihrer Studienberaterin, die mit mir befreundet war und die ihr geraten hatte, mich anzurufen. Wegen unvollständiger und unvollendeter Arbeiten hatte sie mehrere Jahre gebraucht, um das Abschlußjahr zu erreichen, obwohl ihre Noten, wenn sie welche bekam, zuverlässig gut waren und obwohl einige ihrer akademischen Lehrerinnen und Lehrer fanden, daß sie ausgezeichnet schreiben konnte. Wir waren beide überrascht gewesen, als ihr ein Platz in einem angesehenen Graduiertenprogramm angeboten wurde, und diskutierten, ob sie das annehmen oder in Berkeley bleiben und weiter mit mir arbeiten sollte.

»Nun, ich werde weitermachen«, hatte sie gesagt, indem sie zu ihrer kämpferischen Art zurückkehrte, »wenn ich meine Mutter dazu kriege, mit mir hierherzukommen. Warum sollte ich diese ganze Arbeit machen, und sie kommt ungeschoren davon? Wenn sie nicht mitkommt, bin ich weg, wir können alles vergessen und die Kindheit da lassen, wo sie hingehört. In der Kindheit.« – »Diese Art zu verhandeln läßt mich unbeeindruckt. Sie haben Ihre eigene Arbeit vor sich. Was macht es für einen Unterschied, ob Ihre Mutter das mit Ihnen machen will? Es ist Ihr Leben. Was Sie davon zu verstehen lernen, bedeutet entweder etwas für Sie und hilft Ihnen, es besser zu leben, oder es tut das nicht. Was hat das mit Ihrer Mutter zu tun und damit, wie sie sich entscheidet?« – »Ich bin die Verrückte hier, nicht wahr? Verbringt sie drei Stunden pro Woche damit, jemandem zu erzählen, wie übergeschnappt *sie* ist? Je länger ich hier bin, um so mehr Beweise kriegt sie dafür, daß *ich* das bin und nicht sie.«

»Ich dachte, Sie hätten mir gesagt, daß sie sich schuldig und unsicher fühlt wegen Ihrer Kindheit. Jetzt erzählen Sie mir, daß sie versucht, Sie für verrückt zu erklären. Was hat sie davon?« – »Was sie davon hat? Sehen Sie das nicht? Wer muß glauben, was eine Verrückte über ihre Kindheit sagt?« – »Aber wer hat Sie je bezweifelt? Ich habe einen ganz anderen Eindruck. Sie und Ihre Mutter wissen beide, was geschehen ist, und das war nie eine Streitfrage.« – »Sehen Sie, wie Sie für sie Partei ergreifen? Wie können wir beide wissen, daß wir das wissen, wenn wir nie darüber sprechen?« – »Oh, ich stelle mich auf ihre Seite, und jetzt haben Sie noch einen guten Grund, mit unserer Arbeit aufzuhören?« – »Ich dachte, Sie sollten sich nicht auf Streitigkeiten einlassen. Ich dachte, Sie sollten mir helfen, mit meinem Leben weiterzukommen. Okay, treffen Sie die Entscheidung. Sagen Sie mir, was ich tun soll. Soll ich hier bei Ihnen bleiben oder an dem Graduiertenprogramm teilnehmen?« – »Das wird nicht funktionieren. Das können Sie nicht auf Ihre Mutter schieben, und das können Sie nicht auf mich schieben. Was wollen Sie?« – »Ich will hier raus. Hören Sie? Raus hier. Ich habe ein Leben. Warum besorgen Sie sich nicht auch eines?«

Sie war aufgestanden und starrte mich erbittert an. Dann brach sie in Gelächter aus und setzte sich wieder hin. Fast sofort sprang sie auf die Füße und fing an, auf dem engen Platz zwischen unseren Stühlen hin- und herzugehen. »Okay. Okay. Ich gehe, okay? Ich gehe und studiere weiter. Das werde ich tun. Okay, Sie hören zu? Sie hören das einmal, okay? Und das war's. Okay, ich werde Sie vermissen. Das war's. Es ist vorbei. Okay? Ich bin hier raus.«

Und das war sie nach zwei weiteren unruhigen Therapiestunden, in denen es uns gelang, die Gründe deutlich werden zu lassen, aus welchen es für sie so wichtig war, ihre Mutter dazu zu bringen, mitzukommen. Stacey war fest entschlossen, ihre Mutter mit der Frage zu konfrontieren: »Wie konntest du?« Sie wollte, daß sie ihre Sicht auf die Vergangenheit teilen und die Fehler zugeben sollte, die sie gemacht hatte. Sie war davon überzeugt, daß ihre Konflikte in der Gegenwart nie aufhören konnten, wenn sie nicht ihre Mutter dazu bringen würde, »sich der Realität zu stellen«.

Ich dachte »Wie konntest du?« klang ausschließlich vorwurfsvoll und war keine Frage, die Informationen ans Licht bringen würde. Stacey widersprach leidenschaftlich. Sie wünschte sich eine »wirkliche« Begegnung, sie wollte ihre »Wahrheit« aussprechen. »Wie konntest du« war die einzige Weise, in der sie sie formulieren wollte. Eine Mutter sollte ihr Kind beschützen. Stacey hatte nie eine Mutter gehabt. Eine Fußmatte, eine Versagerin, die nicht für sich selbst geradestehen konnte und auch nicht für Stacey. Sie war das Letzte als Mutter, und Stacey wollte, daß sie das einsehen sollte.

Ich dachte, daß auch Neugier und Interesse zu Staceys Wahrheit gehörten. Was hatte ihre Mutter in diesen frühen Jahren gefühlt? Was hatte sie von Staceys Leid bemerkt? Wie hatte sie sich das selbst erklärt? War Stacey nicht neugierig, was das anging?

Das, behauptete Stacey wütend, sei genau, was sie wissen wollte, und selbst ich wäre fähig, das zu sehen, wenn ich nicht ständig versuchte, ihre Mutter zu entschuldigen. Sie wollte, daß ihre Mutter die Wahrheit zugebe, das sei alles, was sie wolle, und sie würde verdammt noch mal fragen: »Wie konntest du?«

Ich glaubte, die Wahrheit sei nicht etwas, was Menschen einfach wissen. Sie entsteht im Dialog oder in einer angemessenen aufnahmefähigen Umgebung, in der Risiken eingegangen werden können und in der man es wagen kann, sich Tatsachen zu stellen, denen man sonst ausweichen würde.

Stacey wurde wütend auf mich: »Sie versuchen mich, *mich*, dazu zu bringen, für die angemessene Umgebung zu sorgen, obwohl das ihre Aufgabe ist. Das ist die Aufgabe einer Mutter, sie sollte fähig sein, ab und zu etwas Nützliches zu tun, und das gilt auch für Sie.« – »Ich kann Ihnen dabei helfen, ich kann es nicht alleine bewerkstelligen. Nur Sie können sie dazu bringen, hierherzukommen und, wenn sie einmal hier ist, können Sie es mehr oder weniger wahrscheinlich werden lassen, daß sie etwas sagt.«

»Sie versuchen einfach, mich dazu zu bringen, mich für sie aufzuopfern, und ich müßte kaputt sein, wenn ich das täte. Hören Sie? Ich mach das nicht ...«

Und jetzt waren sie da, Jahre später, für eine therapeutische Sitzung. Ich würde gute Gründe haben, mich an Staceys wütende Weigerung zu erinnern, sich für ihre Mutter zu opfern, ich würde mich um ihre Mutter kümmern oder die Verantwortung dafür übernehmen, die Angelegenheiten zwischen ihnen ins reine zu bringen.

Mutter ist eine unbeholfene Frau, groß und kräftig wie ihre Tochter, dabei aber verhalten und schüchtern, ganz klar eine Frau aus einer anderen Generation, so verschieden von ihrer Tochter, wie eine Mutter nur sein kann, trotz ihrer ähnlichen kurzen grünen Röcke.

»So, jetzt sind wir da«, sagt Stacey. »Was nun?« Prompt ist sie aufgestanden und geht auf und ab, während ihre Mutter sich ängstlich in ihren Stuhl zurückzuziehen scheint. Ich spüre eine Neigung, meine Arme um Mutters Schultern zu legen, die ich mit Interesse registriere. Sie ist eine scheue, zaghafte, wenig selbstsichere Frau Mitte Vierzig und sieht viel älter aus, als sie ist. Sie arbeitet als Pflegehelferin in einem katholischen Altenheim und ist sehr stolz auf ihren Beruf, den sie seit achtzehn Jahren ausübt. Stacey denkt, daß sie ausgebeutet und unterbezahlt wird. Mutter denkt, daß sie die alten Menschen »erreicht«, sie versteht und ihnen Aufmerksamkeit schenkt, während die anderen Schwestern und Pflegehelferinnen »einfach nur ihre Pflicht tun«. Was immer Mutter getan oder nicht getan hat, als Stacey ein Kind war, sie hat ihr Leben mit zwecklosen, kläglichen und angestrengten Wiedergutmachungsversuchen verbracht. Sie hat geweint, sie hat sich entschuldigt, geschrien, wenn sie schließlich aufgebracht genug war, tränenreiche Briefe geschrieben, telefonische Botschaften voller Selbstanklagen hinterlassen. Sie hat aber nie über die zwei Jahre gesprochen, während der sie und ihre siebenjährige Tochter mit einem Mann zusammenlebten – nicht mit dem Vater der Tochter –, der das Kind sexuell mißbrauchte. Stacey, die sehr gut wüten und toben kann, hat es nie geschafft, ihre Mutter irgend etwas über diese zwei Jahre zu fragen.

Die zwei Frauen könnten natürlich so weitermachen, wie sie es immer getan haben. Stacey könnte einen Kampf inszenieren, der sie auseinanderbringt, oft für eine ganze Zeit in völliges Schweigen versetzt, bis sie wieder den Weg zueinander finden. Jemand aus der Familie, üblicherweise die Schwester der Mutter, bringt eine Versöhnung zustande, oder Stacey kehrt zurück nach Kalifornien und wohnt bei einer Freundin und trifft ihre Mutter zufällig beim Einkaufen. Angespannt, wachsam, einander mißtrauend, die Tochter wegen der Vergangenheit, die Mutter wegen der Gegenwart, finden sie eine unechte, oberflächliche Art, miteinander umzugehen. Dann provoziert ein kleiner Vorfall Stacey zu einem Schwall von Vorwürfen und Beschuldigungen, während die Mutter, schließlich zur Erbitterung getrieben, sich mit einer untypischen und deswegen immer unerwarteten Aufbietung von Wortgewalt gegen jedwedes Übel verwahrt, das sie ihrer Tochter angetan habe. Diese wiederum weigert sich, ihr zu vergeben, bevor sie nicht ihren Fehler eingesteht. Mutter weigert sich, das zu tun, bis das ganze Muster sich wiederholt, und so könnte es immer weitergehen.

Jetzt haben die beiden Frauen vereinbart, zusammenzukommen, um mit einer Zuhörerin, die sich dafür interessiert, dieses Muster zu durchbrechen. Keine von uns weiß, wie es plötzlich zu diesem Entschluß kam, dem sie so viele Jahre ausgewichen sind. Vielleicht ist Mutter bereit, sich selbst zu vergeben, was vor zwanzig Jahren geschehen ist, und sie kann deswegen Staceys Beschuldigungen aushalten. Vielleicht hat Stacey auf weniger bedrohliche Weise gefragt und es so möglich erscheinen lassen, daß sie wirklich eine Antwort auf ihre Frage haben möchte. *Wie konntest du*, immer noch unausgesprochen in dieser Therapiesitzung, liegt wie unruhiges Raunen in jedem Schweigen, liegt hinter Staceys Angriffslust, Mutters Ängstlichkeit und sorgt dafür, daß ich wachsam bleibe. Wenn Stacey das macht, was sie immer für diese Konfrontation in Aussicht gestellt hat, könnte es vielleicht besser sein, wir hätten uns nicht alle zusammen getroffen.

Bis jetzt haben wir uns mit den Grundregeln beschäftigt. Keine wird unterbrochen, bevor sie signalisiert hat, daß sie ihre Rede beendet hat. Stacey ist wütend zwischen ihrem Sessel und meinem hin- und hergelaufen, bis es Mutter, die sichtlich in ihrem Sessel zusammengeschrumpft ist, gelingt, mit ersterbender Stimme zu sagen: »Ich glaube nicht, daß ich sprechen kann, wenn Stacey nicht aufhört, hin- und herzugehen.« – »Sehen Sie?« schreit Stacey, ohne eine von uns anzuschauen. »Sehen Sie, wie sie versucht, mich zu kontrollieren?« – »Können Sie mir sagen«, frage ich, weil ich das wirklich wissen will und weil ich will, daß Stacey diese Reaktion mitbekommt, »was es ist an dem Hin- und Herlaufen, das macht, daß Sie ...« – »Nur weiter so«, schreit Stacey. »Schlagen Sie sich auf ihre Seite.« Sie steht jetzt neben meinem Sessel, die Hände auf den Hüften, starrt ihre Mutter an, die ihre

Schultern strafft und tief Luft holt, mehr schluckend als seufzend, als versuche sie mit verzweifeltem Mut zu atmen.

»Es macht mir angst«, kann sie schließlich mit einer fast unhörbaren Stimme sagen, die ich gerade noch verstehen kann. »Das Hin- und Hergehen macht mir angst.« – »Was hat sie gesagt?« will Stacey wissen, ohne eine von uns anzusprechen. »Sie sagt, Sie machen ihr angst.« – »Ach, Scheiße«, sagt Stacey voller Verachtung. »Ich mache *ihr* angst.« Dann scheint sie diese Möglichkeit ganz ernsthaft zu erwägen. »Hat sie das gesagt?« fragt sie mich, während sie sich neben meinem Sessel auf dem Fußboden niederläßt. »Hast du das gesagt, Mama?« fragt sie und spricht ihre Mutter direkt an, mit einer ganz, ganz leisen Andeutung von so etwas wie echtem Interesse. »Ich mache dir angst?«

Es ist offensichtlich, daß ihr diese Möglichkeit nie eingefallen ist. Ich stelle fest, daß ich ihr das während der Monate, die wir mit therapeutischer Arbeit verbracht haben, hätte sagen sollen. Auch ich war oft erschreckt durch die unbändige Kraft ihrer Überzeugung, daß ich sie auf nicht wiedergutzumachende Weise verletzt hätte durch irgend etwas, das ich gesagt hatte, oder durch eine Geste, die ich gemacht hatte.

Mutter, die, wie ich sehen kann, sensibel auf Veränderungen der Atmosphäre und des Tons reagiert, wird dadurch ermutigt. »Danke, daß du dich hingesetzt hast«, sagt sie, ein Kommentar, der Stacey überrascht, als hätte sie bis jetzt gar nicht bemerkt, daß sie sitzt. Als sie aufstehen will, lege ich ihr die Hand auf die Schulter. Sie scheint nah dran zu sein, sie abzuschütteln, wie eine weitere Bemühung von mir, sie zu kontrollieren. Sie zittert leicht und läßt sich dann ruhig nieder. Es ist sichtbar, wie die nervöse Spannung, die sie hin- und herlaufen und schreien ließ, ihren Körper mit einer kleinen Serie Zuckungen verläßt, die ich gegen meine Handfläche spüren kann.

Ich schaue nach der Uhr. Fünfzehn Minuten sind vergangen. Alle scheinen durch den plötzlichen Zusammenbruch von Staceys Spannung erschöpft zu sein. Ich beschließe, daß ich die Stunde weiterlaufen lasse, bis wir irgendeinen natürlichen Endpunkt erreichen oder bis eine nicht mehr kann, eine, die, wenn ich darüber nachdenke, sehr wohl ich sein könnte. Stacey würde das Ende mit Herumschreien und Weggehen signalisieren, wenn wir uns an das alte Muster hielten. Mutter, stelle ich mir vor, würde ihre Stimme verlieren und im Sessel verschwinden. Ich werde zurückbleiben und spüren, wie sich tragischerweise das Muster zwischen diesen beiden Frauen doch als übermächtig erwiesen hat und nicht zerstört werden konnte. Vielleicht ein anderes Mal? Vielleicht nie? Und da stehen wir jetzt, Auge in Auge mit dieser Unsicherheit, befangen in einem Schweigen, in dem, vielleicht zum ersten Mal für beide, für diese Mutter und für diese Tochter, eine Chance liegt, einen neuen und anderen Weg des Umgangs miteinander einzuschlagen.

Mutters Stimme ist fast unhörbar, als sie zu sprechen beginnt. Stacey will, so scheint es mir, gleich einen Kommentar dazu abgeben. Ich drücke fest ihre Schulter. Sie schaut mich rasch angriffslustig an und macht es sich wieder bequem unter dem Druck meiner Hand, anscheinend erleichtert, daß ich sie zurückhalte – ein Gefühl, von dem sie wahrscheinlich überrascht ist.

Sogar mit angespannter Aufmerksamkeit ist es gerade möglich, ein oder zwei Wörter von dem zu erhaschen, was Mutter sagt. Ich höre »seelischer Zustand« oder »Zustand«, oder vielleicht »kein Zustand« oder sogar »Kriegszustand«. Ich habe den Eindruck, daß sie etwas wiederholt, was sie so oft im Lauf der Jahre gesagt hat, während sie für eine Konfrontation übte, die sie sich ausgedacht hat, daß sie jetzt unsicher ist, ob sie die Worte laut ausspricht oder nicht.

Stacey sagt, hörbar, aber sehr, sehr sanft: »Vor sich hin murmeln ... so war sie schon immer ...« Mutter, die das gehört hat, schaut mit mitleiderregendem Eifer auf. »Ja«, sagt sie, gleichzeitig erleichtert und überrascht, daß Stacey sich erinnert, »ich war so.« – »Das war sie«, bestätigt Stacey, und die beiden Frauen schauen sich an, beide etwas schockiert von einer gemeinsamen Erkenntnis. Ist das, frage ich mich, das erste Mal in zwanzig Jahren, daß sie sich über irgend etwas einigen?

Die Dinge scheinen ihren Lauf zu nehmen, ausgehend von einem inneren Antrieb, den ich nur ungern unterbrechen würde. Die beiden Frauen scheinen beruhigt durch die Anwesenheit einer dritten Person, die nicht viel tun muß, nur dasein, die Dinge zusammenhalten und bezeugen, was geschieht. Ich spüre jedoch die unglaubliche Leichtigkeit, mit der alles plötzlich in ein altes Muster zurückfallen könnte. Stacey könnte plötzlich etwas übelnehmen, Mutter könnte sich übertrieben entschuldigen, das zerbrechliche Übereinkommmen könnte leicht erschüttert werden. Wie wäre es zu erhalten? Wie zu fördern?

Ich bin mir bewußt, daß Stacey und ich, wie wir der Mutter gegenüber zusammensitzen, so aussehen könnten, als hätten wir uns gegen sie zusammengeschlossen. »Warum setzen wir uns nicht alle auf den Boden?« sage ich, in der Gewalt einer plötzlichen, vielleicht wortlosen, Inspiration. Stacey zuckt die Achseln (eine weitere Strategie meinerseits, um sie zu kontrollieren?), Mutter sieht verblüfft auf. Ich lasse mich von meinem Sessel heruntergleiten, während Stacey zu meiner Überraschung hastig zu mir herüberrutscht und Mutter, behutsam, vielleicht im Bewußtsein, eine Probe zu bestehen, sich näher bei uns niederläßt, so daß wir einen kleinen Kreis bilden. Wir bilden einen Raum, der vielleicht etwas weniger streng und formell ist, einen gemeinsamen Raum, hoffentlich, wie für ein Lagerfeuer oder eine Friedenspfeife.

Stacey, deren gebeugtes Bein fast ihre Mutter berührt, lehnt sich unerwartet vor und tätschelt ihr Knie. Mutter reagiert mit einem raschen Griff nach Staceys Hand, die weggeglitten ist, aber nicht ganz zurück. Sie liegt irgendwie unentschlossen auf dem Boden, zwischen ihnen, die Handfläche geöffnet, die Finger leicht zuckend.

Es scheint nun klar, daß wir drei das gemeinsam durchstehen und daß wir, zumindest jetzt, für reinere Luft gesorgt haben. Mutter starrt Staceys Handfläche an, die womöglich einladend aussieht. Erleichtert, so weit zu sein, hole ich tief und hörbar Luft, was Stacey geräuschvoll nachahmt, so daß nun Mutter mit uns einfällt, als wäre dies eine Zeichensprache oder ein Spiel. Dann machen wir alle noch einen tiefen Atemzug, während Stacey ein undeutlich freundliches, kindlich schnaubendes Lachen von sich gibt.

»Okay, Stace«, sage ich, »sag deiner Mutter, was du wissen möchtest.« Stacey ist bereit. Sie platzt nicht heraus und schreit nicht herum, und sie weicht der Situation auch nicht aus. »Mutter«, sagt sie sehr behutsam, »ich möchte, daß du mir sagst ... und du weißt, daß wir deswegen hier sind bei Kim ... ich möchte also, daß du mir sagst ... wie konntest du ... ich meine, was lief für dich ab, weißt du, als Jimmy Kaye mit uns zusammenlebte und als er ... und du wußtest, daß er ... du weißt ... Sachen machte ... Mama, diese Dinge, die er mir angetan hat.«

Mutter, die vielleicht seit ihrer Kindheit nicht mehr mit gekreuzten Beinen auf dem Boden gesessen hat, scheint einen Moment außer Fassung durch Staceys Direktheit. Sie fängt an, ihre Lage zu verändern und sich zu bewegen, ihre Beine übereinanderzulegen und wieder auszuziehen. Schließlich beruhigt sie sich, räuspert sich, faßt den Entschluß, etwas zu sagen, zögert und sagt schließlich: »Ich habe es gewußt.«

Stacey, die immer gewußt hat, daß ihre Mutter Bescheid

wußte, die dennoch zwanzig Jahre darauf gewartet hat, empfängt diese Worte, als wären sie neu, eine fesselnde Beichte. Alle übriggebliebene Spannung scheint ihren Körper zu verlassen, der in Richtung der eigenen Mitte absackt, mit gebeugten Schultern, nach vorne fallendem Kopf, und mit einem seltsam stöhnenden Atemzug. Es sieht so aus, als biete sie nun der älteren Frau keinen Widerstand. Deswegen kann diese endlich sprechen.

Aber sofort geht, fürchte ich, etwas schief. »... sechzehn Jahre alt ... Eltern tot ... aufgenommen von Onkel Theodor ... sein Sohn, Cousin Jason ... wurde schwanger ... Jason sagte Onkel, es sei jemand anderes gewesen ... Onkel glaubte ihm nicht ... zwang ihn, zu heiraten ... hat ihm gedroht, hat ihn betrogen, hat ihn verstoßen ... nie, er sagte, daß ... uns nie wiedersehen. Die kleine Stacey, vier Jahre alt ... Jason hat uns verlassen.«

Mutter ist in jedem Fall mehr als vorbereitet auf diesen Augenblick. Es scheint, als habe sie innerlich diese Bemerkungen überarbeitet, sie so viele Male redigiert und revidiert, daß sie jetzt mit einer tranceähnlichen Belanglosigkeit auftauchen. Sie schaut ausdruckslos auf ihre Hände, die sie auf ihrem linken Oberschenkel sorgfältig gefaltet oder gar zusammengepreßt hat.

Stacey kennt diese Tatsachen natürlich genau und hat sie mir erzählt. Sie hat sich weder bewegt noch aufgesehen, seit Mutter angefangen hat zu sprechen. Ich kann nicht deuten, wie sie auf dieses bruchstückhafte Geleier reagiert, ich kann es mir nicht einmal vorstellen. Und jetzt sage ich etwas, weil meine eigene Angst in dieser Situation mich überwältigt, obwohl ich lieber geschwiegen hätte und die beiden Frauen ihren eigenen Weg hierdurch hätte finden lassen. Ich wende mich an Stacey, damit sie dabeibleibt, bei uns bleibt. »Deine Mutter möchte, daß du weißt, in was für einer unmöglichen

Situation sie war, als Jimmy Kaye erschien und anbot, für euch beide zu sorgen ...«

Stacey hebt ihren Kopf, um mich neugierig anzuschauen. »Ich weiß, was Mutter mir sagt«, sagt sie scharf, als habe sie gerade entdeckt, daß sie ihre Mutter gegen meine Einmischung beschützen muß. »Lassen Sie sie einfach in Ruhe«, fügt sie hinzu, ihren Kopf schüttelnd. Sie scheint schon seit langem zu wissen, daß es mir schwerfällt, dergleichen richtig hinzukriegen.

Mutter schaut mich nervös an, um sich zu vergewissern, daß alles mit mir in Ordnung ist. Die beschützende Geste für sie war nicht vergebens. Wenn es Fäden gäbe, die uns drei verbinden, dann wären die zwischen Stacey und Mutter jetzt etwas dichter angezogen worden, während die Verbindung zu mir sich gelockert hat. Das ist ein Fortschritt, und jetzt faßt Mutter sich ein Herz.

Die Worte, die jetzt zum Vorschein kommen, sind ungeschliffen, und sie probiert sie aus, als habe sie Angst, sie könnte sich daran schneiden. »Ich habe mir selbst gesagt, wir würden beide sterben, wenn Jimmy Kaye uns verlassen würde. Was er dir angetan hat, mußte also besser sein als das. Das habe ich mir gesagt, und ich habe es geglaubt.«

Diesen Worten folgt ein gespanntes, angstvolles Schweigen, das schließlich durch eine dünne Kinderstimme gebrochen wird. Stacey sagt: »Ich glaube dir, Mama.«

Ist das wirklich geschehen? Stacey hat, konfrontiert mit dem wörtlichen Geständnis ihrer Mutter, Beschuldigungen und Vorwürfe hinter sich gelassen. Sie beschwichtigt und beschützt die ältere Frau. War sie so als Kind, bevor sie verraten und verlassen wurde?

Was Mutter zu sagen hat, gewinnt an Kraft. »Ich habe mir gesagt, daß du nicht wirklich wüßtest, was passiert. Du hast geschlafen, oder du warst noch ein Kind, du würdest es nicht verstehen, du würdest dich nie daran erinnern. Das habe ich mir gesagt … ich habe mir das gesagt … und ich habe es geglaubt.«

»Das weiß ich, Mama«, sagt Stacey noch einmal, genau in dem Moment, in dem sie hätte rufen können: »Wie konntest du?« Es gibt eine Stacey, eifrig, besänftigend, beschützend, von der ich bisher nicht den kleinsten Schimmer gesehen und die ich mir nie so vorgestellt habe. Eine kindliche Stacey, die voll ängstlicher Fürsorge für ihre Mutter ist, die ihr immer vorgekommen sein muß, als sei sie kurz vor dem Untergang. Lag ein verborgener Grund dafür, daß sie ihre Mutter mitgebracht hat, vielleicht darin, daß sie Hilfe suchte, weil sie der älteren Frau ihre lebenslange Last von Schuld und Selbstvorwürfen abnehmen wollte?

»Nein, es ist nicht wahr, ich habe das nie, niemals geglaubt«, ruft Mutter aus, während Stacey, ganz still, die Hände vor ihr Gesicht schlägt. »Ich konnte es nicht glauben, ich habe es nie geschafft, es zu glauben, aber es ist das, was ich mir gesagt habe.«

Die Not in diesen Worten hat eine sofortige Wirkung auf Stacey. Sie steht plötzlich auf, hebt ihre Arme und schlägt sie gegen ihre Oberschenkel. Sie sieht aus, als sei sie unsicher, ob sie schreien oder zusammenbrechen werde, und schließlich sagt sie, sich an mich, nicht an ihre Mutter wendend: »Ich kann nicht mehr … ich konnte es nie ertragen, wenn sie so traurig war …«

Ich strecke ihr meine Hand hin. Sie ergreift sie. »Selbst er, das Dreckschwein«, sagt sie und strengt sich an, um ihre Wut wiederzufinden, die sie nun verläßt, »war verdammt noch mal besser als das.« Sie zeigt wütend auf ihre Mutter, aber ich kann sehen, daß es nicht klappt. Die Trauer hat Stacey eingeholt.

Plötzlich stellt sich das Bild eines Kindes ein, das Dinge

weiß, die kein Kind jemals wissen sollte, eines Kindes, das die Verzweiflung seiner Mutter gesehen hat und sich deswegen dem grausamen Hunger und der Lust eines erwachsenen Mannes übergibt, um die Mutter davor zu bewahren. Das habe ich mir noch nie vorgestellt. Handelt es sich um Staceys Vorstellungen?

Ich bin sicher, daß jetzt jeden Augenblick ein Kind anfangen wird zu weinen. Stacey ist so nah dran, daß ich den bevorstehenden Ausbruch lange zurückgehaltenen Schluchzens spüren kann. Ich habe den Eindruck, daß Stacey so aussieht und sich so fühlt wie eine Frau, die kurz vor einer folgenschweren emotionalen Entdeckung steht, einer Entdeckung, die die verlorenen Jahre und die aufgegebenen Gefühle ihrer Kindheit zurückbringen wird. Aber Stacey weint nicht. Wieder einmal überrascht sie mich völlig. Sie setzt sich still neben ihre Mutter, legt ihre Hand auf das Knie ihrer Mutter und sagt: »Okay, ich höre dir zu.«

Mutter beginnt zu sprechen, als habe sie keine Unterbrechung bemerkt, ruhig, flüssig, und dieses Mal direkt zu ihrer Tochter. »Ich habe gelauscht«, sagt sie, als könne sie nicht glauben, was sie sagt. »Ich konnte nicht anders, ich habe gelauscht, ich habe mir gesagt, daß ich nichts höre, aber ich habe ihn gehört. Ich kann es nicht erklären. Nicht jetzt. Hören, mir selber sagen, daß ich nichts höre, mich selber überzeugen, daß ich nichts gehört habe, und doch hören. Ich habe gesehen, wie du morgens ausgesehen hast, Schatz, und ich habe mir gesagt, ich sehe nichts.«

»Schatz«, wiederholt Stacey mit kühler Stimme. »Ich wußte, daß du es schwer hattest in der Schule, und ich wußte, warum. Du bist während des Unterrichts eingeschlafen ... konntest dich nicht konzentrieren ... ein aufgewecktes Kind wie du. Aber ich wollte das Wissen nicht zulassen ... wissen und nicht wissen ... nicht zulassen ... versuchen, nicht zu ... wie kann ich das erklären?« sagt sie und wendet sich zu mir. »Können Sie es ihr nicht sagen?« – »Ist schon gut, Mama«, sagt Stacey. »Ich kriege es mit.« Mittlerweile ist uns allen drei klar, daß Mutter nichts sagen kann, was Stacey nicht weiß. Es ist nichts Neues für Stacey, nichts, was sie nicht seit ihrer Kindheit schon wußte. Was Mutter sagt, ist nur für sie selbst neu und schokkierend. Es reißt sie hart heraus aus den wiederholten Erklärungen, die sie sich in den langen Jahren der Vorbereitung auf diese Begegnung und diesen Augenblick ausgedacht hat.

Stacey hat zwanzig Jahre darauf gewartet, daß ihre Mutter diese Worte spricht. Das Bedürfnis, sie direkt ausgesprochen zu hören, in voller Wirksamkeit und im gegenwärtigen Moment, ist so groß, daß es anscheinend jede Möglichkeit für andere Gefühle und Reaktionen überwindet. »Ich habe versucht, dir die Schuld zu geben. Sogar das habe ich versucht. Ich habe mir gesagt, daß du es warst, die versucht hat, sich zwischen uns zu stellen, weil du eifersüchtig warst, weil Jimmy Kaye jetzt mit mir zusammenlebte.« – »Ja, Mama«, sagt Stacey und ballt ihre Hände zu Fäusten. Etwas fast Undenkbares wird jetzt vielleicht bestätigt. »Ich habe angefangen, dich zu hassen«, sagt Mutter und starrt Stacey an, als ob sie versuche, sich selbst davon zu überzeugen, daß ihre Tochter im Raum ist und all das wirklich geschieht. »Ich habe dich gehaßt, weil er dich wollte … und nicht mich …« – »Ja«, sagt Stacey tonlos, und dann mit bittererem Ton: »Ich schätze, es hat geklappt.«

Meint Stacey, wovon ich denke, daß sie es meint? Mutter hat keinen Zweifel daran. Die Worte lassen sie verstummen. »Ach, Schatz«, sagt sie. »Ach, Schatz.« Wir alle warten. Die Uhr, die sich bislang gut benommen hat, tickt und schlägt unendlich lange. Ich höre jedes Knacken und Knistern im Haus. Stacey wirft mir einen raschen Blick zu, vielleicht eine Warnung, dies nicht zu unterbrechen. »Oh, oh«, keucht Mutter, »das ist es, das ist das Schlimmste daran. Ich habe gewußt, daß du es für mich tust, und ich habe zugelassen, daß du es tust ... Ich habe zugelassen, daß du an meiner Stelle gehst, und ich war erleichtert, daß du es warst und nicht ich, der er das angetan hat.«

Mutter bedeckt ihren Mund mit beiden Händen. Ihre Augen, erschreckt, bestürzt, blicken rasch zwischen Stacey und mir hin und her. Stacey sitzt steif und still und erwidert den Blick ihrer Mutter. Menschen bekommen selten zu hören, worauf sie ein Leben lang gewartet haben. Bei den seltenen Gelegenheiten, wenn das geschieht, ist es nicht der Wunsch nach Rache, der befriedigt wird, sondern etwas Tieferes und Älteres. Ich denke, so geschieht es jetzt bei Stacey. Die volle Bedeutung ihres Kindheitsopfers ist gerade anerkannt worden.

»Hey, Mama«, sagt Stacey, indem sie sehr dicht an sie heranrückt, »wir wollen nicht vergessen, daß du das Arschloch rausgeworfen hast.« Das hat sie getan? Mutter hat Jimmy Kaye gezwungen zu gehen? Diese Mutter, die sicher war, sie würden beide sterben, wenn er sie verließe? Hat sie sich das ausgedacht, oder ist es ihr unter dem Druck der Situation plötzlich wieder eingefallen?

Mutter schafft ein grimmiges, zurückhaltendes Grinsen. »Aber wie ich das gemacht habe«, sagt sie, als scheine es ihr immer noch außerhalb ihrer Möglichkeiten, irgendwie unheimlich, ganz und gar nicht ihr eigenes Vermögen, daß sie ihre Kräfte aufbieten kann, um ihr Kind zu schützen. »... wie, um alles in der Welt habe ich das gemacht ... Dennoch«, sagt sie und schaut mich an, verblüfft und anerkennend. »Stacey hat recht. Ich hab das Arschloch rausgeworfen.«

War da etwas, das ich übersehen habe, ein Hinweis, ein Anhaltspunkt, den ich nicht aufgegriffen habe, der mich auf diese Enthüllung hätte vorbereiten können? Die Art, wie in all den Jahren Mutters Temperament aufflackerte und sie dann in der Lage war, sich zu verteidigen, wann immer Stacey sie weit genug trieb? Es fällt mir schwer, das alles aufzunehmen. Diese furchtsame Frau, die in ihrem Sessel verschwindet, während ihre Tochter auf und ab geht, schaffte es, einem Mann gegenüberzutreten, der ihr Angst und Schrecken einjagte, auf den sie angewiesen zu sein glaubte? Mutter lächelt Stacey an, mit einem stolzen, traurigen und verdutzten Ausdruck. Ja, sie hat es geschafft, Jimmy Kaye loszuwerden, und Stacey zweifelt nicht daran, daß das um ihretwillen getan wurde.

Es ist Zeit zu lachen, und das Lachen kommt, Mutters rauh, Staceys gekünstelt und hartnäckig. Aber es ist immerhin Gelächter, und es bringt seine eigene Art von Frische und Erleichterung mit sich. »Mutter hat *Arschloch* gesagt«, erklärt Stacey, für den Fall, daß ich nicht weiß, warum die beiden Frauen lachen. »Ja, das Arschloch«, wiederholt Mutter und kostet die erlösende Freude aus, etwas korrekt zu benennen.

Es ist hier nichts versteckt gewesen und plötzlich ans Licht gekommen, keine verlorene Erinnerung ist wieder aufgetaucht. Anscheinend haben beide Frauen immer gewußt, daß Mutter Jimmy Kaye losgeworden ist, aber diese Tatsache schien für keine von ihnen von Bedeutung zu sein. Die Begebenheit lag da, ungenutzt, außerstande, das Leben der beiden aktiv zu beeinflussen oder sie etwas zu lehren. Sie waren gefangen und blieben gefangen von einer unvollständigen Version ihrer Vergangenheit. Hier, in diesem Augenblick, indem die vernachlässigten Episoden von Staceys Opfer und Mutters Mut auftauchen, wird ein Muster gebrochen, die Bruchstücke ihrer Vergangenheit werden voneinander gelöst und befreit und können nun neu geordnet werden in einer Weise, die es beiden Frauen erlauben wird, aus sich selbst und ihrem Leben zusammen etwas Neues zu machen.

Weil Mutter Stacey die volle Bedeutung ihres Kindheitsopfers zugestanden hat, hat Stacey ihrer Mutter die beschützende Rolle wiedergegeben, die sie tatsächlich gespielt hat. Die Anerkennung ihrer Mutter befreit Stacey davon, sich um das zu bemühen, was ihr ihrem Empfinden nach von ihr zusteht. Sie ist jetzt frei. Sie ist aufgebrochen, um ihre Mutter zu befreien.

Hat hier jemand jemanden zur Welt gebracht? Gewiß, in dieser von Grund auf überarbeiteten Fassung der Geschichte hat eine Frau, die sich vorstellte, sie habe ihr Kind geopfert, um sich selbst zu retten, erfahren, daß sie auch die Kraft gefunden hat, ihre Tochter zu schützen und zu retten. Die überarbeitete Geschichte hat, wenngleich vielleicht verspätet, zwei Heldinnen: eine Mutter, die sich für ihr Kind eingesetzt hat, ein Kind, das sich geopfert hat, um die Mutter zu schonen. In diesem Prozeß der Konfrontation, der Erinnerung und Rekonstruktion bringt Stacey sich selbst zur Welt als die beschützende Mutter, deren Aufgabe es ist, die ältere Frau von einem Leben voller Selbstvorwürfe zu erretten. Das ist ein Ergebnis, das keine von uns sich hätte vorstellen oder vorhersagen können, eine Zwillingsgeburt für Mutter und Tochter. Beide haben in diesem einen Augenblick das Bedürfnis nach Beschuldigung und Vergebung überschritten und sind aufgebrochen zu einer neuen Sicht ihrer komplizierten Geschichte.

Die beiden Frauen schauen sich scheu an, unsicher, was sie jetzt sagen können, nachdem etwas so Unerwartetes aufgetaucht ist. Das Gelächter macht Platz für nervöse Neckereien. »Hey, Mama, du hast nicht gewußt, was in dir steckt, oder?« Mama seufzt und schüttelt ihren Kopf und schaut mich fragend an und versucht, sich an der Neckerei zu beteiligen: »Bestimmt nicht, bestimmt nicht«, sagt sie, »scheint so, als könnte man das nie wissen.«

Bevor unser Termin endet, wird eine neue Ordnung von Rollen und Positionen offensichtlich. Stacey, die bald wieder zum Studium abreist, bittet mich, mit ihrer Mutter weiter zu arbeiten. Sie hat den Eindruck, diese werde meine Hilfe brauchen, um »aufzunehmen und zu verdauen«, was gerade passiert ist. Mutter, die sagt, sie würde gerne weiterhin zu mir kommen, lehnt das dennoch ab, damit ich weiterhin Staceys »besondere Anlaufstelle« sein kann. Stacey streitet mit ihr, wobei ihre alte Angriffslust etwas in ihrer Stimme mitschwingt, aber Mutter wird dadurch weder eingeschüchtert noch bezwungen. Sie wird eine Überweisung annehmen und diese Arbeit fortsetzen, weil es für ihre Tochter ohne Zweifel nötig ist, vielleicht, damit sie selbst davon befreit wird, sich um sie zu sorgen oder es für sie zu tun. Stacey scheint ärgerlich, weil sie ihre Mutter nicht dazu bringen kann, diese Arbeit mit mir zu tun, aber zufrieden, als Mutter vorschlägt, daß sie beide wieder zu mir kommen, wenn Stacey wieder da ist, ein Übereinkommen, bei dem jede Frau der jeweils anderen ein Zugeständnis macht und jede dafür etwas bekommt, was ihr etwas bedeutet und was ihr wichtig ist.

Wird dieser vereinbarte Waffenstillstand zwischen ihnen andauern? Das fragen wir uns wahrscheinlich alle, als wir uns verabschieden, begeistert von unserem Durchbruch in Möglichkeiten, die noch vor drei Stunden nicht existierten.

In den nächsten Wochen ruft Stacey mich an, um »Bericht zu erstatten«. Sie möchte wissen, ob alle mißbrauchten Kinder einen »Märtyrerkomplex« haben, einen Wunsch, sich für das Wohl einer anderen Person zu opfern? Ist das eine Strategie, den Mißbrauch zu überleben? Indem sie darin »ihre eigene Bedeutung finden? Eine Art Erlösung«?

Auch ich hinterlasse Botschaften und ermutige sie, sich mit ihren Gedanken weiter in dieses dunkle Gebiet vorzuwagen, das wir so wenig verstehen. Im Laufe der Wochen teilt Stacey mir mit, daß ihre Persönlichkeit »an den Säumen ausfranst«. Sie fühlt sich wie eine Schlange, die »ihre Haut verloren« hat.

Sie findet, daß »alles weh tut«. Das sei jedoch erträglich, sagt sie, weil sie auch spüre, daß »etwas wächst«. Sie macht sich Sorgen um ihre Mutter, eine nagende, vielleicht chronische Sorge, die sie »draußen gehalten« hat, indem sie auf sie wütend war. Sie ist nicht sicher, was sich schlimmer anfühlt, die Wut oder die Trauer und das Mitleid, aber sie hat beschlossen, der Trauer »nachzuspüren«, weil die sich wirklicher anfühlt.

Ich meinerseits rufe Mutter an, um mich bei ihr zu melden und um sie zu ermutigen, auf der Grundlage meiner Überweisung weiterzumachen. »Ich habe es Stacey versprochen, also werde ich es tun«, sagt sie, »aber ich bin nicht sicher, was dabei herauskommt. Wissen Sie, für einige Menschen könnte es besser sein, sich an einige Dinge nicht zu erinnern.« – »Nun, die Erinnerung hat auch ein paar erfreuliche Überraschungen zu bieten, wie wir gesehen haben.« Ich fürchte, sie könnte bereits begonnen haben, das, was wir entdeckt haben, abzuwerten. »Ich muß es tun«, fährt sie fort und folgt ihrem eigenen Gedankengang, »damit Stacey sich nicht weiter Sorgen macht. Das ist etwas, was ich für sie tun muß, und ich werde es tun, aber ich bin nicht sicher, daß es für mich ist ...«

Ich warte und sage nichts, weil ich über diese Möglichkeit nachdenke. »Wenn man sich das kleine Mädchen vorstellt«, sagt sie, »wie das kleine Mädchen sich für mich geopfert hat ... nun, ich glaube, jetzt bin ich dran.« – »Ich habe den Eindruck, Sie waren gar nicht so beeindruckt wie ich von der Art, wie Sie es geschafft haben, sie zu beschützen. Ich habe gehofft, daß Sie, wenn Sie diese Arbeit machen, fähig werden, die Quellen genau dieser Kraft in Ihrem Inneren zu entdecken, und daß Sie dazu fähig werden, sie zu nutzen. Schließlich haben Sie Jimmy Kaye ...« – »Jaja«, sagt sie eilig, als wolle sie mir versichern, daß auch ihr unsere Arbeit gutgetan habe. »Ich erinnere mich. Sicher.« Dann wiederholt sie mit ihrem rauhen Lachen die Bezeichnung, die sie erst so spät gefunden hat. »Nun«, sagt sie, »ich weiß, was ich getan habe. Schließlich, genau wie Stacey gesagt hat, war Jimmy Kaye wirklich ein Arschloch.«

Dritter Teil

Eine Hochzeit

Kapitel 12

Damit ich diese Geschichte erzählen kann, muß ich in der Zeit zurückgehen. Wir haben beide in den späten Fünfzigern studiert. Ich war damals, in schwarzen Strümpfen und Rollkragenpullovern, damit beschäftigt, nach bewußtseinserweiternden Drogen, Männern und »Erfahrung« zu jagen. Barbara war Gründungsmitglied der ersten politischen Organisation, die aus dem Verbot politischer Aktivitäten auf dem Campus entstand. Sie war eines der ersten gewählten Mitglieder des Studentenparlamentes. Sie überzeugte durch ein politisches Programm und nicht durch »Persönlichkeit«, und sie setzte mit Erfolg das Recht der Studierenden auf politische Aktivitäten an der Universität durch. Wir waren unmögliche Freundinnen, von der Art, die sich gegenseitig mächtig anziehen, weil sie so verschieden sind und weil sie im gleichen Wohnheim leben. Schon damals, in unseren späten Teenagerjahren, als ich mir selbst vorkam, als sei ich dabei, auseinanderzufliegen und in tausend verschiedene Richtungen aufzubrechen, hatte sie das Talent, mir ein Gefühl von Ordnung und System zu vermitteln. Ihre starke Persönlichkeit war der Zwirn, der meine unsichere Identität durch die Kraft ihrer bloßen Anwesenheit zusammenhielt. Ich hatte einmal als Studentin beobachtet, wie sie Ordnung in ein aufsässiges Studentenparlament brachte. Sie erhob sich einfach und stand still da, bis der Tumult sich legte. Dann sprach sie zu ihrer Zuhörerschaft mit einer gedämpften Stimme, die unerwartet weit trug.

Sie war mit einem Fulbright-Stipendium nach Berlin gegangen, um ihr Studium dort fortzusetzen. Sie hatte einen älteren Mann geheiratet, ein Mitglied der Kennedy-Regierung, und war nach Washington gezogen, wo sie sich auf Rechtswissenschaften spezialisierte und ihre eigene Karriere als Juristin für Verfassungsrecht aufnahm. Bis zur Erfindung von E-Mail war unsere Freundschaft im Lauf der Jahre zu einer Angelegenheit monatlicher und dann nicht mehr ganz so monatlicher Briefe und nächtelanger Gespräche in Restaurants und auf Dienstreisen geworden.

Ich hörte von ihr kurz nach ihrem vierzigsten Geburtstag, als sie zu einem sehr verantwortungsvollen Amt in einer internationalen Organisation ernannt worden war. Sie war an leitender Stelle in einer humanitären Organisation tätig, die für die Unterbringung von Flüchtlingen aus Kriegsgebieten verantwortlich ist. Sie war in dieses Amt gewählt worden, weil sie über bemerkenswerten politischen Sachverstand, erstaunliche organisatorische Fähigkeiten und einen Humor verfügte, der bis spät in die Nacht und unter schwierigen Bedingungen lebendig bleiben konnte.

Wenn alte Freundinnen sich nach langer Abwesenheit wiedersehen, neigen sie dazu, alte Muster zu inszenieren. Ich hatte sie für den einzigen Tag, an dem sie in der Gegend von San Francisco war, zum Mittagessen eingeladen. An diesem Morgen jedoch mußte ich sie in Chicago anrufen, kurz bevor sie ihr Hotel verlassen wollte, um unsere Verabredung abzusagen. Eine Klientin hatte sich in letzter Minute wegen eines Notfalls bei mir gemeldet. Barbara quittierte die Absage mit einem Schulterzucken und nahm die Sache in die Hand, obwohl sie am nächsten Morgen nach Washington zurückkehren würde. Während ich mich in mein Arbeitszimmer zurückzog, um die nächsten Schritte für eine geschlagene Frau zu erarbeiten, die gerade ihren Mann verlassen hatte, kam

Barbara bei mir an. Sie bereitete aus Lebensmitteln, die sie unterwegs eingekauft hatte, ein einfaches Mittagessen für uns vor. Sie hatte den Tisch auf der Terrasse gedeckt und war dabei, sich ein Glas Eistee einzuschenken, als ich herauskam, um sie zu begrüßen. Sie sah so aus, wie man es von ihr erwartete, zurückhaltend und elegant. Sie trug ein einfaches Kostüm in gebrochenem Weiß mit einem kaum wahrnehmbaren Muster aus beigefarbenem Garn in der Kante des Aufschlags. Es drückte, wie all ihre Kleider (selbst als sie gebügelte Jeans mit einem Kaschmir-Pullover getragen hatte) eine reservierte, fast königliche Kühle aus. Diese hatte stets, so seltsam und sinnträchtig für alle, die sie gut kannten, die tiefen Zuneigungen, die langerprobte Loyalität und den leidenschaftlichen Charakter meiner ältesten Freundin verhüllt.

Sie sah auf, um mich anzulächeln, als ich herausgerannt kam, um sie in die Arme zu schließen, und wie immer, wenn ich sie wiedersah, spürte ich bis in die Eingeweide den Schock unserer Temperamentsunterschiede. Sie stellte forschende, aufmerksame Fragen über meine Arbeit mit Müttern und Töchtern. Ich erzählte ihr, daß meine Tochter nach zwölf Jahren in Cambridge und vier in San Francisco zurückgezogen war in die East Bay. Ich hatte das Gefühl, daß sie nach Hause gekommen sei und daß ich, nachdem ich jahrelang »verwaist« von meinem einzigen Kind gewesen war, wieder Mutter geworden war. Sie hob ihre Augenbrauen bei dem Wort »verwaist«, überlegte, ob es ironisch sein sollte, schien zu beschließen, daß es so war, und schenkte mir ein langsames, anerkennendes Lächeln. Dann erzählte sie mir, wie sie und Meera, der Name, den ihre Tochter angenommen hatte, als sie ins Kloster gegangen war, langsam und schmerzhaft im Lauf der Jahre eine Beziehung zueinander aufgebaut hatten.

Berkeley erlebt einen seiner seltenen Sommer ohne Nebel. Barbara sagt, sie habe gehört, es sei der schönste Sommer, den es in Berkeley seit 1958 gegeben habe. Wir schwelgen in Erinnerungen daran, wie wir auf dem Rasen lernten, ohne Socken oder Schuhe, ein Vorrecht, das wir genossen, das aber unseren Verbindungsschwestern aus der Oberschicht streng vorenthalten war. Plötzlich erzählt sie mir, welch großen Kummer es ihr gemacht hat, daß es mir nicht möglich gewesen war, bei der Hochzeit ihrer Tochter dabeizusein. »Es hat mich seltsam berührt«, sagt sie, mit dieser gedämpften Stimme, »daß du dich nicht entschlossen hast zu kommen. Es schien mir irgendwie zu unserer Freundschaft zu gehören, daß du dasein würdest und daß du alles tun würdest, was in deiner Macht steht, um zu kommen, denn das ist das, was du und ich immer getan haben.«

Das ist die Darstellung eines Sachverhaltes, die keinen Vorwurf enthält und auf welche keine direkte Antwort erwartet wird. »Ich habe mir gewünscht, daß du da wärst... wie soll ich das sagen? Als privilegierte Beobachterin, ja, als Zeugin. Es war die Art von Ereignis, die du so gut zu deuten verstehst, und du hättest mir helfen können, es besser zu verstehen, als ich das ohne dich kann.« – »War es nicht so, wie du es erwartet oder selbst geplant hättest, bei der Hochzeit deiner Tochter?« – »Du sagst das... weil?« – »Ich habe gehört, wie du über deine Tochter sprichst, seit sie ein Kind war. Es hat immer zu ihrem Charakter gehört, ihre Mutter ernsthaft auf die Probe zu stellen. Hast du mir das nicht als allererstes gesagt?« – »Proben, die ihre Mutter nie besteht...« – »Und darum, so höre ich, geht es bei der Hochzeitsgeschichte?« – »Geschichte? Gibt es eine Geschichte?« – »Immer...« – »Du glaubst, daß mir etwas Sorgen macht im Zusammenhang mit der Hochzeit, was ich dir nicht sage? Aber du irrst dich, da bin ich ganz sicher. Es war anfangs etwas chaotisch, das gebe ich zu. Aber zum Schluß hat alles ganz wunderbar geklappt.« – »Also, Ende gut, alles gut?« – »Du klingst skeptisch.« – »Zwischen ›etwas chaotisch‹ als Anfang und ›wunderbar geklappt‹ als Ende muß es eine Geschichte geben. Wenn du sie erzählen magst, höre ich zu.« – »Ich wüßte nicht, wo ich anfangen sollte.« – »Moment mal. Du und Sam kommt in New York an. Du logierst aus Gründen der Sparsamkeit, die ich nie begreifen werde, in der Praxis eines Freundes von Sam, der Therapeut ist, in Uptown Manhattan. Es ist ... was? Ein heißer und feuchter Tag Mitte August ...« – »Damit beweist du überhaupt kein Vorherwissen, sondern nur deine ewige Abneigung gegen New York, die daher rührt, daß es dir nicht vergönnt war, dort aufzuwachsen. Aber heiß und feucht war es tatsächlich.«

Wenn sie jemand anderes wäre, würde ich jetzt aufspringen und sie umarmen. Statt dessen berühre ich ihre Hand nur leicht. »Laß mich eine Strafpredigt halten. Du hast die letzten zehn Jahre damit verbracht, eine Beziehung zu einem Kind wiederaufzubauen, das mit achtzehn Jahren weit weg von dir gegangen ist. Sie ist nicht der Typ, der Erklärungen für das anbietet, was sie getan hat, und du bist viel zu vorsichtig, um dich einzumischen. Also habt ihr sehr sorfältig, sehr vorsichtig, ein zerbrechliches neues Zusammenleben aufgebaut. Ihr habt gemeinsame Interessen gepflegt, du hast geholfen, wann immer du darum gebeten wurdest, du hast versucht, keine Ratschläge zu geben, weil auf die immer Ärger und Widerstand folgten. Du und ich, wir haben als Freundinnen, als Mütter, die Jahre, seit Meera zurückgekommen ist, damit verbracht zu spekulieren, warum sie weggegangen ist. Wir wissen es aber nicht, und wir werden es wahrscheinlich nie erfahren. Wir hatten den Eindruck, daß sie eine Menge durchgemacht hat, vielleicht mehr, als sie je zugeben wird. Sie sieht aus wie eine, die gelitten hat und den Weg zurück geschafft hat und die zu dir zurückgekommen ist, sobald sie das Gefühl hatte, du könntest stolz sein auf sie ...« – »Willst du andeuten, daß sie sich davongemacht hat, ich meine, als sie noch ein Kind war, daß das mit einem Gefühl zu tun hatte, daß sie nicht mit uns mithalten konnte?« – »Du und Sam, ihr seid ein beachtliches Paar.«

Barbara hebt einen Strohhut auf, der mit Bändern, Papierblumen und Schleifen verziert ist. Er gehörte zu der Verpakkung eines Geschenkes, das ich einmal von meiner Tochter bekommen habe. Es ist ein unstimmiges Bild, meine zurückhaltende Freundin herausgeputzt mit einem Hut, der mit Dekorationsmaterial geschmückt ist. Die Wespen kommen, angelockt von den leuchtenden Farben.

»Diese Hochzeit«, sagt sie und ignoriert die Wespen, »war vielleicht ein Zeichen dafür, daß Meera jetzt bereit ist, in unsere weitaus konventionellere Welt einzutreten. Sie hat das Ereignis gestaltet und manchmal, das ist wahr, konnte ich spüren, daß ihre Fähigkeit, es durchzuziehen, es erfolgreich zu tun, eine Erklärung war, die sie an mich richtete. Vielleicht sogar ein Geschenk für mich, oder eine Geste, die zutiefst davon überzeugen sollte, daß sie jetzt gut zurechtkommt im Leben ...«

Sie bricht ab, um sich mir zuzuwenden, beide Arme vor sich auf dem Tisch. »Siehst du, warum ich so gerne dich dabeigehabt hätte? Wenn du dagewesen wärst, wäre das, auch wenn wir kein Wort miteinander hätten sprechen können, die Art gewesen, wie wir uns hätten verständigen können.«

Wir gehen in die Küche, um Ziegenkäse und Oliven zu holen. Sie öffnet eine Flasche alten Burgunder, die letzte eines Jahrgangs, die ich auf einer Reise ins Napa Valley aufgetrieben habe. Ich nippe aus ihrem Glas, möchte kein eigenes, Wein ist etwas, was ich anderen anbiete. Es scheint sie zu überraschen, daß ich einen so guten Wein habe, und sie hat recht. Ich habe ihn gekauft, weil er schon alt war und nicht viel kostete, eine Weingeschichte, von der sie denkt, daß sie typisch ist für mich.

Es gibt einen schmalen Fensterplatz in einer Ecke der Küche. Wir landen dort, nebeneinander, statt einander am Tisch gegenüberzusitzen.

»Ich bin nie gebeten worden, diese Hochzeit zu organisieren«, sagt sie zögernd. »Und ich bin nie direkt gefragt worden, ob ich die Kosten übernehme. Aber ich wollte Meera wissen lassen, daß wir in einem vernünftigen Rahmen für eine Hochzeitsfeier nach ihren Wünschen aufkommen würden. Sie wußte schon, wo es sein sollte. Ihr Verlobter, Jai, war zu einem Auftritt oder einem Konzert dort gewesen. Er ist Musiker, macht die Art Musik, die sie ›Weltmusik‹ nennen, in seinem Fall mit starken indischen Einflüssen. Aber es ist auch elektronische Musik und sicherlich nicht das, was wir uns unter Folklore vorstellen. Der Ort, den sie ausgesucht haben, war Teil des gesamten Plans. Er hatte Atmosphäre, war nicht teuer, bot einen großartigen Hintergrund. Das haben sie mir zumindest erzählt. Es wurde mir geschildert als ein Schiff, ein kleines Schiff, das in den späten Vierzigern im Atlantik versenkt worden war und das man kürzlich heraufgeholt und überholt und an Pier 62 am Hudson festgemacht hatte.« Ich probiere das Lächeln aus, das ich nur für sie bewahre. »Wie klang das alles für dich?«

»Es hatte gar keinen Klang für mich. Ich meine, es hat überhaupt kein Bild heraufbeschworen. Soweit es mich betraf, hätte es ein riesiges Schiff sein können, wie ein Fährschiff. Oder es hätte ein wirklich ganz kleines sein können, wie eine Yacht oder ein Schlepper oder eines dieser Ausflugsschiffe, die die Leute während eines Abendessens um die Bucht herumfahren. Ich konnte mir nichts darunter vorstellen. Und deswegen wußte ich nicht, ob das ein geeigneter Platz für eine Hochzeitsfeier war oder nicht. Ich wußte lediglich, daß es irgendein preiswerter Ort war, an dem sie heiraten wollten. Ich habe Jai kennengelernt, und ich mag ihn. Er hat Meera gutgetan und sie ihm auch. Und für sie war das, was die Lokalität tatsächlich kostete, das waren, glaube ich, etwa hundertfünfzig Dollar, irgendwie so wunderbar, daß es ihnen vorgekommen sein muß, als würde die Hochzeitsfeier überhaupt nichts kosten. Sie sind einfach Kinder, und sie haben sich vorgestellt, daß die Miete für das Lokal das sei, was wirklich teuer ist.

Obwohl es merkwürdig ist, daß Meera, die ihr eigenes indisches Restaurant im East Village eröffnet hat, so denken konnte. Jedenfalls nahm ich es als gutgemeinte Bemühung um Wirtschaftlichkeit.« – »Hat sie vielleicht geplant, selbst für Speisen und Getränke zu sorgen?« – »Ich glaube, ›planen‹ wäre ein zu aktives Wort. Ich glaube, sie hat sich in etwa vorgestellt, daß Leute zu diesem Schiff kommen würden und daß es eine Trauungszeremonie geben würde, und dann würden sie etwas essen, wofür im wesentlichen sie sorgen würde. An einem Punkt sagte sie zu mir: ›Nun, ich habe mit ein paar Lieferanten gesprochen, und sie sind alle zu teuer, deshalb meine ich, ich könnte einfach etwas Fisch Tandoori machen ...‹ Da habe ich ein Machtwort gesprochen. Ich spürte, daß es gefährlich war einzugreifen, aber ich sagte: ›Nein, das kannst du nicht. Du kannst nicht das Essen für deine eigene Hochzeit machen. Das verstehst du nicht. Das ist gar nicht möglich. Es ist zuviel Arbeit, du wirst eine Menge Sachen im Kopf haben und vieles, worum du dich kümmern mußt, und es ist einfach nicht möglich.‹

Sie plante, etwa hundert Leute einzuladen. Sam hat eine große Familie und ich auch. Im Lauf der Jahre ist sie eine sehr versierte Köchin geworden, und sie lädt gerne ein, und sie kocht gerne für andere. Deshalb hat sie das Restaurant eröffnet. Also mußte ich sie erst überzeugen. Ich glaube, sie hat sich vorgestellt, daß eine Vorführung ihrer Kochkünste zur Hochzeitsfeier gehören würde. Also habe ich sie davon überzeugt, daß sie wirklich einen richtigen Partyservice bestellen muß und daß der Partyservice für alles verantwortlich sein muß, auch für den Kuchen, denn den wollte sie auch selbst machen. Wir haben darüber gestritten. Sie hat nachgegeben, was den Partyservice betraf, und ich habe natürlich darauf bestanden, die Kosten zu übernehmen. Darin hat sie auch nachgegeben. Aber was den Kuchen anging, blieb sie unnachgiebig. Das begann zu einer der Prüfungen zu werden, von denen du sagst, daß Meera sie immer für mich veranstaltet hat. Wie weit durfte ich mich einmischen? Wie sehr würde ich versuchen, sie zu beeinflussen? Wie sehr würde ich Sachen gutheißen, die ich einfach nicht gutheißen kann, weil ich sie gar nicht verstehe? Die letzte Probe war also der Kuchen. Sie bestand darauf, daß der Kuchen so gemacht werden mußte, wie sie es wollte, und daß sie ihn selber machen wollte. Sie hatte ein Rezept für eine traditionelle Hochzeitstorte aus Indien mitgebracht. Aber natürlich waren manche der Zutaten selbst für jemanden mit ihrem Beruf extrem schwer zu beschaffen, insbesondere in der knappen Zeit. Sie hatte auch die Vorstellung, daß die Torte die Form einer amerikanischen Hochzeitstorte haben sollte, aber mit indischen Zutaten und mit Symbolen indischer Göttinnen verziert ... etwas, in dem sie Expertin geworden ist und worüber ich natürlich nichts weiß. Aber die Torte sollte auch so aussehen, daß sie zu dem Schauplatz des geborgenen Schiffes paßte. Deshalb sollte es eine Schichttorte sein, mit Symbolen für die Seefahrt, ich nehme an, bedeckt mit Netzen und Meerjungfrauen.

Nun, Meera hatte das Schiff noch gar nicht selbst gesehen, als all diese Pläne gemacht wurden. Jai hatte ihr davon erzählt. Als sie es dann gesehen hat, erkannte sie, daß der Innenraum des Schiffs zu klein und düster war. Es gab eine Menge enger Räume auf dem Hauptdeck, von welchem man hinuntersah in einen sehr großen Frachtraum, der bis zum Boden des Schiffes reichte.

Vielleicht fällt es dir schwer, dir das vorzustellen. Der

Frachtraum nimmt den ganzen Boden des Schiffes ein, aber da ist alles mögliche an Maschinen drin, und es ist auch die Stelle, wo sie Musik und Tanz haben wollten. Jais Musiker sollten abends nach der Zeremonie aufspielen. Es ist ein riesiges Schiff aus Metall. Wenn man da drin elektronische Musik macht, hallt es tüchtig. Aber auf dem Hauptdeck mit all diesen kleinen Räumen würde nicht genug Platz sein, um Stühle aufzustellen und eine Trauungszeremonie zu veranstalten. Selbst der Frachtraum wäre ein wenig zu klein. Und auch die Frage, wie alle in den Frachtraum dieses Schiffs hineingelangen sollten, war schwierig, denn man muß Leitern hinauf- und hinunterklettern. Meera erkannte das. Aber zunächst wußte niemand, wie man das Problem lösen könnte, und ich selbst wußte es auch nicht, denn ich hatte das Schiff nie gesehen und konnte es mir nicht vorstellen. Oder vielleicht würde es der Wahrheit näherkommen, wenn ich sage: Es war sehr schwer, es mir nicht vorzustellen. Falls das eine dieser Proben war, die ich bestehen sollte, selbst wenn ich nicht wußte, daß es eine Probe war ... gut ... ich habe es mir lieber nicht vorgestellt.

Das Schiff ist aber ist an einem flachen Kahn an Pier 62 festgemacht. Der Kahn ist vollkommen flach und war im Preis für den ganzen Ort inbegriffen, so daß Meera und Jai sahen, daß sie die Trauung auf dem Kahn veranstalten konnten. Dann würde es eine Cocktailparty geben, die teils auf dem Kahn und teils auf dem Schiff stattfinden würde. Die Leute könnten hin- und hergehen. Es würde an jedem der beiden Plätze eine Bar geben, die Menschen konnten herumschlendern. Es würde Tische auf dem Schiffsdeck geben und Tische auf dem Deck des Kahns.

Ich bekam die Speisekarte zugeschickt und wurde gebeten, Vorschläge für geeignete Gerichte zu machen, und das tat ich. Aber ich konnte schon sehen, daß ich mich damit in eine schwierige Position begab. Meine Vorschläge hätten so aussehen können, als spiegelten sie eher mich und meine Wertvorstellungen als die Meeras und ihrer Freunde. Wenn ich aber keine Vorschläge machte, würde es aussehen, als sei es mir gleichgültig. Ich wollte nicht vorschlagen, daß der Partyservice indisches Essen vorbereiten sollte, was die ursprüngliche Idee gewesen war, denn das könnte Konkurrenz mit Meera bedeuten. Jais Familie schlug vor, ein Pasta-Buffet anzubieten, Sam war für pochierten Lachs. Meera und Jai hielten das für eine gute Idee, aber ich sagte nein. Ich konnte mir kein Buffet mit pochiertem Lachs vorstellen mit Kartoffeln auf der einen Seite und Fleisch und Nudeln auf der anderen. Hier habe ich natürlich meinen ersten von vielen Schnitzern gemacht. Wenn Meera ein Vorschlag nicht gefällt, dann spürt man, daß man sich eingemischt hat, und in diesem Fall muß ich sagen, ich denke, daß es eine Einmischung war. Im Lauf der Jahre habe ich herausgefunden, daß es am besten ist, die Küche nicht zu betreten, wenn sie dort ein Essen vorbereitet. Wenn irgend etwas schiefgeht, wird sie mir die Schuld dafür geben. Es liegt an meiner Küche oder an meinen Messern oder allgemein an meiner Dummheit oder an meinem Karma. So war sie, als sie klein war, und so ist sie in gewissem Grade, seit sie aus Indien zurückgekommen ist.

Mittlerweile stiegen die Kosten für das Ereignis. Die Hochzeitsfeier konnte offensichtlich nicht hundertfünfzig Dollar kosten, wie Meera sich das anfangs vorgestellt hatte. Das hat mich überhaupt nicht überrascht. In der Woche nach der Hochzeit gab es einen Artikel in der *New York Times* über Hochzeitsfeiern. Darin stand, daß Partyservices – die erstklassigen Lieferanten – eine Rechnung von hunderttausend Dollar als maßvoll betrachten. Und einige von ihnen weigern sich, eine Hochzeitsfeier für diesen Betrag zu gestalten. Es ging nicht um Hochzeitsfeiern in der großen Gesellschaft, sondern nur um Hochzeiten der Mittelschicht. Also, ich schätzte, daß es wenigstens hundert Dollar pro Person kosten würde, selbst wenn es kein formelles Abendessen wäre. Ich dachte, es würde etwa zehntausend Dollar kosten. Das war ohne die Musik, denn es gab noch Musiker zusätzlich zu Jais Band. Auch die Blumen waren da noch nicht dabei, also fragte ich Meera, was sie mit Blumen machen wollte.

Meera und Jai strengten sich wirklich sehr an, um die Kosten gering zu halten. Sie waren sehr verantwortungsvoll in der Hinsicht. Sie baten ihre Freunde und Familienmitglieder, sich als Hochzeitsgeschenk an der Feier zu beteiligen und z. B. die Blumen oder die Musik zu übernehmen. Meeras Freundin Ashanta wollte die Blumen im Großhandel einkaufen. Eine andere Freundin sollte vor der Hochzeit aus London eintreffen, um am Tag der Trauung, die für sechs Uhr geplant war, alle Buketts zusammenzustellen.

Einiges davon begann mir Sorgen zu machen, denn ich fand, daß irgend jemand für alle diese Kleinigkeiten verantwortlich sein mußte. Meera, die nicht gerade ein Organisationstalent ist, würde schon genug damit zu tun haben zu heiraten. Also war das Dilemma wieder da. Sollte ich etwas sagen oder nicht? Sollte ich eingreifen oder nicht? Sollte ich Hilfe anbieten? Das sind wirklich Tests, oder? Ich hätte diese Sachen organisiert, indem ich einfach etwas mehr professionelle Unterstützung angeheuert hätte. Ich wäre in einen Blumenladen gegangen und hätte gesagt: ›Sehen Sie, es geht um eine Hochzeitsfeier, so sieht der Ort aus, und das ist das Budget. Was könnnen Sie für mich tun?‹ Aber Meera ging selbst zu einem Blumengroßhändler.

Natürlich merke ich nicht, daß das in gewissem Maß ein Test ist, ob ich fähig bin, Meera alles auf ihre Weise machen zu lassen. Aber ich spüre jedesmal, wenn das Telefon klingelt, auf welch schwankendem Grund wir uns bewegen. Denk dran, ich habe das Mädchen schon einmal verloren, aus Gründen, die ich immer noch nicht verstehe. Ich kann sehen, daß hier mehr auf dem Spiel steht als eine Hochzeitsfeier. Aber ich kann mir auch vorstellen, daß die ganze Sache in der letzten Minute platzt, und das, unnötig zu sagen, würde weder Meera noch unserer Beziehung helfen. Ich habe das alles mit Sam besprochen. Wir haben beschlossen, Meera auf ihre Weise machen zu lassen. Einige Tage vor der Hochzeit fällt ihr plötzlich auf, daß die Blumen in irgend etwas hineingestellt werden müssen. Sie müssen nicht nur abgeholt und irgendwohin gebracht und dann zum Schiff geschafft werden. Sie müssen auch arrangiert werden. Und der Hochzeitstag rückt näher und näher ... «

Die Stadt jenseits der Bucht verschwindet im feuchten Dunst. Hier auf unserer Seite ist der Tag noch heiter und klar, ein leichter Wind weht aus einem blauen Himmel. Das Eichhörnchen, das unsere Pflanzen angeknabbert hat, rast über die Terrasse. Ich lausche nach der gedämpften Traurigkeit, die der Abend heranbringt, aber Barbaras Gegenwart hält sie fern.

Sie nimmt meinen Arm, als wir zur Terrasse zurückgehen. »Es ist eine merkwürdige Erfahrung«, sagt sie, »dir eine Geschichte zu erzählen. Am Anfang scheint es gar keine Geschichte zu geben. Dann nimmt die Geschichte Gestalt an, und ziemlich bald sieht es aus, als wüßte ich, was du darüber denkst, auch wenn du kein Wort sagst.« – »Was denke ich darüber?« – »Du hast dir dieses ganze Ereignis, vordergründig eine Hochzeit, als ein großes Drama zwischen Mutter und Tochter vorgestellt. Meera heiratet Jai, aber um eine Art Verheiratung geht es auch zwischen Mutter und Tochter. In diesem Fall steht es ganz außer Frage, daß der Bräutigam vor dem Altar – was immer das dann sein mag – stehen wird, wenn es soweit ist. Aber wird die Mutter der Braut auch dabeisein?

Werden Mutter und Tochter es schaffen? Das ist mehr als ein Test, mehr sogar als ein Übergangsritual. Die Braut und ihre Mutter durchleben ein Martyrium, das für das Schicksal ihrer zukünftigen Beziehung entscheidend sein wird. Und darum, das sind deine Gedanken, denk dran, geht es bei Hochzeiten wirklich.«

Da ist das Lächeln, das sie eigens für mich bereithält. »Das ist nicht meine Interpretation. Ich habe sie dir unterstellt. Du wiederum hast sie auch nicht gemacht, du hast sie auf die Geschichte zurückgeführt. Vielleicht ist es niemandes Interpretation?« – »Ich bekenne mich zu einigen der Gedanken. Hinter der konventionellen Geschichte von der Hochzeit liegt die unendliche Geschichte von Mutter und Tochter.« – »Welche verborgene Struktur werden wir als nächstes aufdecken? Soll ich die nächsten paar Tage auslassen? Willst du wirklich all diese Einzelheiten wissen?« – »So viele Einzelheiten wie möglich. Wer weiß, wo die geheimen Schlüssel zur Bedeutung vergraben liegen?« – »Ich finde das wirklich aufregend, weißt du. Dir die Geschichte zu erzählen wird zu fast so einer großen Sache wie die Hochzeit selber.« – »Ich höre ...«

»Wir sind in New York. Wir sind zum Brunch in ihre Wohnung gekommen. Sie leben im East Village. Ein winzig kleines Apartment. Sie haben mit Erfolg eine Menge hineingesteckt, also schauen wir uns in der Wohnung um und bewundern sie. Wir haben zusammen gegessen, und alles war bestens. Und dann sagte Meera, daß sie achthundert Dollar brauche, um die Musiker zu bezahlen, die nicht zu Jais Band gehörten. Das waren die Musiker, die während der Cocktailparty spielen sollten und während des Essens, vor und nach der Trauung. Sie müßten das Geld in bar bekommen, es wäre nicht möglich, sie mit einem Scheck zu bezahlen, *fragt mich nicht, warum.* Sam zog also die Augenbrauen etwas hoch, und Meera wurde sehr, sehr zornig. Wütend, besser gesagt. Ich habe gar nichts dazu gesagt. Aber ich habe vorgeschlagen, daß er mit ihr darüber sprechen sollte ... Was denkst du? ... Ich sehe diesen Ausdruck in deinem Gesicht ... Was ist jetzt passiert?«

»Das Ganze hätte genau da platzen können. Diese Geldfrage ... jedesmal, wenn sie auftaucht, meldet sich die Vergangenheit ... alles, was zwischen euch von vornherein schiefgegangen ist, daß Meera nach Indien gegangen ist ...«

»Nun, ich habe ihn gebeten, das mit ihr zu besprechen, und das hat er getan. Sie bekennt, daß sie das Gefühl hat, daß sie dieses ganze Ereignis nicht verdient ... sie hatte Schwierigkeiten damit, um Geld zu bitten, weil sie nicht das Gefühl hatte, daß sie das wirklich wert war. Also, es war wirklich sehr schwer, ihr wieder und wieder zu beteuern, daß wir sowieso geplant hatten, für diese Hochzeitsfeier aufzukommen, und daß wir nicht erwartet hatten, daß sie hundertfünfzig Dollar kosten würde. Du hast in zwei Dingen recht: Die ganze Hochzeit stellte die alte, alte Frage, ob sie sich hinreichend wertgeschätzt fühlen konnte, uns zu bitten, für diese Feier zu bezahlen. Ich vermute, in deiner dramatischen Version wäre sie in gewisser Weise wieder nach Indien abgereist, wenn wir, insbesondere ich, sie da enttäuscht hätten. Oder wenn es mir nicht gelungen wäre, ihr klarzumachen, daß ich rückhaltlos zu dieser Hochzeit stand.

Von Anfang an schien es ihr unmöglich gewesen zu sein zu berechnen, was das Ganze kosten würde, und uns um den Betrag zu bitten. Sie schien zu denken, gut, ich kann bestimmt die Musiker bezahlen, oder ich kann bestimmt die Kleider für Jais Söhne bezahlen. Und dann konnte sie das nicht, und dann mußte sie kommen und uns um das Geld bitten. Und jedesmal, das stimmt, trat die alte Frage wieder auf, ob sie dessen würdig war. Hinter all dem begann ich zu spüren, wieviel Scham und Demütigung sie jedesmal empfand. Monatelang hieß es immer, wenn das Telefon klingelte: ›Wir brauchen zweihundert Dollar für den Mann, der die Trauung vornimmt‹, oder ›wir brauchen zweihundert Dollar für die Kleider der Brautjungfern‹ oder für sonst etwas.

Und nach diesem Muster ging es weiter bis zum Tag der Trauung. Sie konnte sich wirklich nicht aufraffen, alles zusammenzustellen und im voraus zu berechnen, und ich wußte nicht, wie ich ihr damit helfen konnte. Ich sagte einfach immer wieder, jedesmal wenn sie anrief, daß ich gerne die Kosten übernehmen würde und daß ich damit gerechnet hätte. Aber es schien ihr nicht möglich zu sein, mir zu glauben. Warum? Weißt du, warum? Was war los?«

»Ein Test muß wiederholt werden. Angenommen, du hättest ihr gleich einen Scheck über zehntausend Dollar ausgestellt. Sie hätte sich gedemütigt gefühlt. Sie hätte ihren Stolz heruntergeschluckt, und sie hätte es angenommen. Oder vielleicht hätte sie das Ganze abgeblasen, weil sie nicht das Gefühl gehabt hätte, zehntausend Dollar wert zu sein. Aber was du wirklich gefühlt hast, wie sehr du wirklich dahinterstehst, das konnte sie nur ermessen, indem sie jeden zweiten Tag anrief und um Geld bat. Sie glaubte nicht, daß sie es verdiente, bis du es ihr wieder versichert hast.«

»Wie bestehst du einen Test, von dem du gar nicht weißt, daß deine Tochter ihn angeordnet hat? Vielleicht konnte sie es einfach auf andere Weise nicht machen. Organisationstalent ist nicht Meeras hervorstechende Eigenschaft.« – »Du kannst es dir so vorstellen.« – »Du aber nicht?« – »Mein Lehranalytiker sagte immer zu mir: ›Kim, nicht alles hat eine Bedeutung.‹ Aber das hat mich nie überzeugt. Ein Test muß nicht bewußt durchgeführt werden, er könnte sich spontan aus dem Zusammenprall von Persönlichkeiten ergeben, aus den Unterschieden zwischen zwei Menschen, in diesem Fall von Mutter und Tochter, die sich insgeheim danach sehnen, einander sehr ähnlich zu sein, was ihnen in diesem Fall unmöglich ist.«

»Du unterstellst, daß jedes Gespräch zwischen Mutter und Tochter, jeder Plan, jedes Ersuchen um Rat, zu einer heimlichen Verhandlung wird. ›Liebst du mich trotz unserer Verschiedenheiten? Wirst du damit fertig, wie ich mein Leben lebe, obwohl das ganz anders ist als deins? Wenn ich dir wirklich hart zusetze, wirst du dann immer noch zu mir halten?‹ So läuft es wirklich ab zwischen Meera und mir ... Aber dieses Mal habe ich mich herausgehalten, und Sam hat mit ihr geredet.

Nach den Tränen und dem Elend in ihrer Wohnung, von dem sie sich rasch wieder erholt hatte, fuhren wir zusammen mit der U-Bahn, und sie sagte: ›Oh, da sind noch so viele Sachen, die ich erledigen muß.‹ Ich sagte: ›Nun, warum sagst du mir nicht, worum es geht, und ich nehme dir ein paar ab.‹ ›Nun‹, sagt sie, ›ich brauche Kerzen für die Tische, die während des Essens auf dem Kahn stehen sollen, weil der Partyservice keine Leuchter für draußen hat.‹ Also dachte ich, na gut, das ist interessant. Der Partyservice hat keine Leuchter für draußen? Aber ich habe nichts gesagt. Es stellte sich heraus, daß der Partyservice das hätte übernehmen können, aber es war so: Meera wollte keine festlichen Kerzenleuchter. Sie wollte Lichter, die auf ein altes, geborgenes Wrack paßten. Sie wollte, du weißt schon, diese Kerzenhalter aus buntem Glas mit Netzwerk aus Plastik drumherum, die es immer in Fischrestaurants gab. So was wollte sie. Sie hatte schon danach gesucht, weil ihr die Atmosphäre, die sie schaffen wollte, sehr wichtig war, aber sie hatte keine mit Netzen drumherum gefunden. Also dachte sie, sie würde einfach welche aus Glas nehmen, und dann könnte sie selbst kleine Netzsöckchen dafür machen. Sie ist äußerst geschickt, und sie kann alles machen, was sie machen möchte, aber sie kann nicht Dutzende von Vorhaben gleichzeitig und am Tag vor ihrer Trauung durchführen. Das ist es, was ich ihr nicht begreiflich machen konnte. Da zeigt sich wirklich der Unterschied zwischen uns. Ich hätte mich nicht damit verrückt gemacht, nach diesen unmöglichen Kleinigkeiten zu suchen, ich hätte mich mit weniger zufriedengegeben.

Sie hatte bereits Votivkerzen gekauft, aber die wollte sie nicht verwenden. Sie möchte, daß wir etwas Laternenähnliches kaufen, das sie in Werbeanzeigen in der Zeitung gesehen hat. Aber natürlich, jetzt sind es noch zwei Tage bis zur Hochzeit, und sie hat eine Menge zu tun. Tatsächlich noch viel mehr, als mir damals klar war. Also habe ich versprochen, daß ich mich darum kümmern und diese Sachen besorgen würde, und das habe ich gemacht. Ja, das habe ich gemacht. Sicher, warum nicht? Was? Weshalb lächelst du? Noch ein Test bestanden?«

»Ich bin einfach froh, daß du nicht versucht hast, es ihr aus Gründen der Rationalität auszureden.«

»Und dann waren da noch die Blumen. Nun, sie sagte: ›Ich muß zum Großhändler gehen und endgültig festlegen, welche und wie viele Blumen ich haben will.‹ Das konnte ich ihr nicht abnehmen. Sie hatte tatsächlich sehr genaue Vorstellungen. Aber dann machte ich mir sehr große Sorgen, was mit den Blumen passieren würde. Die Hochzeitsfeier sollte nicht vor Sonntag nachmittag beginnen, und jetzt war es spät am Freitag, und die Blumen sollten am Samstag abgeholt werden. Wo, so fragte ich mich, sollten die Blumen über Nacht verwahrt werden? Ich habe tatsächlich eine schlaflose Nacht darüber verbracht. Gut, ich habe versucht, Ratschläge zu geben. Ich habe versucht zu sagen, sie sollte die Blumen zu uns bringen. Dem hat sie sich mit Recht widersetzt. Obwohl ›mit Recht‹ in diesem Fall bedeutete, daß ihre Freundin, die Blumensteckerin, die im Hotel untergebracht werden sollte, all diese Blumen in ihrem Zimmer haben mußte, den ganzen Samstag bis zum Sonntag abend. Dann müßte sie sie alle in ein Taxi kriegen, diese Riesenmenge Blumen, um sie dann zum Schiff zu schaffen, wo sie zu Buketts zusammengesteckt werden sollten. Ich stellte mir dauernd vor, was schiefgehen würde, weil Ashanta, wohlgemerkt, am Samstag morgen aus London eintreffen wollte. Was, wenn der Flug sich verspätete? Was, wenn auf dem Weg vom Flughafen ein Stau war? Was, wenn der Großhändler schon geschlossen hatte, bis sie eingetroffen war? Solche Sachen haben mir buchstäblich den Schlaf geraubt. Ich hatte das Gefühl, daß ich etwas tun sollte, Ratschläge geben, die Blumen selbst abholen, aber irgend etwas sagte mir, ich sollte das alles Meera und ihrer Freundin überlassen. Ich wollte ihr nämlich nicht das Gefühl vermitteln, daß ich die Sache in die Hand genommen hätte und glaubte, sie könne das nicht schaffen.

Ich hatte das Schiff noch nicht gesehen. Am Samstag morgen gingen wir also hin, um den Standort zu besichtigen und um das Ereignis zu proben und dann zu Mittag zu essen. Zuerst konnten wir das Schiff natürlich nicht finden. Ich dachte, es würde erwartet, daß wir die Kerzenhalter zum Schiff bringen sollten. Wir saßen also im Taxi mit all diesen Kerzenhaltern. Und wir kommen runter zum Chelsea Dock, wo, wie sie sagen, das Schiff sein soll. Wir fangen an, Leute zu fragen: ›Haben Sie von einem Club gehört, der *Amboß* heißt? Wissen Sie, wo das ist?‹ Und sie sagen: ›Alle Clubs sind da draußen‹, und sie zeigen auf einige piekfeine Schiffe, und folglich denken wir, gut, da ist es, irgendwo da. Also fangen wir an zu laufen, mit all diesen Kerzenhaltern, und wir laufen und laufen, und da gibt es kein Schiff, das *Amboß* heißt. Also gehen wir den ganzen Weg zurück zum Chelsea Dock und sehen Jai vor etwas stehen, das wie ein altes, verlassenes Lagerhaus aussieht. Überall liegen Glassplitter verstreut, Trümmerhaufen, wirklich wie aus einem Dickens-Roman über die Themse, bevor dort das Ufer befestigt worden ist. Und wir sagen: ›Jai, wo ist es?‹ Und er sagt: ›Es ist hier drin!‹ Also sagen wir: ›Wo drin? Da drin ist nichts.‹ Aber da ist es. Das ist der Eingang dazu. Wir müssen durch die Pfützen und Schutthaufen und all das, und dann kommt man hinaus auf diesen Kahn. Das ist, wenn man einmal dahingelangt ist, einfach ein riesengroßer ... Kahn. Man geht an dem Lagerhaus entlang, und man kommt heraus auf einen Pier und dann auf einen sehr großen Kahn aus Metall. Da liegen alle möglichen rostigen Gebilde herum, Rohre und andere Sachen. Und das ist der Kahn, der Kahn, auf dem geheiratet werden soll. Was? Du willst, daß ich dir erzähle, was ich da empfunden habe? Ich habe nichts empfunden. Ich habe meine ganze Energie dafür gebraucht, das in mich aufzunehmen. Nun, vielleicht habe ich etwas gefühlt wie ... vielleicht war es ... in jedem Fall war es sicherlich etwas, was ich, als Mutter, lieber nicht fühlen wollte ... Weißt du, was ich meine?«

»Ich habe mich geirrt. Das ist kein Test. Das ist eine Reihe von Prüfungen. Die Reise einer großen Heldin, vorgeschrieben für eine Mutter, die alles zeigen muß, was sie draufhat, wenn sie durchkommen will. Die Sagenwelt ist voll davon.« – »Und wenn sie durchkommt? Was dann?« – »Dann hat sie die Tochter noch. Sie wird einem Mann zur Frau gegeben, aber die Mutter wird sie immer noch haben.«

»Du verstehst, der Kahn ist einfach eine große Fläche, die in den Hudson hinausreicht. Der Schiffsboden ist aus Metall, aber sie haben Gummifliesen hinuntergelegt, damit die Leute dort laufen können, ohne herumzurutschen. Und dann gibt es da diese rostigen Gebilde, Säulen aus Metall, mit metallenen Abdeckungen. Und eines dieser Gebilde ist sogar wie eine kleine Bühne: Es ist zwei oder drei Fuß über dem Boden. Diese Bühne, die am anderen Ende des Kahns ist, soll der Platz sein, wo die Trauungszeremonie stattfindet.

Was habe ich gedacht, als ich das gesehen habe? Ich dachte,

das sieht aus wie ... ein alter rostiger Kahn. Ich hatte versucht, mir gar nichts vorzustellen. Aber das war nicht das, was ich mir nicht vorgestellt hatte. Erstens konnte man gar nicht sehen, daß es ein Kahn war. Es sah irgendwie aus wie ... ein Pier. Es sah einfach aus wie eine Mole, auf der gearbeitet wird. Viele aufgerollte Seile lagen herum. Es sah aus wie etwas, an dem ein Tanker anlegt, um entladen zu werden. So etwas war das. Es sah nicht aus wie ein sozialer Treffpunkt irgendeiner Art. Aber es stellte sich heraus, daß das viel besser war als das Schiff selbst. Obwohl das Schiff von außen wundervoll aussah, war es, wenn man hineinkam ... es war einfach Rost. Ein kleiner rostiger Raum nach dem anderen, mehr oder weniger rostige Leitern, die hinauf- und hinunterführten. Es gab Toiletten, die mehr oder weniger funktionierten. Und dann gab es ein paar Räume, die irgendwie mit Trödel möbliert waren. Ich meine wirklich Trödel, wie von einer Kienholz-Installation. Alle Arten von Spinnweben und aufgeplatzte Polster und solche Sachen. Da sollten die Braut und die Brautjungfern sich umziehen für die Trauung und auf den Beginn warten.

Nun, es ist draußen über dreißig Grad warm. Innen in diesem Gebilde, das ganz aus Metall ist, sind es natürlich ungefähr vierzig Grad. Deswegen heißt es *Amboß*, ich meine, warum sonst?

Am nächsten Nachmittag, als wir tatsächlich die Ankunft der Gäste vorbereiteten, wurde es deutlich, daß viele der Glühbirnen dort nicht richtig funktionierten. Zum Beispiel waren die Stufenleitern, die als Treppen zu den Toiletten dienten, völlig im Dunkeln. Und denk dran, das war einfach ein riesiges Loch, in das man hineinfallen konnte. Ich meine, man konnte wirklich nichts sehen, wenn man aus dem Dämmerlicht in diese totale Finsternis kam.

Aber bei meinem ersten Blick habe ich diese Einzelheiten gar nicht aufgenommen. Ich habe immer noch versucht, es mir vorzustellen. Wie soll diese Hochzeitsfeier stattfinden? Ich konnte mir nicht vorstellen, wie es werden würde, aber die jungen Leute schienen alle ganz glücklich zu sein. Alle Brautjungfern, Meeras und Jais Cousins und Cousinen, ihre Freundinnen und Freunde und ganz besonders seine kleinen Söhne. Die meisten seiner Platzanweiser und besonders der Trauzeuge, der ihm bei der Zeremonie beistehen würde, waren aus seiner Band, und seine Brüder waren da, und der Platz schien ihnen sehr gut zu gefallen. Sie waren schon dagewesen zu Parties und Theatervorstellungen und Tanzaufführungen und solchen Sachen. Also gehörte das für sie einfach zu einem coolen Platz. Bei Meera geht es, glaube ich, eher um ein Interesse für Schiffe. Ich glaube, sie mag es als eine Art Museum, ein Schiffahrtsmuseum, in dem die Zeit stehengeblieben ist. Aber ich glaube auch, daß sie ungewöhnliche Zusammenstellungen mag. Eine Hochzeit, die etwas Traditionelles ist, an einem Platz, der überhaupt nicht traditionell ist. Ich habe es mir so vorgestellt, weil ich es anders nicht für mich deuten konnte. Ich meine, es sah nicht so aus, als wäre das ein Ort, an dem man mit Leichtigkeit eine Hochzeitsfeier veranstalten konnte. Falls es uns um Komfort gehen sollte, den würden wir nicht kriegen. Ich konnte sehen, daß dieser Ort völlig ungeeignet war, falls wir uns um einen normalen Eindruck bemühen wollten. Aber wir bemühen uns nicht um einen normalen Eindruck. Und mir fällt ein: Für wen sollten wir uns um einen normalen Eindruck bemühen? Immer wieder sage ich mir: Dieses Ereignis ist nicht meine Sache. Es wird aber auch keinen unserer Gäste wirklich schockieren. Meine Familie wird wegen so etwas sicherlich nicht ausflippen. Nein, nicht einmal meine Mutter. Weil sie einfach zuviel gesehen hat. Sie hat vier eigene Kinder, und, nun, wir sind, wie wir sind. Ich bin sicher, sie kann mit dieser Hochzeit nicht angeben, aber ich glaube, sie wird es verstehen. Ich war immer noch nervös, hauptsächlich weil ich dachte, daß etliche Kleinigkeiten noch nicht erledigt waren.

Also sagte ich zu Meera: ›Wo ist das Kleid?‹ Und sie sagte: ›Es ist noch bei der Schneiderin.‹ Und ich sagte: ›Es ist Samstag, und das Kleid ist bei der ...‹ Und sie sagte: ›Wir gehen Mittag essen. Danach nehmen wir es mit.‹ Und ich dachte, nach dem Mittagessen mitnehmen? Wir proben heute, dann gehen wir Mittag essen, und dann nehmen wir das Kleid mit? Was geht in deinem Kopf vor? So habe ich gedacht. Aber ich habe es nicht gesagt. Ich sagte: ›Wir sollten die Schneiderin anrufen, damit wir sicher sind, daß sie auch da ist.‹ ›Ach, die ist immer da‹, sagt Meera. ›Sie wohnt im East Village.‹ Also dachte ich, okay, wenn sie nicht da ist, werden wir ein Seejungfernkostüm besorgen. Das wird zu dem Schiffahrtsthema passen.

Also halten wir unsere Probe, die etwas chaotisch war, weil niemand wußte, was zu tun war. Meera hatte ein Buch, und sie plante, alles so zu machen, wie es im Buch stand. Es war eines dieser Bücher, die angeben, in welcher Reihenfolge die Prozession vonstatten geht und solche Sachen. Es war nur so, daß alle unterschiedliche Vorstellungen hatten, und keiner von uns glaubte, daß es so richtig war, wie es im Buch stand. Also haben wir alles umgestellt und neu aufgestellt. Wir waren sehr verwirrt nach dieser Probe. Wir wußten nicht, wer in welcher Reihenfolge gehen sollte, wer mit wem gehen würde und welche Musik dazu gespielt werden sollte. Tatsächlich glaube ich, daß die Verwirrung hinterher größer war als vorher. Wir hatten lediglich die Tiefen unserer Unwissenheit darüber ergründet, wie diese Trauung durchgeführt werden sollte. Diese traditionelle Hochzeit auf einem geborgenen Schiffswrack, das auf dem Hudson vor sich hin rostete.«

Wir gehen hinunter in den Garten, um etwas Salat und ein paar Zucchini zu holen. Die Tomaten sind noch nicht reif. Schnecken haben sich ihre Wege durch die Radieschen gefressen. Ich habe Salbei gepflanzt, um Schmetterlinge anzulocken, die nun in der herannahenden Dunkelheit nah am Boden flattern. Ich pflücke wilde Erdbeeren, kleine, spitze und sehr aromatische Früchte, wie man sie in Frankreich findet. Wir bringen den Salat ins Haus.

Auch wenn das die ganze Nacht dauert, auch wenn wir sprechen bis morgen früh, auch wenn wir hinausgehen und durch die Hügel von Berkeley wandern, unsere Trennung kündigt sich schon an. Diese Hochzeitsgeschichte wird zu einem Ende kommen, und wir werden uns voneinander verabschieden.

»Erzähl mir von dem Mittagessen nach der Probe«, sage ich zu ihr, damit sie weitererzählt. »Ich habe das Gefühl, daß das ein Mittagessen war wie kein anderes.«

»Ja, du hast recht. Es war nicht das, was man ein normales Mittagessen nach einer Probe für eine Trauzeremonie nennen würde. Wir sollten Jais Eltern zum ersten Mal begegnen, im East Village, gegenüber von der Schneiderin. Den größten Teil des Mittagessens verbrachten Meera und ich damit, aufzuspringen und hinüber zur Schneiderin zu rennen und wieder zurück. Wir versuchten herauszubekommen, ob alle Kleider fertig waren. Wir machten letzte Anproben, damit noch genug Zeit wäre, falls irgend etwas noch geändert werden müßte. Die Anproben und Änderungen fanden während des Essens statt. Das betraf auch die beiden Brautjungfern, Meeras Cousinen, die beim Mittagessen dabei waren und auch hinübergehen mußten, um ihre Kleider anzuprobieren. Dann waren da Jais Zwillingssöhne aus einer früheren Ehe, die die Ringe überreichen sollten. Sie trugen eine Art traditioneller indischer Kleidung, die die Schneiderin nach einem Entwurf Meeras angefertigt hatte. Es sind kleine Jungen, sieben Jahre alt, sehr nett und wohlerzogen, aber nicht sehr geduldig, wenn es darum geht, zur Anprobe stillzustehen. Und so haben wir versucht, Leute und Kleider zu organisieren. Es gab einen regelrechten Verkehr hin und zurück über die Straße, in das Restaurant, hinüber an den Tisch, wieder auf und hinaus und zurück zur Schneiderin. Mittlerweile merkte ich, daß Kleinigkeiten an den Kleidern zu bemängeln waren, was ich zu diesem Zeitpunkt nicht bleibenlassen konnte. Da waren zum Beispiel immer noch Haken und Ösen, die angebracht werden mußten, insbesondere an den Kleidern der Brautjungfern. Und es gab einfach eine Menge Kleinigkeiten, die für mich so aussahen, als ob sie noch geändert werden müßten, aber das ist schwer zu sagen, weil die Kleider wirklich noch nicht fertig sind und in einigen Fällen auch noch nicht so weit, daß anprobiert werden kann. Oder das Kleid ist nicht gebügelt, also ist es schwer zu sagen, wie es fallen wird, und diese Kleider sind kunstvoll ausgearbeitet. Da ist ziemlich viel Material dran, und sie sind schwer. Also bat ich die Näherin, die Kleider wegzubringen und sie zu bügeln und wiederzubringen. Und mit diesem Antreiben und Organisieren verging der Nachmittag. Aber plötzlich fragte ich: ›Wo ist der Schleier?‹ Ich bin ganz ruhig. Aber ich frage mich, wo der Schleier ist.

›Schleier?‹ sagt die Schneiderin. ›Ach, ein Schleier? Wollten Sie einen Schleier?‹ Nun, es sind vierzig Grad draußen, und der kleine Laden hat nicht einmal eine Klimaanlage. Also stehen wir alle auf der kleinen Veranda davor und fächeln uns Luft zu und schwitzen unsere Kleider durch. Und das mitten im East Village, wo alle mit Piercings, auch in der Zunge, Tätowierungen überall und diesen bizarren Gummisachen, die sie auch bei derartig heißem Wetter anhaben, herumlaufen … nun, es ist nicht das Waldorf. Es ist keine Atmosphäre, die die eigene Gelassenheit fördert. Meera schien überrascht, daß die Schneiderin sich nicht an den Schleier erinnerte, denn er war gewiß in Auftrag gegeben worden. ›Oh, okay‹, sagt die Schneiderin. ›Ich kann einen Schleier machen.‹ Und sie schnippt mit ihren Fingern. ›Einfach so.‹ Okay, dachte ich. Mach einen Schleier. Schnipp, schnipp. Einfach so. Natürlich hat es weitere eineinhalb Stunden gedauert oder auch zwei oder wie lange auch immer, bis der Schleier fertig war. Es war dann spätnachmittags, und alle waren nach Hause gegangen. Und Sam und Meera und Jai und ich und Meeras Mentor, der ihr mit dem Restaurant geholfen hat, saßen in der Bar auf der anderen Straßenseite und warteten darauf, daß der Schleier fertig würde, und warteten darauf, daß die Kleider gebügelt würden, und wir sprachen darüber, wieviel Bargeld wir am nächsten Tag brauchen würden. Meera erinnert uns daran, daß die Musiker in bar bezahlt werden müssen. Also springt Meeras Mentor mit einer großartigen Geste auf, und er sagt: ›Oh, ich bezahle. Ich werfe zweihundert Dollar für die Musiker auf den Tisch. Zeigt mir einfach, wo ein Geldautomat ist.‹ Also stehen er und Meera auf, sie gehen raus wie zwei gute Kumpel, und sie kommen zurück, natürlich hatte er kein Geld auf seinem Konto.

Inzwischen steckten Sam und ich den ganzen Tag, immer wenn wir an einem Geldautomaten vorbeikamen, eine Karte hinein und holten zweihundert Dollar raus, einfach so. Zweihundert Dollar, zweihundert Dollar, zweihundert Dollar. Wir hatten am Samstag etwa tausend Dollar und am Sonntag nichts mehr.

Nun, die Kleider waren schließlich fertig. Erst dann habe ich erfahren, daß ich sie nicht nur bezahlen sollte, sondern auch wegbringen und verwahren. Es war mein Job als Mutter der Braut, alle diese Kleider vom East Village dorthin zu bringen, wo wir untergebracht waren. Von dort sollte ich sie zum Schiff schaffen, zum *Amboß*, zusammen mit den anderen Sachen wie den Laternen, die ich zur Trauzeremonie mitzubringen hatte. Wir schleppten diese Laternen immer noch mit uns herum, denn Meera wollte sie nicht über Nacht auf dem Schiff lassen. Also hatten wir die Laternen und die Kleider und Tausende von Dollar in bar bei uns, und ich war wirklich froh, daß wir nicht auch noch die Blumen hatten. Ich war da noch recht ruhig. Ich war ziemlich ruhig. Ich weiß nicht, warum. Ich glaube, ich hatte es aufgegeben und alles einfach laufenlassen. Ich ließ mich einfach irgendwie mit den Ereignissen treiben. Ich hatte einen Zustand erreicht, den Meera vielleicht sehr geschätzt hätte, und tatsächlich kamen wir ganz gut zurecht. Irgendwie war ich auf ihre Seite übergewechselt, statt sie in meine Befürchtungen hineinzuziehen.

Was? Was ist das jetzt?« Sie unterbricht sich. »Da haben wir es«, sagt sie zu mir, mit einem schelmischen, zarten Ausdruck, den sie so selten zeigt, daß solche Momente für mich im Lauf der Jahre unvergeßlich geworden sind. »Soll das heißen, daß ich etwas Wichtiges, etwas sehr Bedeutsames für die Beziehung zu meiner Tochter getan habe, indem ich fähig war, mich auf ihr Innenleben einzustimmen? Mich treiben zu lassen und die Dinge zu nehmen, wie sie kommen?«

»Das ist nicht genau das, was du als typisch für dich bezeichnen würdest.« – »Du bist, obwohl du schweigst, die einflußreichste Zuhörerin, der ich je eine Geschichte erzählt habe. Ich werde versuchen, dich zu ignorieren. Ich erzähle dir die Geschichte. Du kannst daraus machen, was du willst.«

Sie atmet tief durch und sieht ziemlich verwirrt aus. Es kommt mir vor, als habe die Geschichte sie im Griff und werde sie dazu bringen, sie bis zu Ende zu erzählen. Sie wirkt auch müde und wie verloren in einer fremden Dimension. Unerwartete Details tauchen auf, merkwürdige Drehungen und Wendungen kommen vor und führen zu Bedeutungen, und da ist natürlich meine Gegenwart. Soll ich ihr heraushelfen? Soll ich vorschlagen, daß wir für ein paar Stunden Pause machen? Aber sie hatte die Geschichte bereits wiederaufgenommen.

»Am Abend vor der Hochzeit sollte ich also meine ganze Familie – alle zweiunddreißig Leute – in ein kleines italienisches Restaurant im East Village bringen. Ich sollte mich mit allen in Verbindung setzen, sicherstellen, daß alle angekommen waren, ihnen mitteilen, wo das Restaurant ist, wann wir essen würden: um sieben Uhr an diesem Abend. Gut, sage ich zu mir, das ist genug Zeit, um mit den Kleidern und den Laternen zu unserer Unterkunft zu fahren und die Anrufe zu erledigen und dann wieder ins Village aufzubrechen. Ich bin, denk dran, die Mutter, die bei dieser Hochzeitsfeier keine besondere organisatorische Rolle spielt, aber an diesem Punkt wird deutlich, daß jemand gebraucht wird, um die Fäden zusammenzuhalten. Und dieser Jemand bin ich, ich nehme an, einfach mangels anderer Möglichkeiten. Meera hatte das Restaurant ausgesucht und die Reservierungen vorgenommen. Was ich ursprünglich geplant hatte, war eine Art Essen ohne Gastgeber, bei dem meine Schwestern und ich jeweils für die Mitglieder unserer Kleinfamilien bezahlen würden, denn das machen wir so in meiner Familie. So hatten wir es geplant. Da waren also alle zweiunddreißig, mit Stiefkindern und Ex-Männern und geschiedenen Schwiegersöhnen und geschiedenen Schwiegertöchtern, und wir hatten einen großen Teil des Restaurants für uns. Es war ein gutes Restaurant. Das Essen war köstlich. Es war eines dieser italienischen Restaurants in New York mit viel Lärm und Geschäftigkeit – und wir trugen unseren Teil bei. Wir waren eine riesengroße Familie und füllten ein Ende des Restaurants aus. Es gab einen kleinen Tisch für zwei Personen in unserer Nähe, und immer wieder kamen Paare, nahmen Platz und gingen innerhalb von fünf Minuten. Sie konnten es bei uns einfach nicht aushalten. Und dann verlief die Bestellung chaotisch, denn Meera hatte meinen Schwager Theodor gebeten, für uns alle zu bestellen, und das machte er, aber das haben andere Leute nicht verstanden, und sie haben für sich selbst bestellt. Wir hatten Unmengen von Essen. Wir sagten zu den Kellnern: ›Nun, wir werden alle diese Sachen teilen.‹ Und die Kellner sagten: ›Okay‹. Also stellten sie sie einfach in die Mitte der Tafel. Dann dauerte es eine Weile, bis die Kellner begriffen, daß wir auch Teller für die einzelnen Leute brauchten, die essen wollten. Es war einer dieser Abende, an denen man wirklich ständig aufstehen und mit den Kellnern reden muß. ›Wenn Sie das so machen würden, könnten wir es, glaube ich, hinkriegen ...‹ Natürlich war ich diejenige, die aufstehen und mit den Kellnern reden mußte. Nach ein paar Stunden wurden Meera und Jai ziemlich müde und gingen. Sie wußten, daß das mit der Rechnung von mir und meinen Schwestern geregelt werden würde. Ich ging zum Kassierer und sagte: ›Könnten Sie die Rechnung auf unsere Familien aufteilen?‹ Ich hatte die Leute am Tisch schon gezählt und den Anteil jeder Schwester errechnet. Aber als ich den Kassierer fragte: ›Können wir jeweils mit Kreditkarten bezahlen?‹ sagte er: ›Wir nehmen keine Kreditkarten.‹

Meera hatte Reservierungen für zweiunddreißig Leute in einem Lokal gemacht, das keine Kreditkarten akzeptiert. Nun, Gott sei Dank, sage ich zu mir, für meine Tausende von Dollars Bargeld. Aber nachdem wir diese für die Rechnung ausgegeben hatten, mußten wir natürlich am nächsten Tag durch ganz New York wandern und nach Geldautomaten suchen, um wieder Tausende von Dollars herauszuholen.

Und dann der Hochzeitstag, oh, der Hochzeitstag. Da gab es eine Reihe kleiner Probleme. Zum Beispiel gab es keinen Fön, denn wir waren ja in den Büroräumen eines Freundes untergebracht. Wir wohnten bei einem Typ, der bei Scheidungen therapeutische Unterstützung anbietet. Also waren in seinem Büro Bücher verstreut wie: ›Scheidung heute‹ und ›So trennt man sich in New York‹ und ›Die Ehe beenden, die Familie bewahren‹. Es war wirklich der unpassendste Platz, an dem Leute, die einer Hochzeit wegen in die Stadt gekommen waren, sich aufhalten konnten. Als wir am Morgen der Hochzeit aufwachten, arbeitete unser Freund im Büro seines Kollegen nebenan. Und da war ein Paar, das sich gegenseitig anschrie, wie sie sich gegenseitig umbringen wollten, am Sonntag morgen, am Hochzeitsmorgen unserer Tochter. Ich deute Dinge nicht als Vorzeichen. Ich glaube nicht daran, und ich habe keine Probleme damit, mich selbst zu überzeugen, daß das einfach nicht zusammenpaßt, daß wir sind, wo wir sind, und diesen mörderischen Kampf mitanhören.

Das meiste der Aufbauarbeiten für die Hochzeit auf dem Schiff wurde von den jungen Leuten erledigt. Wir wußten, daß wir dabei nicht viel helfen konnten. Ich war entschlossen, die Kleider in der letzten Minute zu bringen, so daß sie nicht verdorben werden würden. Der Partyservice sollte das Essen bringen und die Tische und Stühle. An diesem Punkt stellte ich mir vor, daß man uns anrufen würde, wenn etwas wirklich Verhängnisvolles passieren würde.

Sam und ich begannen etwa um drei Uhr nachmittags aufzubrechen, mit den Kleidern und den Laternen, und genau in diesem Moment, genau als wir aufbrechen wollten, begann der Himmel sich zu verdunkeln. Dann fing es an zu regnen. Und das war eine Hochzeit im Freien, denk dran, auf dem Kahn. Dann kamen Blitz und Donner. Und dann kam es wirklich dick. Sturmböen. Und das Zelt, das wir am Tag zuvor aufgestellt hatten – das wußten wir natürlich noch nicht –, aufgestellt, für den Fall, daß es regnen sollte, das Zelt war vom Wind hochgehoben und in den Hudson getragen worden, wo es davontrieb.

Inzwischen warteten wir darauf, daß der Regen aufhörte. Was konnten wir sonst tun? Vielleicht bin ich die Mutter der Braut und besser im Organisieren als sie, aber den Regen kann ich nicht anhalten. Als wir schließlich beim Schiff ankamen, hatten die Leute sich im Inneren des rostigen Kahns zusammengedrängt, und das Ding war so dicht wie ein Sieb. Große Tropfen rostigen Wassers fielen überallhin. Die Tische waren noch nicht aufgestellt gewesen, also war wenigstens das nicht ins Wasser gefallen. Das Zelt war aufgefischt worden, aber es war tropfend naß, konnte also nicht wiederaufgebaut werden. Und es war immer noch sehr bedrohlich. Da gab es überall am Himmel sehr große Gewitterwolken. Wir wußten also wirklich nicht, was als nächstes passieren würde. Als wir ankamen, war eine Art Aufräumen im Gang, aber im Taxi war ich einfach am Verzweifeln. Schließlich gab ich nach. Ich konnte mir nicht vorstellen, was passieren würde, aber ich dachte, nun, du weißt, wir können uns alle in dem Lagerhaus versammeln. Wir könnten die Zeremonie im Lagerhaus abhalten, dann irgendwie auf das Schiff hetzen ... Ich konnte mir einfach nicht vorstellen, was wir tun würden. In meinem Kopf herrschte fast völlige Leere. Ich konnte die Eventualitäten nicht ausrechnen.

An Bord mußte sich jeder auf etwas ganz Bestimmtes konzentrieren, und das schien zu helfen. Es schob die größere Frage, wie diese ganze Sache zu organisieren wäre, beiseite. Meera konzentrierte sich darauf, ob sie ihr Kleid anziehen konnte, ohne von den eintreffenden Leuten gesehen zu werden oder nicht. Die Brautjungfern waren in ihren eigenen rostigen Umkleidekabinen, und jede konzentrierte sich darauf, sich anzuziehen, dabei sauber zu bleiben und nicht gesehen zu werden. Jai fragt sich besorgt, ob das Wasser in dem undichten Schiff vielleicht die elektrischen Leitungen beschädigt hat, die seine Band später braucht, um nach der Trauung im Frachtraum zum Tanz aufzuspielen. Also geht er hinunter und schließt den Verstärker an und ... nun, der explodiert. Er explodiert und fängt an zu brennen. Und seine Mutter sagt zu mir: ›Es ist unglaublich. Manchmal machen die Musiker das, um das Publikum zu beeindrucken, sie lassen ihre Instrumente explodieren, aber jetzt ist keiner da, um es zu sehen.‹ Welchen Ton hat das? Das frage ich mich. Welcher Klang liegt darin? Ironisch, sehr liebevoll, und vor allem, verstehend: ›Nun, wissen Sie, mein Sohn ...‹

Und so geht Jai, der Bräutigam, natürlich weg. Jetzt, da wir kommen, geht Jai. Er trägt kein Hemd und hat seine Shorts an. Und er geht, weil er einen anderen Verstärker beschaffen muß. Mein Kopf wird leerer und leerer. Ich meine, Hochzeiten fangen manchmal verspätet an, weil der Bräutigam nicht da ist, oder? Man könnte sich das auch als exzentrischen Teil einer traditionellen Hochzeitsfeier vorstellen. Wir haben es geschafft, mit dem Regen und dem nassen Zelt fertig zu werden und mit dem tropfenden Rost und den bedrohlichen Gewitterwolken und der Explosion und dem Feuer und dem Bräutigam, der sich in Shorts auf den Weg macht. Also beschäftige ich mich damit herauszufinden, wie ich mich nützlich machen könnte. Ich fange an, mich ein bißchen umzuschauen nach Dingen wie den Lampen über den Treppen, die zu den Toiletten führen, und solchen Sachen. Ich fange an, mich für Kleinigkeiten zu interessieren, die gefährlich werden könnten. An diesem Punkt versuche ich, Verletzungen vorzubeugen. Ich habe beschlossen, mich auf mögliche Gefahren für die Gäste zu konzentrieren, denn diese ganze Geschichte geht offengestanden über meinen Verstand, und ich weiß nicht, was ich machen soll. Deswegen schaue ich mich um und versuche herauszufinden, was die wirklichen Gefahren sind, die hier drohen. Ich werde versuchen, diesen Ort sicher zu machen. Das bedeutet, daß ich den Eigentümer des Schiffes finden muß, nicht den Partyservice und ähnliche Leute, die von außen gekommen sind. Plötzlich bin ich fest entschlossen, ihn zu finden, ihn dazu zu bringen, etwas zu unternehmen. Zum Beispiel soll er zur Kenntnis nehmen, daß dieses Licht nicht geht, daß das Licht nicht geht und daß es an dieser Stelle glatt ist, daß es sicherer wäre, wenn wir diese Sachen aus dem Weg räumten und im hinteren Bereich oder sonstwo verwahrten. Das war die Art Gespräch, die ich mir gewünscht habe. Nun, ich habe ihn gefunden. Ich glaube, er war im Lagerhaus. Wo sonst hätte er sein können? Aber dann wollen einige der Musiker, die inzwischen aufgetaucht sind, nicht spielen. Sie haben Angst, daß ihre Instrumente naß werden oder explodieren oder Feuer fangen könnten, so absurde Befürchtungen, weißt du.

Was noch? Ach, einer der Platzanweiser ist nicht aufgetaucht. Ich weiß nicht, warum. Ich nehme an, er geriet in den Regen, also dachte er wahrscheinlich, die Hochzeit sei abgesagt worden, und tauchte nicht auf. Wir mußten dann einen anderen zum Platzanweiser ernennen und ihm erklären, was er tun sollte. Das war natürlich nicht einfach, denn seit der Probe wußten wir alle, daß wir nicht wußten, was wir tun sollten. So kam einfach eines nach dem anderen, einfach ein Problemchen nach dem anderen.

Es ging gegen sechs Uhr, und das war die Zeit, zu der die Hochzeitsfeier anfangen sollte. Aber die Leute kamen spät. Sie verspäteten sich wegen des Regens, erschienen nicht vor sechs Uhr fünfzehn, halb sieben. Dann tauchte ein neues Problem auf. Zwar hatte ich das vorgeschlagen, aber niemand hatte draußen ein Schild aufgestellt, um den Gästen den Weg durch das Lagerhaus zum Schiff zu zeigen. Oder vielleicht war das Schild weggeweht worden. Das mußten wir jetzt noch tun. Wir mußten draußen ein Schild anbringen, das mitteilte, daß dieses Lagerhaus, dieser rostige Kahn auf dem Hudson der Schauplatz der Hochzeitsfeier war.

Zu dem Zeitpunkt war Meera sehr nervös. Was immer sie im Kloster gelernt hat, es schien ihr jetzt nicht viel zu nützen. Und sie ärgerte sich hauptsächlich über die Tatsache, daß die

Leute immer wieder in den Teil des Schiffes gingen, in dem die Braut, die nicht gesehen werden sollte, zurechtgemacht wurde. Inmitten dieses Infernos hatte sie beschlossen, auf diesem einen entsetzlich wichtigen Bestandteil einer traditionellen Hochzeit zu bestehen. Schließlich entschied sie, sie müsse hinuntergehen und im dunklen Frachtraum warten. Im nassen, tropfenden feuchten Frachtraum. Also hat sie das getan. Sie ging hinunter, mit einigen der anderen Mädchen, und stand da unten und hielt ihre Röcke gerafft, bis die Hochzeit beginnen konnte.

Aber was für eine Hochzeit würden wir erleben? Alles, im Grunde alles, was meine Tochter geplant hatte und wofür sie mit so viel Mühe gearbeitet hatte, um mir und sich selbst so viel zu beweisen, war in diesem Moment in Bewegung. Alles, was wir tun konnten, war, das Beste daraus zu machen und zu hoffen, daß wir eines Tages darüber lachen konnten. Aber vielleicht auch nicht. Vielleicht nicht …

Plötzlich hellt sich alles auf. Es regnet nicht mehr. Die Leute vom Party-Service haben die Stühle aufgestellt und die Tische, und das Essen wird angerichtet, und die Prozession, eine Art Prozession, wird gleich stattfinden. Die Begleiter des Bräutigams und die Brautjungfern gehen zusammen den ›Mittelgang‹ entlang, denn die Männer wollten auch alle den Gang entlanggehen. Sie haben vor, paarweise entlangzugehen und sich dann zu trennen und sich zu beiden Seiten des Bräutigams aufzustellen. Jai will alles richtig machen. Er ist zurückgekommen, hat sich um die Verstärker gekümmert, sich angezogen und geht direkt zum Altar, wo er auf Meera wartet, wie es sich gehört. In letzter Minute ist beschlossen worden, daß seine Zwillingssöhne, die die Ringe reichen sollen, nicht mitgehen. Sie werden dort stehen und mit ihm auf Meera warten. Das Publikum soll auf dem Kahn sitzen, mit dem Blick zur sogenannten Bühne, wo die Zeremonie stattfinden wird. Ich bin die Brautmutter, also soll ich die letzte Person sein, die, geleitet vom Brautführer, ihren Platz einnehmen wird, kurz bevor die Zeremonie beginnt. Deswegen wird von mir nicht erwartet, daß ich an der Prozession teilnehme. Daß ich Platz nehme, wird das Zeichen dafür sein, daß die Prozession beginnt, aber während der Probe hat das nie jemand mitbekommen. Das Signal wurde ständig übersehen, vielleicht, weil viele von Meeras Freunden nicht begriffen hatten, daß ich Meeras Mutter bin. Also machte es keinen Eindruck auf sie oder auf die Musiker, die dann anfangen sollten zu spielen, oder auf sonst irgend jemanden, ob ich mich nun setzte oder aufstand. Wir hatten das während der Probe mehrere Male wiederholt. Aber der Brautführer wollte zurückkommen und die erste Brautjungfer den Gang entlang begleiten, was normalerweise nicht gemacht wird. Mein Gefühl während des Ganzen war, daß ich es am besten fand, wenn die Leute ihre eigenen Zeremonien erfinden. Wenn sich das für diese Gruppe junger Leute richtig anfühlt, dann ist es so, wie es sein sollte. Das war mir sehr, sehr klar. Es gab ein paar Normen, an die sie sich alle hielten, und nach und nach schienen sie etwas zu erarbeiten. Ich begann etwas sehr Autoritatives in Meera zu ahnen. Sie wußte, wie sie die Dinge erledigt haben wollte und wie sie das erreichen würde, und sie brauchte dazu weder meine Hilfe noch meine Einmischung. Und jetzt, am Tag der Hochzeit, nach dem Sturm und dem Rost und dem Tröpfeln und der Explosion und dem Feuer und den späten Gästen, spürte ich es wieder. Irgendwie werden sie einen Weg finden, ihre Prozession und ihre Hochzeit zu gestalten.

Und das taten sie. Der Himmel klärte sich auf, das war sehr aufregend, und es geschah wirklich genau, bevor die Prozession begann. Die Gewitterwolken verzogen sich, genau als die Leute anfingen, Platz zu nehmen. Es war fast, als wollten die Leute sich erst hinsetzen, wenn sie sicher sein konnten, daß es nicht auf sie niederregnen würde. Und dann wurde der Himmel klar. Und es wurde außergewöhnlich schön. Von diesem Moment an wurde der Abend atemberaubend und wunderbar. Alle waren in gehobener Stimmung. Eine richtige Euphorie war zu spüren. Die Musiker fingen an zu spielen, und plötzlich konnte ich sehen, daß Meera die vollkommene Szenerie ausgewählt hatte. Da waren wir auf dem Hudson, der Fluß lag gläsern und spiegelte Pastelltöne wider. Da war die Freiheitsstatue in der Ferne und das Empire-State-Gebäude auf der Seite von Manhattan. Und der Himmel, der Himmel war wirklich außergewöhnlich, ein sehr farbiger Himmel mit viel Grau und Blau und Rosa und Grün. Und dann kamen andere Schiffe vorbei, andere Hochzeiten trieben vorbei auf Schiffen, die sich wirklich auf See bewegten. Jamaikanische Samstagnacht-Parties zogen vorüber, mit vielen Trommeln und Menschen, die an Deck tanzten, und dann erkannte ich natürlich, daß sie absolut recht gehabt hatte. Das war einfach ein wunderbarer Platz, und für kein Geld der Welt hätte man etwas Schöneres in Manhattan finden können. Und sicherlich hätte man keinen Platz finden können, der hinsichtlich dessen, worauf es ankommt, besser zu Meera gepaßt hätte. Sie ist eine Frau, die gern mit einem Thema oder einem Motiv arbeitet. Sich zu verheiraten war vielleicht ein Zeichen dafür, daß sie, womit auch immer sie in ihrem Leben Schiffbruch erlitten hatte, nun geborgen war. Aber sie will nicht, daß die Menschen vergessen, daß es einen Untergang gegeben hat. Sie will nicht gesäubert und renoviert und normalisiert werden. Sie möchte keine konventionelle liebliche Hochzeitsfeier. Sie will, daß man die geplatzten Polster sieht. Sie hat ihr Thema gewählt, die Bergung des Wracks, und sie hat es in eine völlig angemessene Erklärung anläßlich ihrer Hochzeit verwandelt.«

Wir haben auf der Treppe gesessen, die zu den Zimmern im zweiten Stock führt. Sie, größer, etwas älter, sitzt auf den Stufen über mir. Draußen gehen die Lampen in einer eigenen Art Rhythmus an und wieder aus, und schließlich zeigt sich das Tageslicht. Die Geschichte ist an ein Ende gelangt.

Sie ist meine älteste Freundin, und sie nimmt Abschied. Sie sammelt ihre Sachen ein, schlägt mein Angebot aus, sie zum Flughafen zu fahren, und bestellt ein Taxi. Wir warten draußen auf der Straße. Der frühe Morgen ist feucht, Tau liegt auf ihrem Haar. »Also«, sagt sie, zu dem leichten Ton zurückkehrend, der uns erlaubt, auf Wiedersehen zu sagen, »passen wir hinein? Passen wir in dein Muster? Sind Meera und ich Frauen, die ihre Mutter zur Welt gebracht haben?«

»Ich weiß es nicht. Nicht genau. Ich wünsche mir, daß ihr hineinpaßt. Es ist immer besser für eine Erzählerin, wenn etwas zu einem bereits bestehenden thematischen Muster paßt.«

Sie entdeckt einen Unterton von Traurigkeit in meiner Stimme, aber der gilt nicht dem Scheitern meines großartigen Entwurfes. »Vielleicht passen wir nicht richtig hinein, weil es Meera und mir mit dieser seltsamen, unkonventionellen, aber höchst hingebungsvollen Zusammenarbeit gelungen ist, eine neue Beziehung zu schaffen. Deswegen war keine Geburt und keine Mutter nötig.« – »Könnten wir nicht diese neue Beziehung als die Mutter bezeichnen, die ihr zur Welt gebracht habt?« – »Das Problem mit diesem Konzept ist seine unendliche Dehnbarkeit. Alles kann dazu herhalten, es auszumalen.« – »Nun, bist du so sicher, daß Meera nicht dadurch etwas Neues aus dir gemacht hat, daß sie dich gezwungen hat, die Hochzeitsfeier so zu überleben, wie du es getan hast? Ohne sie ein einziges Mal im Stich zu lassen oder es an Unterstützung fehlen zu lassen? Meinem Gefühl nach hat sie die Mutter zur Welt gebracht, als die sie dich brauchte. Du hast alle Tests bestanden, alle Schicksalsprüfungen und Proben überlebt, und du bist daraus triumphierend hervorgegangen, kann man sagen, um den Traum deiner Tochter zu feiern.« – »Man hat mir zugehört«, sagt sie im Stil der zurückgenommenen Entschiedenheit, die sie im Leben so weit gebracht hat. »Ich bin ein Teil der Geschichte geworden. Wenn ich will, kann ich Meera und mich durch diese Geschichte verstehen, oder ich kann zu meiner alten Sichtweise von uns zurückgehen.« – »Deiner alten Sichtweise?« Da ist das Lächeln, das sie nur für mich bewahrt. »Daß es eigentlich keine Geschichte gibt. Daß es, wie ich sagte, chaotisch angefangen hat und glücklich geendet.« – »Es hat glücklich geendet.« – »Es ist sehr seltsam, Teil einer Geschichte zu sein«, sagt sie nachdenklich, als sie mich umarmt. »Es ist, als hätte ich mich dir ausgeliefert, damit du ordnest und redigierst und deutest. Ich gehe weg und bin ein bißchen weniger von mir selbst und ein bißchen mehr von dir. Und warum nicht? Warum eigentlich nicht?«

Um das auszugleichen, was ich genommen habe, biete ich ihr den Hut und die Papierblumen und die Bänder an. Sie möchte aber nur den Strohhut und setzt ihn irgendwie verwegen auf den Kopf. »Wenigstens soviel, da stimme ich dir zu, haben wir gelernt«, sagt sie, als sie sich aus dem Auto lehnt, um mich zum Abschied zu küssen. »Egal was du glaubst, was du mit deinem Leben machst, die Mutter ist immer da.«

»Immer der wichtigste, wenngleich verborgene Spieler, selbst wenn die Tochter denkt, daß sie das Ereignis gestaltet.« – »Soweit würde ich nicht gehen«, sagt sie, als das Taxi davonfährt.

Was zu sagen war, ist gesagt worden. In der Stille, die folgt, kann ich nur darüber nachdenken, was Meera aus ihrer Hochzeit machen wird, wenn sie eines Tages davon erzählt, vielleicht ihrer eigenen Tochter? Es könnte sein, daß sie, die sich für Bräuche und Mythen interessiert, mir zustimmt. Daß sie ihre Mutter durch eine wahre Feuerprobe geschickt hat, die sie verwandelt hat, die ihr abverlangte, Dinge auf die Art ihrer

Tochter zu machen, sie in ihrem Vorhaben zu unterstützen, ohne es ihr jedoch abzunehmen. Das Ganze für die Tochter zusammenzuhalten und nicht für den öffentlichen Auftritt, sich etwas anzuschließen und bei etwas mitzumachen, was sie nicht versteht, sich so weit darauf einzulassen, daß sie für einen Moment damit in Berührung kommt, wie ihre Tochter das Leben erfährt.

Aber die Hochzeit selbst? Wird Meera je wirklich in der Lage sein, sie ihrer Tochter zu beschreiben? Kann sie das Planlose, das Riskante daran würdigen, so erfüllt von ihrem eigenen Verlangen nach Schönheit? Ihrem Bedürfnis, die entscheidenden Ereignisse im Leben einem bedeutenden Thema entsprechend zu ordnen? Ihrem Gespür für ironische Unvereinbarkeiten, das sie das Konventionelle mit dem Bizarren verbinden läßt? Wird es ihr je möglich sein, die rätselhafte Art zu beschreiben, in der die Hochzeitsfeier die Spannung hielt zwischen Tradition und Bilderstürmen? Oder wie sie, bis zum allerletzten Augenblick, einen ausgeprägt individuellen Stil vermittelte? Denn es war Stil, wirklich Stil, der diese exzentrische Hochzeitsfeier hervorbrachte, in einer Ausdrucksweise, die sich sehr von der ihrer Mutter unterscheidet, aber dennoch ein ausgeprägter Stil, der die Zeichen ihrer bleibenden Verwandtschaft trägt.

Nein, ich nehme an, daß es nicht Meera sein wird, die ihre Hochzeitsfeier beschreiben kann. Diese Aufgabe ist ihrer Mutter übergeben worden. Die Überlieferung ist der Höhepunkt der schweren Prüfungen, die sie, die Erzählerin, verändert haben.

Epilog
Eine Geschichte, die kein Ende hat

Selten verbringen wir drei viel Zeit miteinander. Wenn wir das machen, diskutieren wir gewöhnlich über Politik und halten die Spannung aus, die sich aus unseren Altersunterschieden ergibt. Larissa, meine Tochter, ist Anfang Zwanzig, meine Mutter ist über achtzig. Wenn meine Mutter und meine Tochter über »die Welt« sprechen oder über »die Gesellschaft« oder »Arbeiter« oder »die menschliche Natur« oder »Verpflichtung« oder »Verantwortung«, meinen sie nicht dasselbe. Vielleicht würden sie ohne mich nicht wissen, was die andere sagen wollte. Larissa wird Malerin, nachdem sie vier Jahre lang Philosophie studiert hat. Meine Mutter ist fast sechzig Jahre lang eine engagierte politische Aktivistin gewesen.

Heute hat man uns alle nebeneinander an einen großen Eßtisch gesetzt. Larissa hat gerade in Harvard ihr Studium abgeschlossen. Ein Filmemacher hat Interviews mit Kindern gemacht, deren Eltern Sozialisten und Kommunisten waren. Er hat uns drei eingeladen, an seinem Film mitzuwirken. Es geht darum, wie sich die politischen Aktivitäten der Eltern auf die Kinder ausgewirkt haben.

Die Lichter der Scheinwerfer werden eingestellt, der Ton wird geregelt, der Filmemacher wendet sich an mich, während meine Mutter und meine Tochter zuhören. Ich erzähle die Geschichte von dem Tag, an dem meine Mutter verhaftet wurde, weil sie eingetreten war für »den Sturz der Regierung durch Aufruhr und Gewalt im Jahr 1951«. Es ist eine alte Geschichte, mittlerweile niedergeschrieben und veröffentlicht in einem Buch über das Leben meiner Mutter. Ich erwarte nichts Aufwühlendes. Aber dann komme ich zu der Stelle, an der meine

Mutter verhaftet wird, am frühen Morgen, als ich noch schlief. Mein Hals fühlt sich an, als werde er fest zugedrückt, als halte ein innerer Beobachter es immer noch für notwendig, mich am Weinen zu hindern. Ich habe mittlerweile das Filmmaterial zu dem Interview angeschaut und war beeindruckt davon, wie flüssig und gleichmäßig die Geschichte über meine Lippen kam, als hätte sie überhaupt kein inneres Drama hervorgerufen.

Jetzt ist meine Tochter an der Reihe. Ihre Bereitschaft, bei dem Interview mitzumachen, hat mich neugierig gemacht. Was in aller Welt wird sie sagen? Zu dieser Zeit war ich in meiner Vorstellung noch die Tochter meiner Mutter. Ich hatte meine Identität als Mutter meiner Tochter noch nicht ganz erfaßt. Ich hatte keine Ahnung davon, daß ich gerade im Begriff war, das Thema ihrer Mutter-Geschichten zu werden. Vor der Kamera, im Licht der Scheinwerfer, das Mikrofon an ihrem Revers, stellt meine Tochter Überlegungen an über die Neigung, Verhaltensmuster an nachfolgende Generationen weiterzureichen.

»Gerade letzte Woche ist mir klargeworden, wie meine Mutter … ich meine, sie hatte nicht die Absicht … es ist sehr schwer für mich, darüber zu sprechen …« Larissa zögert, dann beginnt sie von neuem. »Ich glaube, sie hat mir die Gefühle vermittelt, die sie als kleines Mädchen hatte. Als ich noch klein war, sechs Jahre alt, hat sie mich sechs Wochen lang allein in Irland gelassen. Ich war dort bei einigen Freunden. Ich habe geschlafen, und als ich aufgewacht bin und gefragt habe, wo sie ist, war sie weg. Sie war einfach weg. Sie hat mich nicht geweckt, um auf Wiedersehen zu sagen. Daran habe ich mich immer erinnert. Als ich acht Jahre alt war, bin ich bei meinem Vater und meiner Stiefmutter geblieben. Sie ist für neun Monate nach Israel gegangen. Sie ist weggegangen, und sie hat mich verlassen. Das macht mich sehr traurig und auch sehr wütend ... Das waren die schwierigsten Dinge, mit denen ich mich in meinem Leben auseinandersetzen mußte ... Das ist es, was aus der Kindheit meiner Mutter in meine Kindheit weitergegeben worden ist, aber es hat nichts mit Politik zu tun, es war einfach dieses Muster ....«

Sie muß ein starkes Bedürfnis haben, diese Geschichte zu erzählen. Sie hat sie nie zuvor erzählt, und jetzt erzählt sie sie vor Publikum, vor einer Kamera. Wir sind alle beeindruckt davon, wie die Geschichte unter großem innerem Druck aufsteigt und ihren Weg findet, durch Tränen und Verlegenheit hindurch. Sie raucht eine Zigarette. Sie schaut oft auf ihre Hände, dann direkt zu mir, um sich zu vergewissern, daß ich das alles mitbekomme. Meine Mutter, die links von mir sitzt, scheint zu fürchten, daß die Frauen der Familie Chernin sich vor der Kamera völlig gehenlassen und wir uns öffentlich blamieren. Sie nimmt meine Hand mit festem Griff, vielleicht um mich zu warnen, damit ich Larissa bremse. Aber ich weiß es besser. Das ist ein spannungsgeladener, echter, schmerzhafter Augenblick der Konfrontation, und wir werden ihn alle überleben. Meine Tochter, die sich immer beschützend verhalten hat, hat gerade ihre erste Mutter-Geschichte erzählt, die voll ist mit Anschuldigungen und Vorwürfen und Wut. Vor uns liegen unsichere Jahre, voll von Geschichten und ihren Überarbeitungen.

Später fällt mir ein, daß ich meiner Mutter nie, niemals direkt gesagt habe, wie sehr ich gelitten habe, als sie weggebracht und ins Gefängnis gesperrt wurde. Meine Geschichten waren immer die einer stolzen, unbesorgten, mutigen Tochter. Ich bin dem Auftrag meiner Kindheit treu geblieben und habe meiner Mutter das Leben nicht noch schwerer gemacht, indem ich sie von meiner Not wissen ließ. Meine Mutter (so sagen die Geschichtenerzählerinnen) wird ins Grab sinken, ohne daß sie ein einziges Wort der Klage oder des Vorwurfs von mir gehört hat. Zwischen ihr und mir wird immer wie ein leerer Raum diese nicht erzählte Geschichte stehen. Meine Tochter hingegen hat mich gerade gebeten, mich der Wirklichkeit zu stellen und zu sehen, wie ich als Mutter für sie war.

Geschichten führen zu weiteren Geschichten, das wissen wir. Manchmal dringen auch die nicht erzählten Geschichten durch. Oder vielleicht hat meine Mutter Larissas Geschichte ihrer Kindheit gehört, als hätte ich über meine Kindheit gesprochen. Vielleicht hat sie, indem sie uns beide beobachtete, verstanden, daß es möglich ist, die Wahrheit darüber auszuhalten, wie eine Frau als Mutter erlebt wurde. Einige Monate später, als ich sie in Los Angeles besuchte, tauchte derselbe Filmemacher auf, um uns noch einmal zu interviewen. Wir saßen in der Bibliothek des Seniorenheimes, in dem meine Mutter damals lebte. Bei dieser Gelegenheit fingen wir an, über die schwierigen Jahre zu sprechen, in denen sie verhaftet, eingesperrt und vor Gericht gestellt wurde, weil sie Kommunistin war. Wieder war es ein öffentlicher Anlaß, mit Kameras und Beleuchtung und Mikrofonen, die wir an unseren Revers trugen. Plötzlich, mitten in all dem, sagt meine Mutter, daß sie wußte, daß ihr Leben als politische Aktivistin ihrer kleinen Tochter Kummer machte.

»Da gibt es vielleicht noch etwas, was ich noch nie gesagt habe ... was ich weder mir selbst noch meiner Tochter gesagt habe ... Wenn sie schon im Bett war und schlief, wenn ich von einer Versammlung nach Hause kam, versuchte ich mir einzureden, sie sei ein kleines Mädchen, sie brauche ihren Schlaf. Sie schlief doch, wie konnte sie also ihre Mutter vermissen? Manchmal habe ich ihr etwas zu essen mitgebracht, Kuchen oder ein paar Kekse, die von der Versammlung übriggeblieben waren. Dann sagte ich mir, sie ist ein kleines Mädchen, sie braucht ihren Schlaf, warum weckst du sie auf? Aber das Gefühl war immer da, ein Schmerz, daß dieses Kind aufwächst, während die Mutter immer weg ist von zu Hause, immer draußen in der Welt, immer beschäftigt ... Manchmal war es so schwer, mit der Arbeit weiterzumachen und zu wissen, das Kind ist zu Hause und vermißt seine Mutter ...«

Meine Mutter, eine robuste, kampferprobte Frau, beweint öffentlich das Leid, das sie ihrem Kind zugefügt hat. Die Kamera richtet sich auf ihr Gesicht mit den tiefen Furchen und den klaren Augen. Sie verharrt dort während dieses Geständnisses, das all die Jahre zurückgehalten worden ist und das endlich die Einsamkeit und die lebenslange Entfremdung zwischen uns beseitigt.

Ich denke mir, daß das der Tag war, an dem ich anfing, die lebensverändernde Macht von Geschichten zu würdigen. Ich hatte bereits über das Leben meiner Mutter geschrieben, ich hatte es in die Hand genommen und eine Stimme für sie erfunden. Ich schrieb das Buch in einer Zeit, in der ich damit kämpfte, meiner Mutter die Kränkungen aus meiner Kindheit zu vergeben. Ich war noch nicht bereit, sie loszulassen, gewiß nicht, sie zur Welt zu bringen. Das Buch brachte eine neue Beziehung zwischen uns, eine Zusammenarbeit, die häufig im Lauf der Jahre zusammenbrach, wenn wir zurückfielen in unsere gereizte Unfähigkeit, unsere Wesensunterschiede auszuhalten. Ich hatte eine Erzählerin-Mutter geschaffen, die wir später beide adoptierten, die wirkliche Mutter, indem sie für den Rest ihres Lebens ihre Geschichte so erzählte, wie ich sie erzählt hatte. Dann, eines Tages und während eines sowohl innigen als auch öffentlichen Augenblicks, erzählt mir meine Mutter, daß sie gewußt hat, wie ich als Kind gelitten habe. Plötzlich werde ich in einen Wirbel von Emotionen hineingeworfen, der mich, als er sich wieder legt, mit der Erkenntnis zurückläßt, daß ich jetzt eine neue Version unserer Geschichte habe. Die Vergangenheit, bis dahin straff gespannt und deutlich am Punkt des Zerreißens angelangt, entläßt uns. Mir wird klar, daß es nichts gibt, was ihr vorzuwerfen ist, nichts zu vergeben. Wir waren kein großartiges Team als Mutter und Tochter, aber wir haben es geschafft.

In den letzten Jahren ihres Lebens habe ich eine Zärtlichkeit für sie empfunden, die zum ersten Mal eine Art umfassender Mütterlichkeit in unsere Beziehung einfließen ließ. Neun Jahre nachdem Larissa ihr Studium beendet hatte, brachte ich mich selbst zur Welt als Mutter meiner Mutter. Unser beider Leben vollendeten sich in einer Geste, die uns einhüllte und unser Bündnis besiegelte. Ich nehme sie auf in meine Arme. Diese einst so starke Frau ist jetzt zerbrechlich und ausgezehrt. Ich halte sie leidenschaftlich fest, singe ihr etwas vor, wiege sie, halte sie an meiner Brust, einen Tag, bevor sie stirbt.

Zwei Jahre nach dem Tod meiner Mutter sitzen Larissa und ich im japanischen Teepavillon im Golden Gate Park. Ich habe sie eingeladen, sich hier mit mir zu treffen, damit sie mir Geschichten über ihre Kindheit erzählen kann. Wir verschieben diesen Moment immer wieder, obwohl wir beide denken, daß ihre Geschichten in meine Sammlung passen würden. Wir sind in einer unbeschwerten Stimmung, und keine von uns möchte etwas Betrübliches aufbringen. Dennoch, wir sind beide disziplinierte Frauen geworden, wir haben vereinbart, dieses Projekt durchzuführen, und wir werden das auch tun. Ich habe den Kassettenrecorder mitgebracht, und wir haben uns einen ruhigen Platz gesucht, an dem wir sprechen können. Wir haben uns über einen Fischteich gebeugt, wir haben Schulter an Schulter auf den Holzstühlen ohne Rückenlehne gesessen und Tee aus kleinen Tassen geschlürft. Sobald eine von uns für einen Augenblick wegschaut, schnappt die andere sich ein Mandelplätzchen von ihrem Teller. Das ist ein altes Spiel, das wir in diesem Park schon gespielt haben, als sie noch ein kleines Mädchen war.

Vor vielen Jahren, als sie zum ersten Mal von zu Hause wegging, um zu studieren, erzählte sie oft Geschichten darüber, wie wir immer nach der Schule in den Park gingen. Ihre Erinnerungen an diese Zeit waren klar und lebhaft, durchzogen von sinnlich wahrnehmbaren Einzelheiten und zweifelsohne sehr idealisiert. Später, nachdem sie ein paar Jahre weg gewesen war, hörte sie auf, diese Geschichten zu erzählen. Tatsächlich war es so, als hätte sie die späten Nachmittage, die wir dort beim Tee verbrachten, völlig vergessen. Sie habe fast nichts aus ihrer Kindheit behalten, sagte sie, außer daß alles freudlos, grau und bedrückend gewesen sei.

»Stell dir vor«, sage ich, und nehme ein anderes Spiel wieder auf, »ich bezahle für deinen Tee und deine Kekse und gebe der Kellnerin einen Dollar. Wieviel Kleingeld bekomme ich zurück?« – »Du zahlst meinen Tee und meine Kekse? Dann würde ich zwei Vierteldollars, ein Zehncentstück und und ein Eincentstück herausbekommen. Oder vielleicht fünf Fünfer, einen Vierteldollar und elf Eincentstücke. So viele Eincentstücke würdest du allerdings nicht wollen, oder? Außer wenn wir sie in den Teich werfen und uns dabei was wünschen. Aber ich hoffe, du denkst dieses Mal daran, daß du die Goldfische nicht erschreckst. Oder wir könnten sechs Zehner und ein Eincentstück zurückkriegen. Wenn du aber auch noch für deinen Tee bezahlst, würde die Kellnerin uns einen Vierteldollar und einen Fünfer und ein Eincentstück geben, und du würdest Ihr den Fünfer und das Eincentstück als Trinkgeld lassen.«

Das war vor fünfundzwanzig Jahren die richtige Antwort gewesen, als die Tochter sechs oder sieben Jahre alt war und gut in Mathematik. Es machte ihr Spaß, ihre Mutter zu nekken, die das nicht war. Damals brauchte man für den Tee (von dem heute ein Gedeck über zwei Dollar kostet) nicht viel mehr als einen Vierteldollar, und dafür wurden Kekse, ein Teekännchen und ein Täßchen serviert. Viele Kekse konnte man verschwenden, indem man sie an die Vögel verfütterte, Eichelhäher und Tauben, die in den steinernen Tempeln auf den kleinen Inseln im Goldfischteich umherhüpften. Manchmal flogen sie herüber und ließen sich auf den Holztischen nieder. Die Kellnerin mißbilligte das und verscheuchte sie, besonders während der Kirschenzeit, wenn die Gartenanlagen voller Touristen waren. In diesen Tagen bewunderte die Tochter die Mutter, die sich von den Kellnerinnen nicht einschüchtern ließ. Sogar dann, wenn andere Mütter und Töchter nachgegeben und aufgehört hatten, die Vögel zu füttern, machten wir beide einfach weiter und streuten Krümel auf die Tische.

In den Jahren nach ihrem Studium versuchte ich manchmal, diese goldenen Augenblicke für Larissa heraufzubeschwören. Sie tat sie schulterzuckend ab. Sie war zornig, und ihre Geschichten sagten mir, wie ich sie wieder und wieder im Stich gelassen habe. Es stimmt, daß ich Stunde um Stunde zurückgezogen in dem kleinen dunklen Zimmer verbracht habe, das sie das »Maulwurfsloch« nannte. Ich schrieb dort in mein Notizbuch, meditierte, übersetzte Rilke und Hölderlin und schenkte meinem Kind keine Beachtung. Ich wußte noch nicht, wie Geschichten einer Tochter anzuhören sind. Ich habe versucht, mich davor zu schützen. »Bestimmt habe ich dich liebgehabt, ich habe mein Bestes getan. Ich war unglaublich depressiv. Ich habe versucht, das vor dir zu verbergen.« – »Warum? Warum hast du es mir nicht einfach gesagt?« – »Nun, manchmal habe ich es dir gesagt. Ich habe dir gesagt, daß ich eine schwere Zeit durchmache und daß ich hoffe, daß du das verstehst ....« – »Du glaubst, ich wollte wissen, daß meine Mutter eine schwere Zeit durchmacht?« – »Nun, deswegen habe ich versucht, es nicht zu zeigen ....« – »Das nennst du einen Versuch? Du glaubst wirklich, du hättest das versucht?« Ich ließ Larissa gewöhnlich alleine über die geschwungene Brücke gehen, wo man andere Kinder unter sieben nicht alleine gehen ließ, obwohl einige Väter ihre Söhne da hinaufließen. Wir hielten uns an den Händen und nahmen ein anderes verbotenes Vergnügen in Angriff, wir rannten über die schlüpfrigen Steine, die von Wasser umspült wurden. Wir gingen mit den Gartenanlagen um, als gehörten sie uns. Sie lagen einige Blocks von da entfernt, wo wir wohnten. Wir kamen jeden Tag nach der Schule hierher, um Mathematik zu üben, um die Vögel zu füttern und um das Mißfallen der Parkwächter zu riskieren. Das sind die Geschichten über uns, von denen ich mir wünsche, daß meine Tochter sie erzählt, aber ihr geht es um etwas anderes, das hat sie mir versichert.

Ich werde herausfinden, was meine Tochter über ihre Erziehung denkt. Sie ist zurückgekommen von der Ostküste, sie ist Feministin, eine risikofreudige, gut ausgebildete Frau. Sie hat einen schwarzen Gürtel in Taekwondo, sie hat als Barkeeperin und als Kellnerin gearbeitet. Sie hat sich in einem kommunalen Betreuungsprojekt um Kinder gekümmert, sie ist in Europa gewesen, ist alleine herumgereist, hat Trauben geerntet, in Paris gelebt, spricht fließend Französisch. Vor einigen Jahren ist sie aus Cambridge zurück nach San Francisco gezogen. Sie unterrichtet bildende Kunst an einer Privatschule, läßt ihr Haar lang wachsen, um es abzuschneiden und sogleich wieder wachsen zu lassen. Sie mag es nicht, sich zurechtzumachen, wenn wir in die Oper gehen, und weint immer, eng an mich gelehnt, wenn Violetta am Ende von *La Traviata* stirbt. Sie ist Malerin und will keine Kinder haben. Liegt es daran, daß sie weiß, daß sie auf die gleiche Art Mutter wäre wie ihre Mutter, und daß sie das einem Kind nicht antun möchte?

»Warum sagst du mir nicht, weshalb du keine Kinder haben willst? Vielleicht könnten wir so anfangen ... Ich weiß, es ist schwer anzufangen. Mir ist es nie gelungen, meiner Mutter die Wahrheit über irgend etwas zu sagen.« – »Es macht mir nichts aus, dir die Wahrheit zu sagen. Du hast nie geglaubt, daß du die großartigste Mutter auf der Welt wärst, oder?« fragt sie in ihrer treffenden, spielerischen Art.

»Ich habe nie geglaubt, ich wäre die großartigste Mutter der Welt. Ich habe aber auch nie gewußt, wie ich mir vorstellen könnte, wie es aus deiner Sicht war.« – »Typisch«, sagt sie und schaut mich aus den Augenwinkeln an. Das ist ein anderes der Spiele, die wir gelernt haben, die harte Wahrheit aussprechen, als fiele das leicht und als spielte die Härte keine Rolle mehr. »Hast du gesagt typisch?« – »Du wolltest die Wahrheit, oder?« Dann, als fürchte sie, sie habe sich zu schroff gegeben, nimmt sie meinen Arm und lehnt sich schwer an meine Schulter. »Oder?« – »Okay«, sage ich und finde das schwieriger, als ich es mir vorgestellt habe. »Ich höre.«

»Warum möchte ich keine Kinder haben? Ich glaube, ich würde mich so entsetzlich verantwortlich für das Wohl des kleinen Wesens fühlen. Ich würde mich so mit seinen Bedürfnissen identifizieren, weißt du? Ich würde mir ständig Sorgen machen, leiden, mir vorstellen, es braucht mich. Ich hätte nicht die Freiheit, über meine eigenen Wünsche und Bedürfnisse nachzudenken. Dann würde ich ihm böse sein, weil es so ein hilfloses Geschöpf ist, und dann müßte ich ihm noch mehr Aufmerksamkeit widmen, um den Zorn wiedergutzumachen. Irgendwie habe ich das Gefühl, daß ich mit meinen Bildern etwas hinterlasse, ich brauche keine Kontinuität durch ein Kind. Und gut, das ist nicht so leicht zu sagen«, setzt sie hastig hinzu, »aber wenn du die Wahrheit wissen willst ... ich habe Angst, ich wäre wie du, launisch, nicht fähig, mein Temperament zu beherrschen – das macht einem kleinen Kind angst, das macht es wirklich ...«

Wir verlassen das Teehaus im Garten, überqueren die Straße und betreten den botanischen Garten für Bäume und Sträucher, einen anderen Ort, den wir regelmäßig besucht haben, als sie klein war. Neuerdings hat sie angefangen, Szenen aus dieser Gartenanlage zu malen, mit strahlenden Farben, die eine fruchtbare, üppige, wuchernde Fülle heraufbeschwören. Ich erkenne auf ihren Bildern Orte, die wir seit fünfundzwanzig Jahren kennen, und benenne sie immer richtig. Heute, da wir sie durchwandern, sind wir zwischen der Vergangenheit und ihrer Wieder-Herstellung hängengeblieben. Wir erkennen den Park, indem wir uns auf die Bilder besinnen, die sie davon gemacht hat, aus der Erinnerung und nach fünfundzwanzig Jahren. »Geht es dir gut, Mama?« fragt sie. Da ist die Angst, die ich in ihrem Gesicht immer gesehen habe, wenn sie sich als kleines Mädchen angestrengt bemüht hat, gut für mich zu sorgen. »Ich meine, ich bin nicht hergekommen, um dich zu verletzen ...«

»Mir gefällt es, wenn wir die Wahrheit sagen. Das hat mir immer gefallen. Und diese Wahrheit ist nicht gerade neu für uns«, sage ich und gebe ihr einen Kuß auf ihren Scheitel. »Das Problem ist, daß ich dir alles gesagt habe, woran ich mich erinnere«, sagt sie, während wir auf eine kleine hölzerne Landungsbrücke hinaustreten. Sie sagt das nachdenklich, schaut stirnrunzelnd auf ihre Hände und kratzt an der Nagelhaut ihres linken Daumens. Das macht sie immer, wenn wir mit den Neckereien aufhören. »Ehrlich, es bedeutet mir gar nicht mehr so viel. Ich wollte diese Geschichten einmal jeder beliebigen Person erzählen, die bereit war, zuzuhören. Ich war wütend auf dich, und ich wollte, daß du sie hörst. Aber jetzt ... ich glaube, ich bin wahrscheinlich herausgewachsen. Ich bin fertig damit. Wahrscheinlich liegt nicht mehr viel daran.«

»Sind wir dabei, etwas zu vermeiden?« frage ich und überlege, ob wir das tun. Sie greift nach meiner Hand, als wir uns weit nach vorn über das Wasser beugen. »Das glaube ich nicht. Das glaube ich wirklich nicht.« Ich bemerke den festen Griff ihrer zierlichen, geschickten Hand, die mich zurückhält, wenn ich nach vorn zu fallen drohe. Sie meint, was sie sagt. Sie sträubt sich nicht gegen meine Aufforderung zu sprechen. »Wir haben das schon gemacht. Das haben wir wirklich, Mama. Die Wahrheit ist, ich habe nichts mehr zu sagen. Du kennst meine Geschichten wahrscheinlich besser als ich selbst. Warum fängst du nicht einfach an und erzählst sie?« Sie lacht so ein kleines geheimnisvolles Lachen, das nur zwischen Mutter und Tochter von Bedeutung ist.

»Wirklich, das erlaubst du mir? Daß ich deine Geschichten übernehme?« – »Sicher, fang an«, sagt sie mit übertrieben ergebenem Tonfall. »Das würdest du sowieso machen, oder? Genau wie du es mit den Geschichten von Großmama gemacht hast? Und mir, wirklich, mir sind sie anscheinend nicht mehr wichtig. Vielleicht solltest du sagen, wie wir schließlich mit diesen Geschichten fertig werden und nichts mehr über sie zu sagen haben. Das passiert, oder? Kriegen die Leute es nicht satt, immer wieder diese Sachen zu erzählen?« – »Nicht in unserer Familie ... nein, irgendwie habe ich nicht gedacht, daß uns das passieren könnte.«

»Das ist, wo wir stehen ... du kannst darüber schreiben ... du kannst sagen, was es für eine Erleichterung ist. Meinst du nicht?« Sie ist ganz aufgeregt, weil unsere Pläne, den Nachmittag mit dem Erzählen von Geschichten zu verbringen, diese unerwartete Wendung nehmen. Sie geht jetzt rascher, hält immer noch meine Hand, zieht mich hinter sich her. Als sie mich anschaut, kann ich sehen, wie stolz sie darauf ist, daß sie eigenhändig das Verhaltensmuster der Familie verändert hat.

Sie läßt los, sage ich mir, sie läßt die Geschichten los. Als ihre Mutter freue ich mich für sie. Als Sammlerin von Mutter-Geschichten bin ich wieder einmal gezwungen, mir klarzumachen, wie diese kostbaren Geschichten schließlich für eine Weile abgelegt werden müssen, wenn sie ihren Zweck erfüllt haben. Vielleicht werde ich nie wieder hören, wie es war, wenn sie als kleines Mädchen von der Schule nach Hause kam und mich fand. Und ich saß unten in meinem dunklen Zimmer und trug Kopfhörer und hörte Opern. Ich habe mitgesungen, falsch, nicht gerade im Flüsterton, und wieder und wieder sang ich Elektras verzweifelten Ruf nach Agamemnon. Vielleicht hat sie schon vergessen, wie ich die Ohren unserer Hündin Elisabeth geheilt habe, indem ich meine Hand über sie gehalten und gebetet habe. Die Hündin, die gejault und gewinselt und uns unheilvoll angeschaut hatte, wurde ganz ruhig, legte sich still mit ihrem Kopf zwischen meinen Händen zur Ruhe, bellte einmal leise und war plötzlich auf wunderbare Weise frei von Schmerz. Larissa erzählte immer, wie Elisabeth mir den restlichen Abend hinterherlief, wie sie sich nie mehr als wenige Zentimeter von meiner Seite entfernte und sich sorgfältig neben mir niederließ, so daß sie ihre Schnauze auf meine Füße betten konnte. Ich werde sogar die problematischen Geschichten vermissen. Wie ich sie in Irland zurückließ, ohne sie zu wecken, um mich zu verabschieden. Wie ich ihre Brote in gebrauchte Plastiktüten packte, bevor Recycling üblich war, und sie dadurch in ihrer Pause Peinlichkeiten aussetzte. Ich werde die schöne Geschichte vermissen, unsere beste Geschichte, über die Teegesellschaften, die wir in meinem kleinen Zimmer veranstalteten. Wir beide hatten eine Unsinnssprache erfunden, die wir Sneesnawisch nannten, und wir tranken einander mit kleinen Täßchen aus einem Puppengeschirr zu. Weiß sie überhaupt noch, wie man Sneesnawisch spricht?

Wir haben fünfundzwanzig Jahre unserer Beziehung durchmessen, seit wir den Park betreten haben. Wir sind darin herumgelaufen, als wären wir Figuren in ihren Zeichnungen und Gemälden. Unsere gemeinsame Vergangenheit ist in die visionären Erinnerungen an ihre Kindheit umgesetzt worden. Sie hat ihre Kindheitserinnerungen gerade losgelassen, oder vielleicht haben die Erinnerungen sie losgelassen. Jetzt muß ich meinen Anspruch auf diese Erinnerungen fallenlassen. Ich kann sie nicht bitten, wieder davon zu erzählen. Ich kann sie nicht zusammentragen und in meine Sammlung einfügen. Dieser Augenblick gehört ihr, er bezeichnet eine besondere Stufe in ihrer Entwicklung. Sie läßt ihre Geschichten hinter sich. Taktvoll und wie es sich gehört, unterscheidet sie zwischen ihren und meinen Interessen. Ich habe kein Recht, an dieser Entwicklung herumzupfuschen. Ich kann nur den Atem anhalten und darauf vertrauen, daß die Geschichten eines Tages wieder ihren Weg zurück ins Erzählen finden werden.

Mutter-Geschichten gehören zu den Geschichten, die niemals enden können, denn sie werden gelebt, so wie sie erzählt werden, und dann wieder erzählt, um wieder durchlebt zu werden. Mutter-Geschichten mögen eine Zeitlang verstummen, wenn die Tochter davongeht und erwachsen wird. Das macht keinen Unterschied. Früher oder später werden meiner Beobachtung nach die Mutter-Geschichten wieder zutage treten und nach erneuter Überarbeitung verlangen. Eine Mutter stirbt, die Geschichte ihres Lebens und ihrer Beziehung zu ihrer Tochter lebt wieder auf. Das ist dann die Trauer-Geschichte, eine Erzählung, die mit einem schwarzen Rand eingefaßt ist, und sie wird der Tochter so gut es geht helfen durchzuhalten. Die Geschichte ist, zusammen mit allen anderen Anliegen, denen sie gedient hat, zu einer Gedenkstätte geworden. Sie wird mit Behutsamkeit aufgesucht. Die harten Episoden werden gemildert, die Sehnsucht nach Idealisierung kehrt wieder, Wiederholungen finden ihren Weg zurück, im Einklang damit, wie sich die Erzählung über den Verlust entwickelt, den die Tochter erlitten hat. Jetzt wird das Enkelkind einbezogen. Der Kummer der Mutter über den Verlust ihrer Mutter beeindruckt das kleine Mädchen. Zum ersten Mal interessiert sie sich für ihre Großmutter. »Wie hat deine Mutter geheißen?« fragt sie und dann, ohne eine Antwort abzuwarten: »Hey, wie hat dein Vater geheißen?« Sie ist in Berkeley und in den späten Neunzigern aufgewachsen. Sie ist überrascht, als sie hört, daß ihre Großmutter und ihr Großvater, Padrick und Shiovan Kelly, beide den gleichen Nachnamen trugen. Ihre Mutter ist Rechtsanwältin, ihr Vater Rechtsanwalt, beide Eltern haben ihre Nachnamen behalten, als sie heirateten. Die Tochter trägt beide Namen, und sie denkt, daß es sich auch so gehört. Die eigenartige Tatsache, daß Großvater und Großmutter den gleichen Namen trugen, sorgt dafür, daß die Geschichte in die Schule gelangt. Dort stellt sich heraus, daß nicht viele Kinder die Namen ihrer Großeltern kennen, aber die meisten finden es wirklich ulkig, daß auch ihre Großeltern den gleichen Nachnamen gehabt haben könnten. Was kann das nur bedeuten?

Das kleine Mädchen fängt an, sich intensiv mit dieser Frage zu beschäftigen. Sie will etwas über die Mutter ihrer Mutter erfahren und wie es kam, daß sie ihren eigenen Namen aufgegeben hat, als sie ihren Mann heiratete. Für die Geschichte der Frau, die ihren Namen verlor, hat sich die Mutter des Kindes viele Jahre lang nicht gerade sehr interessiert. Jetzt aber, als Antwort auf die Fragen ihrer Tochter, holt sie einige alte Fotoalben, und die kleine Fünfjährige zeigt sofort auf den gleich aussehenden alten verblaßten Schwarzweißfotos, welche von den stattlichen Frauen mit den üppigen Brüsten ihre Großmutter war. Sie hat Zuneigung zu der fremden Dame entwickelt und beschäftig sich mit dem großen Rätsel, daß diese Großmutter einst jung gewesen ist, selbst eine Mutter hatte, groß wurde und die Mutter des Kindes zur Welt brachte, das jetzt diese Fragen stellt. Aber alles in allem findet sie es immer noch sehr seltsam, daß sie zwei Großeltern hatte, die beide den gleichen Nachnamen trugen.

Diese kleine Einzelheit, die für eine Generation davor unverdächtig und unwichtig war, hat bei einem kleinen Mädchen Interesse für Mütter und Töchter geweckt und führt vielleicht zum ersten Bestandteil seiner eigenen zukünftigen Mutter-Geschichte. Vielleicht wird sie ein Bild der älteren Frau malen und es an den Kühlschrank kleben. Oder sie läßt die Geschichte einsinken, so daß sie für viele Jahre verloren ist, bis sie wieder auftaucht, um eine Stufe in ihrer Entwicklung zu kennzeichnen.

Vor einigen Jahren hat Larissa ein Bild unserer Beziehung gemalt. Ich überlege, ob das diesen Augenblick des Loslassens vorbereitet hat? Jemand anders würde das Bild anders deuten. Meine Tochter hatte selbst vielleicht etwas anderes im Sinn. So eifrig ich darum bemüht bin, meine Sammlung zu einem ordentlichen Abschluß zu bringen, vielleicht muß ich doch so schließen, wie ich angefangen habe, mit einer Interpretation.

Da ist eine Frau in einem langen Oma-Kleid von der Art, wie ich sie in den Siebzigern oft getragen habe. Hinter der Frau geht ein kleines Mädchen mit blonden Locken, ein Selbstbildnis meiner Tochter. Die beiden gehen durch ein leuchtendgelbes Feld, vielleicht ein Weizenfeld oder ein Roggenfeld. Die Mutter und das Kind kommen von links, aus der Vergangenheit. Zuverlässig und entschlossen gehen sie unter einem Himmel, der einen kleinen gelben Sonnenball neben einem großen gelben Sichelmond zeigt. Das ist eine Landschaft, in der Gegensätze zusammengebracht worden sind. Arbeit, die zur Ganzheit führt, ist auf dem Weg. Zusammen gehen Mutter und Tochter zu einem geheimnisvollen blauen Haus mit rotem Dach. Es beherrscht den Vordergrund ihrer gemalten Welt und lädt sie zu sich ein.

Ich habe dieses Bild für den Einband meines Buches über meine Mutter verwendet. Um es genau zu beschreiben, schaue ich hinter mich auf die andere Wand meines Büros. Dort habe ich das Bild aufgehängt, mit dem (in meiner Interpretation) meine Tochter all ihre früheren Geschichten zurückgelassen hat. Sie hat auch den Schutz, den die Geschichten boten, und die Anklagen, die sie enthielten, die Trennungen und Schmerzen und Verluste hinter sich gelassen, um uns beide in einer neuen Beziehung darzustellen.

Ja, da sind wir, heiter und gelassen auf unserem Weg durch leuchtende Farbschichten hin zu unserem Haus der Verwandlungen. Wer kann sagen, was mit uns geschehen wird, wenn wir dort angelangt sind? Ist das ein Haus, in dem es eine Geburt geben wird?